隧道工程

施工技术与安全

王 雨 杨宏永 马 帅 著

吉林科学技术出版社

图书在版编目（ＣＩＰ）数据

隧道工程施工技术与安全 / 王雨，杨宏永，马帅著
. 一 长春 ：吉林科学技术出版社，2023.5
ISBN 978-7-5744-0502-8

Ⅰ．①隧… Ⅱ．①王… ②杨… ③马… Ⅲ．①隧道施
工—安全管理 Ⅳ．①U455.1

中国国家版本馆 CIP 数据核字 (2023) 第 105696 号

隧道工程施工技术与安全

著　　　王　雨　杨宏永　马　帅
出 版 人　宛　霞
责任编辑　吕东伦
封面设计　南昌德昭文化传媒有限公司
制　　版　南昌德昭文化传媒有限公司
幅面尺寸　185mm×260mm
开　　本　16
字　　数　360 千字
印　　张　16.75
印　　数　1–1500 册
版　　次　2023年5月第1版
印　　次　2024年2月第1次印刷

出　　版　吉林科学技术出版社
发　　行　吉林科学技术出版社
地　　址　长春市福祉大路5788号
邮　　编　130118
发行部电话/传真　0431-81629529 81629530 81629531
　　　　　　　　　　81629532 81629533 81629534
储运部电话　0431-86059116
编辑部电话　0431-81629518
印　　刷　三河市嵩川印刷有限公司

书　　号　ISBN 978-7-5744-0502-8
定　　价　85.00元

前 言 PREFACE

　　我国幅员辽阔，人口众多，资源相对稀缺，各地经济发展很不平衡。交通运输发展相对落后，制约了经济发展。为了适应国民经济持续快速增长的需要，并促进经济社会发展。改革开放以来，我国将交通运输列为国民经济发展的战略重点之一。公路交通在国民经济和交通运输中具有覆盖面大，适应性强，机动灵活等特点和优势，因此受到重视，并得到快速发展，尤其包括高速公路、长大桥梁和公路隧道等公路基础设施的发展更是举世瞩目。

　　在公路工程体系中，隧道工程属于重要组成部分，受地质因素、人为因素、环境因素影响，会出现一些安全事故，威胁施工人员的生命财产安全。在隧道工程作业期间，会使用现场监控量测技术对作业区域基础情况进行监督，及时拟定合理的支护、排水措施，提高作业环境的安全性，降低安全事故的发生概率。同时，隧道工程施工与一般的民用建筑和路桥工程相比有其特殊性，不仅难度非常大，而且风险也很大，安全事故也是频繁发生。本书从隧道施工建设介绍入手，针对隧道工程地质环境与围岩分级、隧道工程施工方法以及隧道掘进方式及出渣技术进行了分析研究；另外对隧道衬砌施工及注浆加固技术、特殊地质地段的隧道施工及隧道附属设施工程做了一定的介绍；还对隧道施工安全风险管理与高速公路隧道安全运营管理技术、高速公路隧道交通安全保障工程对策及高速公路隧道机电设施施工及养护安全技术提出了一些建议；旨在摸索出一条适合隧道工程施工技术与安全工作创新的科学道路，帮助其工作者在应用中少走弯路，运用科学方法，提高效率。

前言

目 录 CONTENTS

第一章　隧道施工建设 ·· 1

    第一节　隧道施工方法概述 ···································· 1

    第二节　城市隧道建设 ··· 8

    第三节　山岭隧道建设 ··· 10

    第四节　水下隧道建设 ··· 15

第二章　隧道工程地质环境与围岩分级 ························· 24

    第一节　隧道围岩的概念及性质 ····························· 24

    第二节　围岩的稳定性及分级 ································· 26

    第三节　隧道工程地质调查与勘测 ·························· 31

第三章　隧道工程施工方法 ······································· 38

    第一节　隧道施工概述及矿山法 ····························· 38

    第二节　隧道洞身开挖方法 ····································· 43

    第三节　隧道洞口施工方法 ····································· 53

    第四节　明洞施工方法 ··· 63

    第五节　浅埋暗挖法 ··· 67

第四章　隧道掘进方式及出渣技术 ···························· 69

    第一节　隧道开挖方法确定的原则任务 ···················· 69

    第二节　掘进方式 ··· 72

    第三节　钻眼机具和爆破材料任务 ·························· 75

    第四节　爆破方法 ··· 82

    第五节　出渣运输 ··· 86

第五章　隧道衬砌施工及注浆加固技术 ················ 93

　　第一节　支护的构造及原则 ················ 93

　　第二节　锚杆及喷射混凝土 ················ 97

　　第三节　钢拱架及超前支护 ················ 105

　　第四节　注浆加固技术及内层衬砌 ················ 111

第六章　特殊地质地段的隧道施工 ················ 121

　　第一节　特殊地质地段隧道施工概述 ················ 121

　　第二节　膨胀土围岩地段隧道施工 ················ 125

　　第三节　黄土地段隧道施工 ················ 128

第七章　隧道附属设施工程 ················ 132

　　第一节　紧急停车带和避车洞 ················ 132

　　第二节　隧道防排水设施 ················ 133

　　第三节　压缩空气供应任务 ················ 139

　　第四节　施工供水与排水任务 ················ 141

　　第五节　供电及照明 ················ 143

　　第六节　通风与防尘 ················ 144

第八章　隧道施工安全风险管理 ················ 148

　　第一节　隧道施工人员安全教育 ················ 148

　　第二节　隧道安全监理实施 ················ 171

　　第三节　隧道施工安全风险管理 ················ 176

　　第四节　公路隧道施工安全风险管理应用 ················ 182

第九章　高速公路隧道安全运营管理技术 ················ 188

　　第一节　公路隧道分类管理技术 ················ 188

　　第二节　公路隧道日常安全管理技术 ················ 191

　　第三节　公路隧道应急管理体制 ················ 193

第十章　高速公路隧道交通安全保障工程对策 ················ 205

　　第一节　公路隧道交通状态识别技术 ················ 205

　　第二节　公路隧道安全预警技术 ················ 208

　　第三节　公路隧道安全保障设施设置 ……………………………… 212

第十一章　高速公路隧道机电设施施工及养护安全技术 ………………… 221

　　第一节　公路隧道机电施工及维护作业风险评估 ………………… 221

　　第二节　公路隧道机电设备施工安全管理 ……………………… 227

　　第三节　公路隧道机电设备维护管理与保养制度 …………………… 244

参考文献 ………………………………………………………………… 256

第一章　隧道施工建设

第一节　隧道施工方法概述

一、施工方案概述

隧道按新奥法原理组织施工，均采用单口施工：从出口向进口方向施工。隧道施工采用大型机械快速施工，实行各工序的专业化、平行化施工。隧道工程施工开挖出碴、进料采用无轨运输方式，实施掘进（挖、装、运）、喷锚混凝土（拌、运、锚、喷）、衬砌（拌、运、灌、捣）等三条机械化作业线专业化、平行化施工。

隧道开挖采用台阶法或台阶分步法，在施工过程中严守"短进尺，弱爆破，强支护，早成环"的原则，彻底贯彻"新奥法"的设计思想，隧道开挖后立即施作初期支护，以封闭、保护围岩，控制围岩变形，使初期支护与围岩尽快形成"承载环"。根据现场监控量测结果及时修正设计参数、调整施工方案。

Ⅳ围岩的土质地段采用预留核心土台阶分步开挖法，人工配合机械开挖；Ⅱ级、Ⅲ级围岩的石质地段采用上下台阶法开挖，爆破采用光面爆破或预裂爆破技术，以降低爆破对围岩的扰动，喷砼采用湿喷技术。

隧道施工安排在雨季前完成洞门和明洞的开挖，并完成进洞施工。洞内施工开挖、出碴、初期支护、仰拱浇注、片石回填与二次衬砌模筑砼顺序平行作业。隧道路面待贯通后统一施工。

二、施工工艺流程

隧道施工的基本工艺流程为：布设施工测量控制网→测量放样→洞口明洞开挖、防护→仰坡防护施工→洞身开挖→通风、排烟→清帮、找顶→初喷 5 cm 砼→监控量测→出渣→完成初期支护及辅助措施→仰拱→填充→边墙基础→初期支护变形量测稳定→防水层→二次衬砌→砼路面施工→复合式沥青路面面层施工→洞门及其他。

三、主要施工方法

（一）隧道开挖施工

1. 洞口及明洞段开挖防护施工

施工顺序：截水沟定位→截水沟开挖→砌筑截水沟→边、仰坡开挖线放样→打小导管和锚杆孔→安装小导管和锚杆→小导管注浆→挂网→喷射混凝土→边、仰坡开挖完成（如需要可预留一定高度不开挖）→台阶分步法开挖进洞。

施工前，布设满足规范要求的高等级测量控制网。施工时，根据定测的施工控制网，精确测设出洞门桩和进洞方向，并依据设计图纸放出边、仰坡开挖线和截水天沟位置，然后进行截水沟施工，并做好地面防排水设施。在洞口施工前，先做好边仰坡外的截水沟，避免地表水浸入围岩。

洞口明洞土石方施工采用大开挖，按自上而下顺序进行，随挖随护。洞口仰坡土石方分为两次开挖。第一次挖除隧道上下台阶分界线标高以上、成洞面以外部分，预留进洞台阶，并对坡面作锚喷支护；第二次开挖剩余部分，在上台阶进洞后进行。坡面的防护是隧道进洞阶段防止地表水浸入软化围岩，保证成洞面稳定的一个关键措施，要严格按设计要求施作锚杆加喷砼的防护。

洞口部分的喷砼、小导管、锚杆、挂钢筋网等防护的施工工艺参见洞身部分。

2. 洞身Ⅱ、Ⅲ级、Ⅳ级围岩开挖

当洞口仰坡防护施工完成后，即可进行暗洞的开挖施工。洞口部分的暗洞围岩均为Ⅱ、Ⅲ、Ⅳ级围岩，为了确保施工安全，采用人工配合机械开挖的方法，个别机械开挖不动需爆破的地段，严守"短进尺、弱爆破、强支护、早成环"的原则，采用微震或预裂爆破或开挖核心土施工。并在施工中加强监控量测，根据量测结果，及时调整开挖方式和修正支护参数。

（1）施工工艺流程

中线、水平测量→喷混凝土封闭开挖面→超前小导管（锚杆）施工→注浆固结→上部环形断面开挖（或爆破）→喷混凝土封闭岩面→出渣→初喷 5 cm 厚砼→打系统锚杆→挂钢筋网→立拱部钢架→拱部二次喷砼至设计厚度→核心土开挖（或爆破）→下部台阶开挖→下部初期支护→铺设防水层→模筑二次衬砌→沟槽路面施工。

（2）主要施工方法

①水平、中线放样，钻眼施作套拱和超前管棚大支护、注浆加固围岩；

②开挖环形拱部，开挖时预留核心土，这样既安全又利于操作，每循环进尺 1.5 m，核心土纵向长 5 m；

③对拱部进行初期支护（喷、锚、网、钢架连接）。在开挖左右两侧围岩前，拱部初期支护基础一定要稳固，必要时打锁脚锚杆；

④开挖核心土；

⑤开挖下部围岩，边墙两侧必须错位开挖，错位距离 5 米，挖至边墙底部；

⑥进行下部初期支护；

⑦二次衬砌顺序为：先仰拱，后矮边墙，最后采用模板衬砌台车衬砌成形。

（3）Ⅲ级围岩开挖

隧道Ⅲ级围岩采用正台阶法开挖，光面爆破，周边眼间隔装药。

第一，施工工艺如下：中线水平测量→超前钻孔探测地质→喷砼封闭开挖面→拱部超前支护、注浆固结→上半断面钻眼→装药连线→爆破→排烟除尘清危石→初喷 5 cm 厚砼→出渣→施工系统锚杆→上半断面二次喷砼→下半断面开挖→下半断面打径向锚杆→下半断面喷砼。

第二，主要施工方法

①首先施作超前支护系统，并打检查孔检查注浆效果，检查围岩开挖轮廓以外的固结深度，当固结深度满足要求后，就可进行开挖。

②上部开挖至拱腰。开挖时不留核心土，开挖面采用光面爆破，以控制围岩超欠挖。周边眼间距不宜大于 40 cm，深度 2.0 ~ 3.0 m，每循环进尺不大于 2.5 m。开挖出渣完毕，立即初喷 5 cm 厚的砼以封闭新开挖岩面。

③下部边墙两侧同时开挖，一次可进尺 3 m。

④对局部松散破碎、富水地段，围岩自身稳定性较差，易发生围岩失稳，可采用Ⅱ类围岩施工方法，短进尺、弱爆破、强支护，并及时施作二次衬砌。

（二）初期支护及超前支护施工

本标段隧道初期支护主要形式有：超前小导管、超前锚杆、C20 号喷射砼、φ8 钢筋网、D25 注浆锚杆、φ22 砂浆锚杆，格栅钢拱架、型钢钢架等。施工流程如下：

初喷砼 5 cm →锚杆施工→挂钢筋网→支立型钢钢架→超前小导管（超前锚杆）施

工→复喷砼至设计厚度。具体施工方法如下。

1. 喷射混凝土施工

喷射砼施工采用湿喷技术，喷射机采用湿式砼喷射机。施工前首先用高压风自上而下吹净岩面，埋设控制喷射混凝土厚度的标志钉。混凝土由洞外拌和站集中拌料，混凝土运输车运到工作面。

在每循环开挖施工后，立即进行初喷砼，初喷厚度约 5 cm。喷射作业先从拱脚或墙脚自下而上分段分片进行，以防止上部喷射回弹料虚掩拱脚而不密实。先将坑凹部分找平，然后喷射混凝土，使其平顺连续。喷射操作应设水平方向以螺旋形划圈移动，并使喷头尽量保持与受喷面垂直，喷嘴口至受喷面距离 0.6～1.0 m，当所支护结构施工完成后分层复喷混凝土喷射至设计厚度，每层 5～6 cm。对于支撑钢架，应做到其背面喷射密实，粘接紧密、牢固。

2. 施工系统锚杆和超前锚杆、挂设钢筋网

在初喷混凝土后及时进行锚杆安装作业，锚杆钻孔方向尽量与岩层主要结构面垂直。在台阶法开挖时，初期支护连接处左右均需设不小于两根锁脚锚杆，确保初期支护不失稳。锚杆安设后及时进行挂网作业，人工铺网片时注意网片搭接宽度。钢筋网随受喷面的起伏铺设，间隙不小于 3 cm，钢筋网连接牢固，保证喷射混凝土时钢筋网不晃动。

3. 钢架加工和安装

隧道设计的钢架有两种：格栅钢架和型钢钢架。施工时在洞外测设隧道钢架整体大样，依照整体大样并根据所采用的施工方法分片加工，逐段加工各单元，以保证各单元顺接。可分为共部和边墙来加工，以便于施工安装。

（1）拱部单元：首先进行施工放样，确定钢拱架基脚位置，施作定位系筋，然后架设钢拱架，设纵向连接筋。墙部单元施工时在墙角部位铺设槽钢垫板，施作定位系筋，对应拱部单元钢拱架位置架设墙部单元钢拱架，拴接牢固，设纵向连接筋。

（2）墙部单元：在墙角部位铺设槽钢垫板，施作定位系筋，对应拱部单元钢架位置架设墙部单元钢架，拴接牢固，设纵向连接筋。

（3）施工注意事项：

①保证钢架置于稳固的地基上。若地基较软弱，应在钢架施工前浇注混凝土基础。

②钢架平面应垂直于隧道中线，其倾斜度不小于 2°，钢架的任何部位偏离铅垂面不小于 5 cm。

③为增强钢架的整体稳定性，应将钢架与纵向连接筋、结构锚杆、定位系筋和锁脚锚杆焊接牢固。

④拱脚部位易发生塑性剪切破坏，该部位钢拱架除用螺栓连接外，还应四面绑焊，确保接头的刚度和强度。

⑤开挖初喷后应尽快架立拱架，一般架立时间不得超过 2 小时。

（4）超前小导管施工施工步骤：

①小导管制作

超前小导管采用 φ42 无缝钢管，壁厚 3.5 mm，管节长度 4.1 m。钢管四周梅花形钻 φ10 mm 出浆孔眼，孔间距 10 cm，孔口部 1 m 不钻孔。管体头部 10 cm 长做成锥形，钢管尾部焊上 φ6 钢筋箍。

②小导管钻孔：首先严格按图纸要求定出孔位。小导管钻孔采用专门的小导管钻机，钻孔深度为 5 m、钻孔直径为 60 mm、钻孔夹角 a=5 ~ 7 度。

③小导管安设：导管沿周边按设计布设，导管在钢拱架之间穿过，导管安设后，用速凝胶封堵孔口间隙，并在导管附近及工作面喷射砼，作为止浆墙。待喷射砼强度达到要求时再进行注浆。

④小导管注浆

小导管设计采用注水泥浆进行围岩加固，并掺入外加剂。在注浆管预定的位置，用沾有胶泥的麻丝缠绕成不小于钻孔直径的纺锤形柱塞，把管子插入孔内，再用台车把管顶入孔内，距孔底 5 ~ 10 cm，使麻丝柱塞与孔壁充分挤压紧，然后在麻丝与孔口空余部分填充胶泥，确保密实，防止跑浆。

（5）复喷混凝土至设计厚度

当锚杆、钢筋网和钢拱架全部施工完毕后，立即进行复喷砼。施工时分层喷射混凝土到设计厚度，每层 5 ~ 6 cm 厚，钢架保护层不小于 2 cm。整个喷射混凝土表面要平整、平顺。

（三）防水层施工

为保证防水层施工质量，拟采用无射钉悬托施工工艺，采用专用自行走式作业台架、可调式防水层作业台架施工，防水板接缝采用热粘法。防水层施工质量的好坏直接影响到隧道防水效果。

1. 考虑 10 % ~ 15 % 富余量，对防水卷材进行预粘接。粘接前，防水板接缝处应擦拭干净，搭接长度为 10 cm，粘缝宽不小于 5 cm，黏结剂涂刷均匀、充足。粘好后，接缝不得有气泡、褶皱及空隙。

2. 检查处理好岩面。喷射混凝土表面不得有锚杆头或钢筋断头外露，以防刺破防水板；对凹凸不平部位应修凿喷补，使混凝土表面平顺；喷层表面漏水时，应及时引排。

3. 在模筑段前端岩面上按环向间距 1.0 m 固定膨胀螺栓。作为托起防水卷材铁丝的固定点，另一端与已模筑段预留出的铁丝接牢。拉紧并固定铁丝，托起防水卷材，为保证防水层与岩面密贴，架立四道环向承托钢筋（φ22），托起顶紧防水卷材。

4. 降缝采用中埋式橡胶止水带，施工缝处采用缓膨胀型橡胶止水条止水。

5. 橡胶止水带的安装：采用 φ8 钢筋卡和定位钢筋固定在定型挡头板上，必须保证橡胶止水带质量，不扎孔，居中安装不偏不倒，准确定位，搭接良好。

缓膨型止水条安设程序为：清洗砼表面→涂刷氯丁黏结剂→粘贴止水条→砼钉固定→灌注新砼。可在挡头模板中部环向钉1×2 cm方木条，使挡头混凝土表面预留出止水条凹槽，再按上述程序施作将其固定在凹槽内。

（四）二次衬砌施工

1. 仰拱、边墙基础施工

二次衬砌施工前首先进行仰拱和衬砌矮边墙的施工。边墙基础模板采用钢、木组合模板，仰拱采用仰拱大样模板，加密测点，保证仰拱的设计拱度。

2. 二次衬砌采用衬砌台车整体施工

隧道二次衬砌采用全液压自行式衬砌台车，混凝土灌注采用混凝土输送泵泵送，输送使用搅拌式混凝土输送车，洞外设自动计量混凝土拌和站。在组装大模板衬砌台车时要注意横向支撑的强度和刚度，控制混凝土灌注过程中模板的变形，保证净空要求，要求台车本身结构强度足够大。

（1）工艺流程

测量放线→铺设轨道→防水层作业台架就位→净空检查→铺设无纺布及防水板→涂刷脱模剂→模板台车就位→调整并锁定→安装止水条、止水带及端模→混凝土入模→振捣→养生→脱模→养生。

（2）施工方法

①每次施工前都要先对防水层进行检查，合格后才开始衬砌施工。在施工过程中，对模板及时校正、整修，铲除表面混凝土碎屑和污物并均匀涂刷脱模剂。

②灌注混凝土按规范操作，特别是封顶混凝土，从内向端模方向灌注，排除空气，保证拱顶灌注密实。

③衬砌作业时注意预埋件、洞室的施作。隧道内电话、消防、照明、通风等预埋件、预埋盒、预埋管道很多，为使其按设计位置准确施工，稳妥牢固，且在衬砌台车设计时亦给予相应考虑。

④混凝土输送时间不得超过混凝土初凝时间的一半，以防堵泵。经常检测混凝土的坍落度、和易性。

⑤对泵送混凝土加强振捣，保证混凝土的密实，防止与初期支护之间产生空洞现象。二次衬砌混凝土强度达到2.5 mpa以上或接到监理工程师指令后才可脱模，并注意加强混凝土的养生，确保混凝土强度。

（3）人行横洞衬砌施工

可采用型钢拱架、组合钢模板，混凝土人工或输送泵入模，插入式振动棒振捣密实。在人行横洞与隧道衔接处严格模板安装，确保衔接平滑。

（五）隧道监控量测和地质预报

隧道监控量测为隧道施工的重点工序，项目部将成立专门的量测小组实施量测工作。

1. 监控量测项目

根据招标文件要求按《公路隧道施工技术规范》（JTJ042—94）的有关规定实施监控量测，监控量测的方法和频率及测点布置严格按设计图纸和规范要求进行。

2. 数据处理及要求

（1）应及时对现场量测数据处理绘制位移—时间曲线和位移—空间关系曲线。

（2）当位移—时间曲线趋于平缓时，应进行数据处理或回归分析，以推算最终位移和掌握位移变化规律。

（3）当位移—时间曲线出现反弯点时，则表明围岩和支护已呈不稳定状态，此时应密切注意围岩动态，并加强支护，必要时暂停开挖。

（4）根据隧道周边实测位移值用回归分析推算其相对位移值。当位移速率无明显下降，而此时实测位移值已接近表列数值，或者喷层表面出现明显裂缝时，应立即采取补强措施，并调整原支护设计参数或施工方法。

（5）建立管理基准：当围岩的预计变形量确定后，即可按规范的要求建立管理基准，并根据管理基准，判断围岩的稳定状态，决定是否采取补强加固措施。

3. 隧道地质超前预报

本合同段隧道在施工过程中需加强超前地质预报指导施工。主要采取以下超前地质预报方法：隧道开挖面的地质素描、岩体结构面调查、TSP203超前地质预报仪进行地质超前预报、超前钻孔预测等。

（六）隧道施工通风、排水

1. 本合同段隧道

本合同段隧道的单口掘进长度为945 m，经过计算得出最大需风量，施工采用单口压入式通风，采用1台55 kW子午加速式隧道轴流通风机和直径 ϕ1000 mm风筒，能满足施工通风排烟的需要，风管采用带肋帆布管。

2. 通风注意事项

（1）为避免"循环风"现象出现，通风机进风口距隧道出风口的距离不得小于15 m，通风管靠近工作面的距离不大于15 m。

（2）设立通风排烟作业班组，作业人员实行通风排烟值班。

3. 施工排水

隧道施工均为上坡隧道，施工废水是顺坡排水，采用隧道两侧的临时排水沟自然排出洞外。若仰拱混凝土、二次衬砌填充已完成，则从侧埋排水沟排出洞外。

4. 防尘措施

采用湿式凿岩机，经常进行机械通风和洒水，出渣前向爆破后的石渣上洒水，定期向隧道内车行路线上洒水。

第二节　城市隧道建设

一、城市隧道设计主要要点

1. 城市隧道作为城市当中的基础设施，承载着的是城市人民的生活和城市的发展，在城市隧道的设计上要有长远的打算，从全局和长久的角度来进行方案的设计。同时，也应预留适当的发展空间，有效地减小日后对隧道改造造成的一些不必要浪费。

2. 城市隧道普遍位于城市的主城区，交通线路、地下管线和周边的地理条件较复杂，诸多因素导致对城市隧道的设计有一定的局限性。

3. 城市隧道的修建主要是为了日后为人们提供更好的交通环境，在设计上一定要体现出"以人为本"的理念。在进行出入口设置和施工的方法等都应该有精心的设计，在不影响周围群众的前提下应尽量节约投资，同时也应考虑到景观的要求。

4. 对于城市隧道的设计来说，应采用与周边环境相结合的工法，尽量做到功效最大化、投资最小化。

5. 城市隧道的浅埋暗挖法要求初期支护和二次衬砌需要分别承担100％的荷载，以此来保障施工以及运营的安全。浅埋暗挖法在这一点上与新奥法有着本质的不同，也是城市隧道在设计中最容易被忽视的部分。

二、城市隧道施工方法的选择

在选择城市隧道的施工方法时，应根据工程范围内的土地质量、施工条件以及隧道长度等，将施工安全问题作为工程质量管理中的重点部分。此外，要与隧道的使用功能、机械设备以及施工的技术水平等因素进行综合考虑，以此得出施工应选择的方法，以避免隧道施工中造成不必要的浪费。

三、城市隧道的施工方法

城市隧道的施工方法主要有两种，一种是明挖法，另一种是暗挖法。明挖法主要有沉管法、盖挖法；暗挖法主要有顶管法、浅埋暗挖法等。

（一）明挖法中的施工方法

1. 沉管法

沉管法在隧道的施工一般用于穿越江河的浅埋隧道，但要确保施工现场能够满足条件，也会在其他的施工方法节约性较差的情况下采用沉管法。目前采用的较少，施工成本较高。

2. 盖挖法

盖挖法也是隧道施工的常用方法之一，在城市交通复杂、管线多次改迁或不能采用明挖法的条件下均可使用盖挖法。盖挖法主要有两个优势：第一，能够有效地提升维护结构的可靠性和安全性，使临时支护的费用有所降低，同时也为工程安全提供了一定的保障；第二，盖挖法中可以使用大型的机械进行施工，能够有效提高出土的速度，施工期得到加快，从而达到减小交通影响，使居民减小干扰的目的。

（二）暗挖法的施工方法

1. 顶管法

顶管法一般应用在工程无法采用明挖法进行施工时的城市浅埋隧道，例如，下穿铁路等一些特殊的场合。顶管法在岩石层或是土质地层中都能够进行使用，在施工现场无法满足顶管的条件时，可通过降水或预加固等措施创造顶管施工条件。

2. 盾构法

目前在城市地铁区间段隧道的施工中最常用的就是盾构法，比较适用于埋深较大的隧道施工。在岩层或土质地层均适用，但对线性曲率半径较小段和水位较大段不适用。

3. 浅埋暗挖法

浅埋暗挖法在城市隧道的施工中可以算得上是最基本的施工方法，采用浅埋暗挖法施工时要注意对地层加固和对城市的管线保护，这是浅埋暗挖法的施工成败关键所在。

第三节　山岭隧道建设

一、指导思想与遵循原则

隧道施工符合安全环保、工艺先进、质量优良、进度均衡、节能降耗的要求，隧道施工应本着"安全、有序、优质、高效"的指导思想，按照"保护围岩、内实外美、重视环境、动态施工"的原则组织施工。其施工方法的选择应遵循以下原则：

1. 确保施工安全，改善施工环境。

2. 应由设计文件、施工调研情况、地质围岩级别、结合隧道长度、断面大小、纵坡情况、衬砌方法、工期要求、装备水平、队伍素质等综合因素决定。

3. 地质变换频繁隧道应考虑其适应性，便于工序调整转换。

4. 应尽量采用新技术、新工艺、新设备、新材料。

5. 认真按照新奥法原理、掌握应用好光爆、喷锚、量测施工三要素。

二、施工方法基本要素

（一）施工条件

它包括一个施工队伍所具备的施工能力、素质以及管理水平。目前隧道施工队伍的素质和施工装备水平，有高有低，参差不齐。因此，在选择施工方法时，不能不考虑这个因素的影响。

（二）围岩条件

围岩条件也就是地质条件，其中包括围岩级别、地下水及不良地质现象等。围岩级别是对围岩工程性质的综合判定，对施工方法的选择起着重要的甚至决定性的作用。

（三）隧道断面积

隧道尺寸和形状，对施工方法选择也有一定的影响。目前隧道断面有向大断面方向发展的趋势，如公路隧道已开始修建3车道甚至4车道的大断面，水电工程中的大断面洞室，更是屡见不鲜。在这种情况下，施工方法必须适应其发展。在单线和双线的铁路隧道中，越来越多地采用了全断面法及台阶法。而在更大断面的隧道工程中，先采用各种方法修小断面的导坑，再扩大形成全断面的施工方法极为盛行。

（四）埋深

隧道埋深与围岩的初始应力场及多种因素有关，通常将埋深分为浅埋和深埋两类，有时将浅埋又分为超浅埋和浅埋两类。在同样地质条件下，埋深的不同，施工方法也将有很大差异。

（五）工期

作为设计条件之一的施工工期，在一定程度上会影响基本施工方法的选择。因为工期决定了在均衡生产的条件下，对开挖、运输等综合生产能力的基本要求，即对施工均衡速度、机械化水平和管理模式的要求。

（六）环境条件

当隧道施工对周围环境产生如爆破震动、地表下沉、噪声、地下水条件的变化等不良影响时，环境条件也应成为选择隧道施工方法的重要因素之一。在市区条件下，甚至会成为选择施工方法的决定性因素。

完善施工方法标准化、模式化的重要条件是建立适应各种条件下的隧道施工机械化配套技术的标准模式。

三、开挖方法

山岭隧道施工的过程和方法是多种多样的，但钻爆法仍然是我国目前应用最广、最成熟的隧道修建方法。山岭隧道开挖常用的方法为全断面法、台阶法、中隔壁法（cd法），交叉中隔壁法（crd法）、单侧壁导坑法、双侧壁导坑法等。

在当前的施工实践中，从工程造价和施工速度考虑施工方法的选择顺序应为：全断面—正台阶—台阶设临时仰拱法－中隔壁法（cd）—交叉中隔壁法（crd）—双侧壁导坑法。从施工安全考虑，其选择顺序应反过来。如何正确地选择施工方法，应根据实际情况综合考虑，但必须符合安全、快速、质量和环境要求，达到规避风险，加快施工进度和节约投资的目的。

四、施工方法应用

（一）全断面法

全断面开挖法是按设计断面将整个隧道开挖断面一次钻孔，一次爆破成型、一次初期支护到位的隧道开挖方法。主要适用于非浅埋Ⅰ～Ⅲ级硬岩地层。浅埋段、偏压段和洞口段不宜采用。如确实地质条件较好，也可采取先开挖小导坑，然后再扩大的施工方法，这对保持围岩稳定是有利的。

该法有较大的作业空间，有利于采用大型配套机械化作业，钻爆施工效率较高，可采用深眼爆破，提高施工速度，且工序少、便于施工组织和管理，较分部开挖法减少了对围岩的振动次数。

但由于开挖面积较大，围岩相对稳定性降低，且每循环工作量相对较大，深孔爆破用药量大，引起震动大，因此要求进行精心的钻爆设计和严格控制爆破作业。

施工要点：①配备钻孔台车或多功能台架及高效率装运机械设备，缩短循环作业时间，合理采用平行交叉作业工序，加快施工进度。②利用钻孔台车深孔钻爆增加循环进尺，控制钻孔进度，改善光面爆破效果，减少超欠挖。③及时对开挖轮廓围岩施做喷射混凝土封闭层。④有条件时采用导洞超前的开挖方法，合理组织施工保证隧道施工安全。⑤仰拱、铺底超前二次衬砌且一次全幅浇筑，Ⅰ～Ⅱ级围岩离掌子面距离≤120 m，Ⅲ级围岩≤90 m。

（二）台阶法

台阶法施工是将隧道结构断面分成两个或几个部分，即分成上下两个断面或几个断面分部进行开挖的隧道开挖方法。该法适用于铁路双线隧道Ⅰ、Ⅳ级围岩，单线隧道Ⅴ级围岩亦可采用，但支护条件应予以加强。该法具体可分为正台阶法、三台阶临时仰拱法、环形开挖预留核心土开挖法等。

该施工方法的优点是对地质变化的适应性较强，工序转换较容易，并能较早地使初期支护闭合，有利于控制沉降。台阶长度一般应控制在1～1.5倍洞径，为及早使初期支护封闭成环，也可适当缩短台阶长度。当围岩较稳定，短台阶能保持时，台阶长度亦可适当缩短至3～5 m，上下台阶同时钻眼爆破，以起到加快施工进度，减少设备配置的目的。

下部断面（中、下层台阶）是开挖作业的重要环节。近年来，在下部开挖中，因方法欠妥，作业不慎引起初期支护失稳造成的重大坍方事故已有多起，必须引起高度重视。在开挖顺序上，宜采用先挖侧槽、左右错开向前推进的做法，不宜采用拉中槽挖马口的方法。侧槽一次开挖不宜太长，靠近边墙范围应采用风钻、风镐手工开挖，人工清壁扒碴，严禁使用重型机械开挖和装碴，以免对围岩造成过大扰动，破坏围岩和初期支护系统的整体稳定性。

施工要点：①根据围岩条件合理确定台阶长度和台阶数量，台阶长度一般应不超过1倍开挖洞径，台阶高度根据地质情况、隧道断面大小和施工机械设备情况确定。②上台阶施作钢架时，采用扩大拱脚或施作锁脚锚杆等措施，控制围岩和初期支护变形。③下台阶在上台阶喷射混凝土达到设计强度70%以上时开挖，当岩体不稳定时需缩短进尺，必要时上下台阶分左、右两部错开开挖，并及时施做初期支护和仰拱。④施工中应解决好上下台阶的施工干扰问题，下部施工应减少对上部围岩、支护的扰动。⑤下台阶施工时要保证钢架顺接平直，螺栓连接牢靠。⑥仰拱、铺底超前二次衬砌且一次全幅浇筑，Ⅲ级围岩 ≤ 90 m，Ⅳ级围岩 ≤ 70 m。

（三）中隔壁法（cd法）

中隔壁法（cd法）是将隧道断面左右一分为二，先挖一侧，并在隧道中部设立利用钢支撑及喷混凝土的临时支撑隔墙，当先开挖一侧超前一定距离后，再开挖另一侧的隧道开挖方法。

该法变大跨为小跨，使断面受力更合理，对减少沉降，保证隧道开挖安全、可靠具有良好效果。该法适用于较差地层，如采用人工或人工配合机械开挖的 Ⅳ ~ Ⅴ 级围岩和浅埋、偏压及洞口段。施工过程中，为保证初支稳定，除喷锚支护外，须增加型钢或钢格栅支撑，并采用超前大管棚、超前锚杆、超前注浆小导管、超前预注浆等一种或多种辅助措施进行超前加固。

由于地层软弱，断面较小，只能采用小型机械或人工开挖及运输作业，工序多，施工进度较慢。必须爆破时，应控制药量，避免损坏中隔墙。临时中隔墙型钢支撑规格应与初期支护所采用的一致，每步台阶长度可控制在 3 ~ 5 m。

施工要点：①左右部的台阶开挖高度根据地质情况及隧道断面大小而定。②左、右两侧洞体施工纵向拉开间距不大于15 m。③每台阶开挖长度不大于该分部断面直径，保持开挖面平顺，并及时初期支护。④后一侧开挖形成全断面时，应及时完成全断面初期支护闭合。⑤中隔壁设置为弧形临时支护，隧道左右开挖面初期支护连接平顺，保证钢架连接状态良好。⑥根据监控量测信息，初期支护稳定后拆除中隔壁临时支护，一次拆除长度不超过15 m，并加强监控量测。⑦临时支护拆除后及时施做隧道仰拱和二次衬砌。

（四）交叉中隔壁法

当采用中隔壁法仍然无法保持围岩稳定和隧道施工安全时，可采用交叉中隔壁法开挖。该法的特点是各分部增设临时仰拱和两侧交叉开挖，每步封闭成环，且封闭时间短，以抑制围岩变形，达到围岩沉降可控，初期支护安全稳定的目的。

该法除喷锚支护及增设足够强度和刚度的型钢或钢格栅支撑外，还应采用多种辅助措施进行超前加固。

交叉中隔壁法适用于断层破碎带、碎石土、卵石土、圆砾土、湿陷性黄土、全风化的花岗岩地层的 Ⅴ ~ Ⅵ 级围岩及较差围岩中的浅埋、偏压及洞口段等。

施工要点：①隧道按左右部分分块实施开挖，每块小断面开挖高度大致接近。②每块小断面开挖长度 2 ~ 3 m，或不大于该分块断面直径，及时设置临时仰拱封闭、步步成环，尽量缩短成环时间。③中隔墙设置为弧形临时支护，隧道左右开挖小断面水平临时支护保持对接一致，螺栓连接牢固。④及时进行底部左右小断面开挖封闭支护，并利用回填注浆加固底板。⑤根据监控量测信息，初期支护稳定后拆除中隔壁临时支护，一次拆除长度不超过 15 m，并加强监控量测。⑥临时支护拆除后及时施做隧道仰拱和二次衬砌。

（五）单侧壁导坑法

单侧壁导坑法施工与中隔壁法（cd法）类似，但其导坑开挖断面相对较小。

（六）双侧壁导坑法

双侧壁导坑法是采用先开挖隧道两侧导坑，及时施作导坑四周初期支护及临时支护，必要时施作边墙衬砌，然后再根据地质条件、断面大小，对剩余部分采用二台阶或三台阶开挖的方法，其实质是将大跨度的隧道变为三个小跨度的隧道进行开挖。

该法施工进度较慢，成本较高，但其在施工安全尤其在控制地表下沉方面，优于其他施工方法。此外，由于两侧导坑先行，能提前排放隧道拱部和中部土体中的部分地下水，为后续施工创造条件。因此城市浅埋、软弱、大跨隧道和山岭软弱破碎、地下水发育的大跨隧道可优先选用双侧壁导坑法。在 V ~ VI 级围岩的浅埋、偏压及洞口段，也可采用此法施工。

操作要点：①侧壁导坑形状应近似椭圆形，导坑断面宽度宜为整个断面的1/3。②两侧侧壁导坑超前中部 10 ~ 20 m，可独立同步开挖初支护，中部采用台阶法开发，保持平行作业。③导坑开挖后应及时进行初期支护及临时支护，并尽早封闭成环。④通过监控量测确定临时支护体系稳定后，拆除临时支护，一次拆除长度不超过 15 m，拆除区间加强监控量测。⑤临时支护拆除完成后，及时施作仰拱并进行二次衬砌。

总之，对于硬岩隧道宜采用全断面法与台阶法，分部开挖法适用于软岩隧道。采用台阶法施工时，不宜采用长台阶，因其不利于初期支护及早封闭成环。在采用分部开挖法的硬岩隧道中爆破作业将会严重破坏已成形的中隔壁，应采取一定的保护措施。根据以上总结，本隧道II级围岩地质情况为，洞身围岩以弱风化晶屑凝灰岩为主，受断层影响，岩石较破碎，围岩多呈碎石状压碎结构或块碎状镶嵌结构。II级围岩地质情况为，断层破碎带，积压片理，节理裂隙发育，围岩呈碎石状压碎结构，稳定性差。IV、V级围岩地质情况为，断层破碎带，积压片理，节理裂隙发育，围岩呈碎石状压碎结构，稳定性差。根据围岩状况与施工生产安全、施工进度、成本等多方面因素选择，II级围岩设计台阶法开挖。根据现场实际地址情况（掌子面围岩岩性为灰色、青灰色弱风化凝灰熔岩，节理裂隙局部较发育，整体性好）和施工进度要求开挖方法变更为全断面法施工，由原来每天进尺 4 m 提升为每天进尺 6 ~ 8 m，II级围岩设计台阶法开挖。根据现场实际地址情况（掌子面围岩岩性为灰色、深灰色弱风化凝灰熔岩，节理发育，稳定性较好）和施工进度要求部分 II 级围岩变更为全断开挖，由原来每天进尺 4 m 提升为每天进尺 6 ~ 8 m，IV级围岩设计为台阶法。根据现场实际围岩情况，符合设计围岩，我们采用台阶法开挖，每日进尺 2 ~ 4 m。V级围岩设计为双侧壁导坑法开挖，在实施一段后由于此开挖方法安全系数高，但开挖速度慢，每日进尺 0.6 m，对工程进度有所制约。在后续施工中我们和设计院共同探讨调节在保证安全的前提下调节开挖方法，由原设计双侧壁导坑法变更为三台阶预留核心土法，把每日进尺速度提升一倍，在原材料上也大大节省。

第四节　水下隧道建设

一、简史

公元前 2180 ～前 2160 年巴比伦修建了一条穿越幼发拉底河，从王宫到朱庇特庙的长约 900 米的人行隧道。近代水底隧道始建于英国，1807 年英国在伦敦动工修建连接泰晤士河两岸的人行隧道，开挖时因无法克服泥水涌入隧道而被迫停工。直到 1825 年在法国工程师布律内尔指导下，初次采用盾构法施工，才于 1843 年建成第一条泰晤士河水底隧道。此后，英国等国不断发展盾构工程技术，至 20 世纪 30 年代以后，水底隧道建设有了迅速发展。近 50 年间，世界上修建的水底隧道总数几乎是在此之前百余年间修建的总和。至 20 世纪 80 年代初，世界上已有 100 多条水底隧道，其中道路隧道有 60 余条，一公里以上的铁路隧道有 10 余条。日本于 20 世纪 70 年代至 80 年代中修建的青函海底隧道，是目前世界上最长的海底铁路隧道。上海黄浦江打浦路隧道为中国第一条水底道路隧道。台湾省高雄市的过港隧道已于 1984 年通车。

二、修建条件

根据水道断面、水流状况、水文地质条件、两岸地形及建筑情况、水陆交通要求、城市总体规划、经济效益及社会效益等诸因素，对桥隧两种方案进行综合比较。通常在下述条件下宜考虑修建水底隧道：①航运繁忙，通过巨型船只较多，而陆上车辆流量大，又不容间断；②水道较宽，两岸地面高出水面不多；③两岸建筑物密集，不宜建造高桥和长引桥；④城市总体规划上在该处没有修建桥梁的特殊要求（如通过易燃易爆危险品车辆），或要求铁路列车在地下运行以防止噪声；⑤工程费用和运营管理费用较低。

三、施工方法

修建水底隧道所采用的主要施工方法有：围堤明挖法、气压沉箱法、盾构法及沉管法。围堤明挖法比较经济，有条件时一般应首先考虑采用。气压沉箱法只适用于航运不多的较小河道中。由于需要修建水底隧道处的航运通常比较频繁，采用围堤明挖法及气压沉箱法对水上交通干扰较大，所以在150多年来的水底隧道建设中大多采用盾构法及沉管法。至20世纪50年代后，沉管法的水下接头及基础处理等重大关键技术相继突破，使施工工艺大为简化，并使隧道防水性大为提高，且能采用容纳四车道以上的矩形断面。在一定条件下，沉管法隧道覆土浅、线路短、照明和通风代价较小、工程和运营费用低、使用效果好。故自1965年以来，世界各国建成的20多条水底道路隧道，大多采用沉管法。

（一）明挖法

排水，挖深坑，然后施工，最后填埋。这种方法最简单，但是施工场地大，受周边建筑物的制约大。苏州独墅湖隧道、武汉东湖隧道就采取了这种办法。

（二）矿山法

源于矿山开采，采用爆破，用人工或者机器开挖。这种方法相对简单，但是受地质条件的影响比较大，在土体软弱处容易塌方，所以一般只在山体内使用。长沙地铁在河西有一段要穿越岳麓山山体，据说会采用这种矿山法。

（三）盾构法

隧道施工中最常用、最先进的方法。始于英国，兴于日本，已有180多年历史，最大的优点是适用于软土地质的隧道开挖。

（四）冻结法

将土体冻住，使其达到一定强度，增加自身的稳定性，满足开挖条件。工人们会在土体上钻很多孔，然后放进去冷冻管，利用冷冻机提供制冷液，冻住后把冷冻管拆除，土体也会保持很长时间不融化。不过冷冻管虽然拆除了，但是温度仍然还在零下十几度，工人们像是站在开门的冰箱前，是要穿大衣施工的。不过这个大冰箱的脾气不大好，需要小心控温。

沉管法施工，只要满足船舶的抛锚要求即可，约1.5 m。

（五）泥浆配置技术

在隧道盾构中，根据泥水盾构施工方法的基本原理和基本要求，要紧密结合底层特性、地下水特点、刀盘与刀具设计方案，针对泥浆配置和性能优化进行研究，为盾构掘进提供性能优良、有针对性的泥浆配置方案。

1.通过调整泥浆的配置方案，使泥浆的密度、浓度、黏度、屈服值、含砂率、粒度分布、过滤特性等满足泥膜形成时间、厚度和稳定性，以及刀具磨损等方面的要求。

2.通过调整泥水特性参数，实现对泥膜成膜时间、厚度、稳定性的有效控制。根据实验和施工期间获取的相关参数，对不同地层制定相应的泥水配比方案。

3.根据不同地层的特性，选择合适的泥浆相对密度和泥浆黏度。

（六）掘削面稳定控制技术

盾构工程地质条件复杂，掘进过程需要穿越不同地层，因而要采用不同的措施来确保掘进面的稳定。

1.根据不同的地层条件、不同埋深及外水压力通过计算和反复试验设定开挖舱压力。

2.根据不同的地质条件，选择适当推力、掘进速度、贯入度等掘进参数，控制掘削量，减小掘进时对掘削面地层的扰动。

3.及时调整泥浆的黏度、比重，控制泥水参数使其成膜时间短于刀盘转速对应的掘削时间间隔，不同的地层用不同的泥浆参数。

4.施工中详细记录实际掘削面压力波动范围并加以分析归纳，为后续施工提供借鉴和参考。

（七）高外水压力条件下的盾构施工防渗技术

盾构掘进需要穿越饱和含水砂层，水头压力高达 0.45 mPa，在饱和砂层掘进时易引起突发性涌水和流沙，并存在大范围塌陷的风险。掘进过程中要通过盾构自身的防护、隧洞外衬防水、管片接缝防水、盾构始发与到达施工防渗等多项技术措施，有效地解决盾构防渗问题。

1.采用具有自动顺滑功能、自动密封功能、自动检测密封工作状态的功能以及磨损后可继续使用等功能的主驱动密封，并在掘进过程中及时补充密封及顺滑油脂。

2.在盾尾钢丝刷形成的空腔内注入足量的油脂，达到盾尾的密封效果并减小钢丝刷与管片间的摩擦，防止盾尾密封损坏。

3.在盾构掘进过程中控制好盾构机的姿态，同时根据盾构机的姿态正确地进行管片拼装，使管片与盾尾间隙均匀，从而保护盾尾密封。

4.严格控制管片的生产、养护、运输、止水条粘贴和管片拼装等各道工序的施工质量，避免因管片质量或人为损坏降低隧洞的防渗能力。

5.通过高喷、塑性混凝土墙、洞门周围注浆、冷冻等多项措施加固始发端和出口端地层，并调整泥浆性能、控制掘进速度，以利于地层的稳定。做好始发端及到达端的地基处理及浆水工作，确保洞门钢环及洞门密封的精确安装。

（八）大埋深、高外水压力下的带压进仓技术

虽然在设计时考虑了刀盘和刀具的耐久性，但受地质条件和线路长度的影响，掘进过程中仍需更换刀具。因而要建立合适的带压进仓换具的施工技术，确保施工的顺利。

1. 刀具磨损检测与预报：通过刀具磨损监测系统监测刮刀的磨损情况，系统实现数据采集、数据分析、磨损情况判断、分析结果可视化等的集成。该系统为进仓换刀提供了前提条件。

2. 带压进仓前的准备工作：主要包括工程地质稳定性评估、刀盘刀具检查和换刀工作计划的制定、人员准备、设备、工具检查与维修等工作。

3. 施工工艺措施：主要包括泥浆护壁密封掌子面、降低开挖舱液位、泥水压力调整与设置、泥水仓密封效果检查、带压进仓作业的系列技术措施。

4. 安全、质量与突发事件处理措施：进仓人员进行严格身体检查和系统培训；相关设备试运行，确保其功能正常；建立详尽的突发事件人员救助与工程处理体系。

（九）盾构掘进姿态控制技术

隧道线路长、地质类型多样，需要在掘进过程中严格控制盾构姿态，确保掘进方向按设计路线前进。施工中通过以下措施实现：

1. 根据各段的地质情况对上仰角、掘进速度、刀盘转速、千斤顶各分区推力等掘进参数进行适时调整。

2. 选择合理的管片类型，避免人为因素对盾构机姿态造成过大的影响，严格管片拼装质量，避免因此而引起的对盾构机姿态的调整。

3. 偏差纠正时密切注意盾构机的姿态、管片的选型及盾尾的间隙等，保持盾尾与管片四周的间隙均匀。纠偏过程中放慢掘进速度，并注意避免纠偏时因单侧千斤顶受力过大对管片造成的破损。

4. 当盾构机偏离设计轴线较大时，不能矫枉过正，避免往相反方向纠偏过大或盾尾与管片摩擦导致管片破裂。

四、防水方法

水底隧道的主要部分处于河、海床下的岩土层中。常年在地下水位以下，承受着自水面开始至隧道埋深的全水头压力，因此水底隧道自施工到运营均有一个防水问题。防水的主要措施有：

（一）采用防水混凝土

防水混凝土的制作，主要靠调整级配、增加水泥量和提高砂率，以便在粗骨料周围形成一定厚度的包裹层、切断毛细渗水沿粗骨料表面的通道，达到防水抗水的效果。

（二）壁后回填

壁后回填是对隧道与围岩之间的空隙进行充填灌浆，以使衬砌与围岩紧密结合，减少围岩变形，使衬砌均匀受压，提高衬砌的防水能力。

（三）围岩注浆

为使水底隧道围岩提高承载力、减少透水性，可以在围岩中进行预注浆。特别是采用钻眼爆破作业的隧道，通过注浆可以固结隧道周边的块状岩石，以形成一定厚度的止水带，并且填塞块状岩石的裂缝和裂隙，进而消除和减少水压力对衬砌的作用。

（四）双层衬砌

水下隧道采用双层衬砌可以达到两个目的。其一，防护上的需要，在爆炸载荷作用下，围岩可能开裂破坏，只要衬砌防水层完好，隧道内就不致大量涌水、影响交通。其二，防范高水压力，有时虽采用了防水混凝土回填注浆、在高水压下仍难免发生衬砌渗水。在此情况下，双层衬砌可作为水底隧道过河段的防水措施。

五、设计

水下隧道一般分水底段和河岸段，后者又有暗埋、敞开及出口部分。水底隧道的纵向坡度、纵向曲线和平面曲线半径、通道布置、车辆限界以及照明、通风、消防、交通监控等设备，按通过隧道的车辆类型和运量进行设计。

用盾构法建造的水底道路隧道，自两端至洞口，一般是槽形敞开式引道段。穿越水底的暗埋段，断面大多为圆形。修建的隧道除个别为单车道外，均为双车道。有些在车道一侧或两侧设高出路面的人行巡逻道。对交通繁忙的水底道路隧道，大多采用两条平行的隧道，每条隧道中有同向行驶的双车道，也有的在初期为一条双向行驶的双车道隧道，后期发展成两条同向行驶的双车道隧道。在圆形隧道中，一般在路面以下是送风道；在吊顶以上是排风道。送排风道与隧道两岸的通风机房连通，多采用横向通风。隧道的照明系统，应有适当亮度和均匀的照明装置，在进出口附近设光过渡设施，以便司机在通过隧道时能较好地适应亮度变化而使行车安全。为取得良好照明及防火效果，要合理选择隧道吊顶、侧墙饰面和道路路面的材料和颜色。在现代化的水底道路隧道中，设置自动或半自动控制的防火、灭火、排水、通风、照明、交通监控等运营设备，由中心控制室集中管理。

用沉管法建造的水底道路隧道，自两端至洞口大多是较长的槽形敞开式引道段。穿越水底的沉管大多是由几个通道组成的矩形管段，包括车行道、自行车道、人行或巡逻通道以及管线通道等，每个行车通道中有两个以上同向行驶的车道。由于沉管隧道的长度较短，且每个行车通道中的车辆为同向行驶，故大多采用纵向通风，无须设专用通风道及通风机房，其他设备和盾构法修建的道路隧道相同。

水底铁路隧道、地铁隧道及公用管线隧道，在构造及设备方面均较水底道路隧道简单，为典型的横断面布置。

六、施工风险辨识

（一）地质勘查风险

1. 不良地质体勘查遗漏

水底隧道的地质勘查难度要远大于山岭隧道，而且费用较高。因而，要做到详尽勘查全面了解工程地质情况是不太现实的，有时即使同时采用多种勘测手段，所取得的地质情况也未必完全可靠，如挪威的奥斯陆海底隧道，尽管采用了折射地震波和定向岩芯钻孔技术，并发现了一条明显的软弱带，但是一个充填有第四纪土的大劈裂仍未能探测出。

2. 勘查结果失真，地层特性变异

地层特性的不确定性主要来自三个方面：地层性质的天然可变性、实验数量不足引起的统计误差、试验方法与现场情况差异引起的不确定性等。因而，不可避免地会出现地质情况勘查结果失真、地层特性变异，在此基础上进行的水底隧道设计及施工必然存在较大的安全风险。

3. 超前地质预报不精确

在隧道施工中为了进一步查明前期没有探明的、隐伏的重大地质问题，降低隧道地质灾害发生的可能性，采用超前地质预报指导隧道施工顺利进行。但是超前地质预报也存在预报不准的风险。例如圆梁山隧道开挖勘测中用 TSP 和红外探测仪未发现掌子面前方有岩溶危险，隧道开挖过程中突遇岩溶，出现大涌水导致伤亡事故。

（二）不良地质风险

通常，水底隧道不良地质体的位置、性质等确定对于水底隧道工程建设至关重要，水底隧道的不良地质体通常是与海水有着直接的水力联系，一旦在不良地质体未知的情况下开挖，极易导致瞬间的大突水，对工程造成毁灭性的灾害。穿黄隧洞要穿越全砂层、上砂下土层、单一黏土层及局部卵石层、泥砾层等多种地层。底层分布长度不均匀，变化频繁有时间隔几十米就会连续发生几次地层变化，给盾构掘进期间的参数控制带来困难。

（三）路线规划风险

1. 隧道平面线位的选取

隧道平面线位的确定基本上采取公路隧道的选线原则，但考虑到水底隧道的工程特点。尤其是当所穿越地层存在不良地质体时，由于规划决策者和设计者素质存在不确定性，导致隧道平面线位选取存在以下安全风险因素：隧道选址不当、洞距选取过小及隧道线路曲率过大等。其中，隧道选址不当又包括洞口穿越构筑物过多、穿越不良地质体宽度过大及洞外连接线与隧道线形协调性较差等因素。

2. 隧道纵断面的选取

隧道纵断面选取的风险主要包括以下两个方面：纵坡过大及顶板厚度选取不合理。

隧道纵坡选取直接影响着隧道的线路长度、穿越地质情况、隧道的通行能力、隧道内行车速度及隧道通风运营等多个方面。当坡度过大时，隧道线路长度增大，工程建设费用将会增大；另一方面，坡度过大将给隧道建设阶段及运营阶段的排水带来困难。

顶板厚度选取不合理包括两个方面：顶板厚度过大及顶板厚度过小。一方面，顶板厚度过小尽管能缩短隧道线路总长度，然而却增大了工程的施工难度，尤其当隧道必须穿越不良地质带时，将导致结构失稳和突水风险发生可能性增大。另一方面，当顶板厚度过于保守，就会增加隧道的长度，从而大大增加隧道的修建费用，同时会导致隧道建设期和运营期承担过大的渗水压力，给隧道的衬砌结构及防排水结构带来较大的挑战。

（四）隧道开挖风险

大型水下盾构法隧道需穿越海（河）床地层、两侧堤岸或水中人工岛，具有地质与水文地质条件复杂、周边环境限制条件多和施工变形控制要求高等特点，而且还需克服施工方法交叉变换、施工工期压力较大、盾构机长距离推进而增加的施工难度、高水压下盾构机和管片的水密性要求高、掌子面压力控制和高压状态下刀具更换、不确定因素多等工程困难，这些特点都集中表现为工程实施的高风险性。这些风险贯穿于工程的规划、设计、施工、运营的全过程。

（五）壁后注浆风险

盾构施工中壁后注浆的主要目的如下：

1. 防止地层变形；

2. 提高隧道抗渗性；

3. 具备一定早期强度的浆液及时填充盾尾空隙，可确保管片衬砌的早期和后期稳定性。

为了实现上述目的，壁后注浆施工必须注意下列事项：

（1）注浆地质条件；

（2）壁后注浆浆液类型的选择；

（3）注入压力和注入量；

（4）壁后注浆设备；

（5）施工管理。

《盾构法隧道施工与验收规范》（GB50446—2008）中规定，充填系数为1.30～2.50。穿黄隧道工程主要为直线隧洞，超挖量小，在单一黏土地层中则更少。需要注浆压力大于外水压力和静止土压力之和，才能在一定的空腔内注入更多的压缩系数极小的填充材料。同时注浆压力过大也将损坏盾尾密封并由此引起一系列相关问题，并可能导致管片的变形或破坏。液浆的配置不当，也可能导致注浆管的堵塞，影响隧洞的稳定性和防渗性，对施工的进展与安全极为不利。

（六）防排水系统风险

对于隧道防水风险主要有：防水混凝土配合比差、使用性能差，混凝土密实度降低，混凝土开裂甚至贯通；施工缝、变形缝没有按照施工工艺进行操作，防水混凝土失去防水作用；管片密封失效致使管片接头处漏水漏浆，在承压水作用下，将导致隧道内突然涌水，及引起过大的地表沉陷。衬砌背后的注浆窜入环片外缝，砂浆硬化填塞外缝导致密封垫不能被压紧进而影响到止水效果。

在排水性隧道中必须做好衬砌背后的排水系统，使水流通畅地排出。衬砌背后的盲沟盲管以及暗沟即使一部分被土砂和混凝土堵塞，都会破坏导水功能，对衬砌和路基产生不利影响。

（七）监控测量风险

在大断面隧道的开挖中，保证施工安全的监测作业是必不可少的，这应在设计中予以反映。监控量测主要风险有：

1. 变形量测不准确；

2. 量测信息反馈不及时；

3. 决策失误。

（八）施工风险

施工是水底隧道工程具体实施的过程，该阶段的风险主要表现在以下几个方面：

1. 施工质量差，施工过程中减少工序、偷工减料；

2. 没能建立和完善安全风险管理体系；

3. 施工人员没有足够的安全意识；

4.施工方案、施工组织及安全措施不合理；

5.施工机械风险；

6.临时工程不符合要求。

（九）其他特殊风险

水隧道从广义上讲是属于水体下施工的范畴，与陆地隧道相比，除了存在一般陆上隧道所遇到的共性问题之外，尚存在一些困难和自身的特点：

1.地质勘查困难、造价更高、准确性降低。

2.持续稳定的水压力，水源补给无限，水荷载不能因任何成拱作用而降低，衬砌结构长期承受高水压。

3.高渗水压力可能导致水在有高渗透性或有扰动区域或与开阔水面有渠道相连的岩层中大量流入，特别是断层破碎带的突然涌水。

4.单口掘进距离长。由于单口连续掘进距离很长导致工期很长，投资增大，对施工期间后勤和通风提出了更高的要求。

5.河床变形和破坏控制要求高。水底隧道不允许任何由于河床变形和破坏而造成的突水事故，而很高的孔隙水压力会降低隧道围岩的有效应力，造成较低的成拱作用和地层的稳定性，因此施工过程中对变形控制要求严格。

6.水底腐蚀环境下隧道围岩破坏与支护问题。由于水底隧道长期处于高外水压力和水域腐蚀环境中，其围岩的膨胀软化，支护结构的长期稳定便成为水底隧道的一大难题。

7.水底隧道不能自然排水，防排水技术是关键技术。

8.不良地质段的隧道安全施工是水底隧道建设中最核心的问题。水域的风化槽（囊）段、浅滩的全强风化段，围岩软弱，自稳能力弱且富水，容易引起大变形、坍塌甚至突涌水，如何保证地层加固的效果将成为关键。

第二章　隧道工程地质环境与围岩分级

第一节　隧道围岩的概念及性质

一、隧道围岩的概念

　　隧道结构位于地层之中，结构体系由地层和支护结构所组成，因此隧道结构所呈现的特点和地层的地质性状密切相关，这被称为隧道工程地质环境。隧道工程所赋存的地质环境的内涵很广，包括工程地质、水文地质、区域地质构造、地层岩性等。隧道工程的一切活动，包括隧道的开挖方法、支护形式、衬砌结构类型、隧道位置、施工管理及能否顺利地建成、工期长短、投资多少以及使用中是否会出现问题等，都与隧道所在区域的地质环境息息相关。特别是地层被开挖形成隧道后的稳定程度，是隧道工作者最关心的问题。有些隧道在开挖期间产生大规模坍方，造成施工困难，甚至使工程报废。有些隧道在运营期间出现洞体开裂破坏，严重影响行车安全，需要采取复杂的治理措施。产生这些问题，除了施工方法不当、工程措施不力原因之外，往往是由地质环境因素造成的。因此，进行隧道工程建设，要从了解和认识隧道工程地质环境入手，研究围岩的工程性质，分析影响围岩稳定性的因素，进而针对不同稳定性的围岩，采取合理有力的工程措施，保证隧道围岩在施工和运营期间的稳定和安全。

所谓围岩，是指隧道开挖后其周围产生应力重分布范围内的岩体，或指隧道开挖后对其稳定性产生影响的那部分岩体（这里所指的岩体是土体与岩体的总称）。围岩的稳定性则是指坑道开挖后围岩自身在不支护条件下的稳定程度。

应该指出，这里所定义的围岩并不具有尺寸大小的限制，它所包括的范围是相对的，视研究对象而定。从力学分析的角度来看，围岩的边界应划在因开挖隧道而引起的应力变化可以忽略不计的地方，或者说在围岩的边界上因开挖隧道而产生的位移应该为零，这个范围在横断面上一般为 6 ～ 10 倍的洞径。当然，若从区域地质构造的观点来研究围岩，则其范围要比上述数字大得多。

在地层中开挖隧道，就将地层岩土体划分为三部分：第一部分是坑道范围内将被挖除的岩土体，第二部分就是围岩，第三部分是围岩以外的原状岩土体。

对于坑道范围内要被挖除的那部分岩土体，主要研究其挖除的难易程度和开挖方式。对于围岩，主要研究其稳定能力、稳定影响因素，以及为保持围岩稳定所需要的支护、加固措施等。而且比较之下，围岩是否稳定比坑道范围内的岩体是否易于挖除更为重要。对于围岩以外的原状岩土体，因其与隧道工程无直接关系，一般不予研究，但当其与隧道工程有地质关联时，也应作相应研究。

二、围岩的工程性质

围岩的工程性质，一般包括三个方面：物理性质、水理性质和力学性质。而对围岩稳定性最有影响的则是力学性质，即围岩抵抗变形和破坏的性能。围岩既可以是岩体，也可以是土体，本书仅涉及岩体的力学性质，有关土体的力学性质在土力学中研究。

岩体是在漫长的地质历史中，经过造岩、构造变形和次生蜕变而成的地质体。它被许多不同方向、不同规模、不同性质的断层面、层理面、节理面和裂隙面等地质界面切割成大小不等、形状各异的块体。工程地质学中将这些地质界面称为结构面或不连续面，将这些块体称为结构体，并将岩体看作由结构面和结构体组成的具有结构特征的地质体。所以，岩体的力学性质主要取决于岩体的结构特征、结构体岩石的特性以及结构面的特性。环境因素尤其是地下水、地应力和地温对岩体的力学性质影响也很大。在众多的因素中，哪个起主导作用需视具体条件而定。

在软弱围岩中，节理和裂隙比较发育，岩体被切割得很破碎，结构面对岩体的变形和破坏都不起什么作用，所以，岩体的特性与结构体岩石的特性并无本质区别。当然，在完整而连续的岩体中亦是如此。反之，在坚硬的块状岩体中，由于受软弱结构面切割，块体之间的联系减弱，此时，岩体的力学性质主要受结构面的性质及其在空间中的位置所控制。可见，岩体的力学性质必然是诸因素综合作用的结果，有些岩体是岩石的力学性质起控制作用，而有此岩体则是结构面的力学性质占主导地位。

岩体与岩石相比，两者有着很大的区别。基于工程问题的尺度，岩石几乎可以被认为是均质、连续和各向同性的介质，而岩体则具有明显的非均质性、不连续性、各向异性和可变性。关于岩体的力学性质，包括变形破坏特性和强度，一般都需要在现场进行原位试验才能获得较为真实的结果。但现场原位试验需要花费大量资金和时间，而且随着测点位置和加载方式不同，试验结果的离散性也很大。因此，常常用取样在试验室内进行试验来代替现场原位试验。但室内试验较难模拟岩体真正的力学作用条件，更重要的是对于较破碎和软弱不均质的岩体，不易取得供试验用的试样进行模拟。究竟采用何种试验方法，应视岩体的结构特征而定。一般来说，破裂岩体以现场试验为主，较完整的岩体以做室内试验为宜。

第二节　围岩的稳定性及分级

一、围岩的稳定性

（一）研究围岩稳定性的意义

隧道开挖后围岩的稳定程度称为隧道围岩的稳定性，这是一个反映地质环境的综合指标。隧道工程所赋存的地质环境的内涵很广，包括地层特征、地下水状况、围岩的初始应力状态以及地温梯度等。但对隧道工程来说，人们最关心的问题则是隧道开挖后围岩的稳定程度。因此，研究隧道工程地质环境问题，归根到底就是研究隧道围岩的稳定性问题。

（二）影响围岩稳定性的因素

影响围岩稳定性的因素很多，就其性质来说，基本上可以归纳为两大类：第一类是属于地质环境方面的自然因素，是客观存在的，它们决定了隧道围岩的质量；第二类则属于工程活动的人为因素，如隧道的形状、尺寸、施工方法、支护措施等，它们虽然不能决定围岩质量的好坏，但却能给围岩的质量和稳定性带来不可忽视的影响。

1. 地质因素

开挖隧道时围岩的稳定程度是岩体力学性质的一种表现形式。因此，影响围岩稳定性的地质因素可归纳为岩体结构特征、结构面性质和空间组合、岩石的力学性质、围岩的初始应力场和地下水状况。

（1）岩体结构特征。

岩体的结构特征是长时间地质构造运动的产物，是控制岩体破坏形态的关键。从稳定性分类的角度来看，岩体的结构特征可以简单地用岩体的破碎程度或完整性来表示。在某种程度上它反映了岩体受地质构造作用严重的程度。实践证明，围岩的破碎程度对坑道的稳定与否起主导作用，在相同岩性的条件下，岩体愈破碎，坑道就愈容易失稳。

岩体的破碎程度或完整状态是指构成岩体的岩块大小，以及这些岩块的组合排列形态。岩块的大小通常用裂隙的密集程度，如裂隙率、裂隙间距等指标表示。所谓裂原率就是指沿裂隙法线方向单位长度内的裂隙数目，裂隙间距则是指沿裂隙法线方向上裂隙间的距离。在分类中常将裂隙间距大于 1.0 ~ 1.5 m 的岩体视为整体的，而将裂隙间距小于 0.2 m 的岩体视为碎块状的。当然，这些数字都是相对的，仅适用于跨度在 5 ~ 15 m 范围内的地下工程。

这里所说的裂隙都是广义的，包括层理、节理、断裂及夹层等结构面。硅质、钙质胶结的，具有很高节理强度的裂隙不包括在内。

（2）结构面性质和空间的组合。

在块状或层状结构的岩体中，控制岩体破坏的主要因素是软弱结构面的性质，以及它们的空间组合状态。对于隧道工程来说，围岩中存在单一的软弱面，一般并不会影响坑道的稳定性。只有当结构面与隧道轴线相互关系不利时，或者出现两组或两组以上的结构面时，才能构成容易坠落的分离岩块。例如有两组平行但倾向相反的结构面和 -- 组与之垂直或斜交的陡倾结构面，就可能构成屋脊形分离岩块。至于分离岩块是否会塌落或滑动，还与结构面的抗剪强度以及岩块之间的相互联锁作用有关。因此，可以从下述五个方面来研究结构面对隧道围岩稳定性影响的大小：

①结构面的成因及其发展史，例如，次生的破坏夹层比原生的软弱夹层的力学性质差得多，如果再发生次生泥化作用，则性质更差。

②结构面的平整、光滑程度。

③结构面的物质组成及其充填物质情况。

④结构面的规模与方向性。

⑤结构面的密度与组数。

（3）岩石的力学性质。

在整体结构的岩体中，控制围岩稳定性的主要因素是岩石的力学性质，尤其是岩石的强度。一般来说，岩石强度越高坑道越稳定。在围岩分级中所说的岩石强度指标，都是指岩石的单轴饱和极限抗压强度，这种强度的试验方法简便，数据离散性小，而且与其他物理力学指标有良好的换算关系。

此外，岩石强度还影响围岩失稳破坏的形态：强度高的硬岩多表现为脆性破坏，在隧道内可能发生岩爆现象；而在强度低的软岩中，则以塑性变形为主，流变现象较为明显。

（4）围岩的初始应力场。

围岩的初始应力场是隧道围岩变形、破坏的根本作用力，它直接影响围岩的稳定性。

（5）地下水状况。

隧道施工的实践证明，地下水是造成施工坍方，使隧道围岩丧失稳定的最重要因素之一。地下水对围岩的影响主要表现在：

①软化围岩：使岩质软化、强度降低，对软岩尤其突出，对土体则可促使其液化或流动，但对坚硬致密的岩石则影响较小，故水的软化作用与岩石的性质有关。

②软化结构面：在有软弱结构面的岩体中，水会冲走充填物或使夹层软化，从而减少层间摩阻力，促使岩块滑动。

③承压水作用：承压水可增加围岩的滑动力，使围岩失稳。

2. 工程活动所造成的人为因素

施工等人为因素也是造成围岩失稳的重要条件，尤其以坑道的尺寸（主要指跨度）形状以及施工中所采用的开挖方法等影响较为显著。

（1）坑道尺寸和形状。

实践证明，坑道跨度愈大，坑道围岩的稳定性就愈差，因为岩体的破碎程度相对加大了。例如，裂隙间距在 0.4 ~ 1.0 m 的岩体，对中等跨度（5 ~ 10 m）的坑道而言，可算是大块状的，但对大跨度（>15 m）的坑道来说，只能算是碎块状的。

坑道的形状主要影响开挖隧道后围岩的应力状态。圆形或椭圆形隧道围岩应力状态以压应力为主，对维持围岩的稳定性是有好处的；而矩形或梯形隧道，在顶板处的围岩中将出现较大的拉应力，从而导致岩体张裂破坏。目前，深埋隧道的断面形状大多是接近圆形或椭圆形。

（2）施工中所采用的开挖方法。

从目前的施工技术水平来看，开挖方法对隧道围岩稳定性的影响较为明显，例如采用普通的爆破法和控制爆破法、矿山法和掘进机法、全断面一次开挖和小断面分部开挖，对隧道围岩稳定性的影响都各不相同。目前，多数围岩分级方法都是建立在相应施工方法基础上的。

（三）围岩失稳破坏形态

岩体结构与隧道开挖空间以及后续衬砌结构的组合，形成了一个嵌入人工建造的围岩结构体系。所以隧道围岩的变形、稳定或失稳与岩体结构的关系十分密切。根据工程观察和研究，隧道工程围岩变形破坏大致有以下五种情况：

（1）脆性破坏。整体状和块状结构岩体，岩性坚硬，在一般工程开挖条件下表现稳定，仅产生局部掉块。但在高应力区，洞周应力集中可引起"岩爆"，岩石成碎片射出并发出破裂响声，属于脆性破坏。

（2）块状运动。当块状或层状岩体受明显的少数软弱结构面切割而形成块体或数量有限的块体时，由于块体间的联系很弱，在自重作用下，有向临空面运动的趋势，逐渐形成块体塌落、滑动、转动、倾倒以及块体挤出等失稳破坏性态。块状挤出是块体受到周围岩体传来的应力作用的结果。在支护结构和围岩之间如有较大空隙而又未回填密实或根本没有回填，块状运动可能对支护结构产生冲击荷载，使之破坏。

（3）弯曲折断。层状岩体，尤其是有软弱夹层的互层岩体，由于层间结合力差，易于错动，所以抗弯能力较低。洞顶岩体受重力作用易产生下沉弯曲，进而张裂、折断形成塌落体。边墙岩体在侧向水平力作用下弯曲变形而鼓出，也将对支护结构产生压力，严重时可使支护结构折断而塌落。

（4）松动解脱。碎裂结构岩体基本上是由碎块组合而成的，在张拉力、单轴压力、振动力作用下容易松动，溃散（解脱）而成碎块脱落。一般在洞顶表现为崩塌，在边墙则表现为滑塌、坍塌。

（5）塑性变形和剪切破坏。散体结构岩体（含土质围岩）或碎裂结构岩体，若其中含有较多的软弱结构面，开挖后由于围岩应力的作用，将产生塑性或剪切破坏，往往表现为坍方、边墙挤入、底鼓及洞径缩小等，而且变形的时间效应比较明显。有些含蒙脱石或硬石膏等矿物的膨胀性岩体或结构面，遇水膨胀并向洞内挤入，也属于塑性变形性质。

二、围岩分级

（一）围岩分级概述

修建隧道所遇到的地质条件从松散的流砂到坚硬的岩石，从完整的岩体到极破碎的断裂构造带等，其变化幅度大。在不同的岩体条件中开挖隧道后岩体所表现出的性态是不同的，可归纳为充分稳定、基本稳定、暂时稳定和不稳定四种。

由于隧道工程所处的地质环境十分复杂，人们对它的认识还远不够完善。根据长期的工程实际，工程师们认识到各种围岩的物理性质之间存在一"定的内在联系和规律，依照这些联系和规律，可将围岩划分为若干级，这就是围岩分级。隧道围岩分级的目的是：作为选择施工方法的依据；进行科学管理及正确评价经济效益；确定结构上的荷载；确定支护结构的类型和尺寸；作为制定劳动定额、材料消耗标准的基础等。

围岩分级在当前以经验判断为主的技术水平的情况下，显得尤为重要。因此各国都研究实施了众多的分级方法，人们从使用的角度，要求比较理想的分级方法是：①准确客观，有定量指标，尽量减少因人而异的随机性。②便于操作使用，适于一般勘测单位所具备的技术装备水平。③最好在挖开地层前得到结论。

（二）围岩的分级方法

围岩分级的原则有多种，它是在人们对隧道工程的不断实践和对围岩的地质条件逐渐加深了解的基础上发展起来的。不同的国家、不同的行业根据各自的工程特点提出了各自的围岩分级原则。现行的许多围岩分级方法中，作为分级的基本要素大致有以下几类：

第1类：与岩性有关的要素，例如分为硬岩、软岩、膨胀性岩类等。其分级指标是采用岩石强度和变形性质等，例如岩石的单轴抗压强度、岩石的变形模量或弹性波速度等。

第2类：与地质构造有关的要素，如软弱结构面的分布与性态、风化程度等。其分级指标采用诸如岩石的质量指标、地质因素评分法等等。这些指标实质上是对岩体完整性或结构状态的评价。这类指标在划分围岩的级别中一般占有重要的地位。

第3类：与地下水有关的要素。

第4类：与隧道跨度和施工方法有关的要素。

国内外围岩的分级方法，考虑上述几方面基本要素，按其性质主要分为如下几种：

1. 以岩石强度或岩石的物性指标为代表的分级方法

（1）以岩石强度为基础的分级方法。

这是最早的围岩分级方法，单纯以岩石的单轴抗压强度为依据。例如我国20世纪50年代以前（如修成渝线时）的土石分级法，即把岩石分为坚石、次坚石、松石及土4类，并设计出相应的四种隧道衬砌结构类型；在国外，如日本初期采用的"国铁铁石分级法"。

这种分级方法认为坑道开挖后，它的稳定性主要取决于岩石的强度。岩石愈坚硬，坑道愈稳定；反之，岩石愈松软，坑道的稳定性就愈差。实践证明，这种认识是不全面的，例如我国陕北的老黄土，无水时直立性很强，稳定性相当高，在无支护条件下可维持十几年、几十年之久，但其单轴抗压强度却很低，只有零点几兆帕；又如在江西、福建一带的红砂岩，整体性好，坑道开挖后稳定性较好，但其强度却不高。可见单纯以岩石强度为基础的分级方法并不能反映岩体的特性，分类过于粗略，后来被"岩石坚固性系数分类法"代替。

（2）以岩石的物性指标为基础的分级方法。

在这类分级方法中具有代表性的是苏联普洛托奇雅柯诺夫教授提出的"岩石坚固性系数"分级法，把围岩分成10类。这种分级法曾在我国的隧道工程中得到广泛的应用。

2. 以岩体构造、岩性特征为代表的分级方法

（1）太沙基分级法。

这种分类方法以太沙基分类法为代表。太沙基分类法考虑了岩体的构造、岩性及地下水的影响，把围岩分成9类，每类都有一个相应的地压范围值和支护措施建议。

该法在分级时是以隧道有水为基础的，确认无水时 4-7 类围岩的地压值应降低 50 %。这一分级方法曾长期被各国采用，至今在欧美等国家的地下工程围岩分类中仍有广泛的影响。

（2）以岩体综合物性为指标的分级方法（以围岩稳定性为基础的分类法）。

20 世纪 60 年代我国在积累大量铁路隧道修建经验的基础上，提出了以岩体综合物性指标为基础的"岩体综合分级法"，并于 1975 年经修正后正式作为铁路隧道围岩分级方法。该方法将隧道围岩分为 6 类，后来多次修订后列人我国现行的《铁路隧道设计规范》。

3. 与地质勘探手段相联系的分级方法

（1）按弹性波（纵波）速度的分级方法。

弹性波在岩体中传播时，结构面不仅将使岩体中的波速明显下降，而且会使其能量有不同程度的消耗。所以，弹性波速的变化能反映岩体的结构特性和完整性，它既可反映岩石软硬，又可表达岩体结构的破碎程度。随着工程地质勘探方法，尤其是物探方法的进展，1970 年前后，日本提出按围岩弹性波速度进行分级的方法，根据岩性、地性状况及土压状态，将围岩分成 7 类。

（2）以岩石质量为指标的分级方法——RQD 方法。

岩石质量指标 RQD（rock quality designation）由美国伊利诺伊大学迪尔等人于 1963 年提出，后被用于对围岩分类的指标。岩石质量指标 RQD 是修正的钻探时岩心复原率，或称岩心采取率，即单位长度钻孔中 10 cm 以上的岩心占有的比例，一般认为钻探获得的岩心其完整程度与岩体原始裂隙、硬度、均质性等状态有关，因此可以用岩心复原率来表达岩体的质量。据此，该分级法将围岩分为 5 级，分级也给出相应的地压值及可采取的支护系统

第三节　隧道工程地质调查与勘测

一、隧道工程地质调查与勘测概述

隧道工程是埋设在地层中的建筑物，而地层又是亿万年地壳运动的产物，地层情况变化万千，错综复杂。隧道的设计和施工无不受到地质和其他环境条件控制。因此，必须对工程所处的地质条件及客观环境做周密的调查和勘测，以便取得能较准确反映地质情况和环境的有关资料，为隧道位置的选择、工程布置、结构设计、决定施工方

法和防止施工造成水土流失与破坏生态平衡的措施、计划工程投资和工期以及建成后的维修养护提供依据。

隧道工程的调查和勘测，应遵照基本建设工作程序分阶段依次进行。一般可分为施工前的调查勘测阶段（相当于初测和定测阶段）和施工时的调查阶段。由于各阶段的任务、目的和要求不同，因而所要调查的事项、顺序、方法、范围、精度也有所不同。铁路隧道工程各阶段的调查和勘测工作的要求和方法如表 2-5-1 所示，公路隧道勘测阶段稍有不同。

在调查和勘测前，应根据隧道所通过地区的地形、工程地质和水文地质等条件，并综合考虑调查和勘测阶段、方法、范围等，编制相应的调查和勘测计划。在调查和勘测过程中，如发现实际情况和最初预计的情况不符，应尽快修改调查和勘测计划。

各项调查和勘测工作都应视不同隧道类型和地质条件，按有关行业部门现行的勘测规程或规范执行。

二、自然地理概况调查

自然地理概况主要指隧道所在地区的地形、地貌、气象、水文、用地、灾害及区域性地质等，目的是为规划线路与隧道的关系及进行勘察工作提供条件。般通过收集当地既有资料的方式进行。相关资料有：

（1）地形资料，指地形图。般情况下应从国家测绘系统收集到 1/50 000–1/25 000 及 1/50001/1000 两种比例尺的地形图。前者主要用于线路规划，后者主要用于隧道方案的比选。地形资料是进行线路选择、隧道方案、用地以及自然环境、地质判断的基本资料。

（2）地质资料，指地质图和说明书。一般应从地质部门收集 1/200 000–1/50 000 比例尺的地质图。

（3）工程资料。隧道附近的土建工程往往可以提供不少资料，如道路边坡的岩石露头和其他土木工程所记录的工程地质与水文地质资料。这些资料可以由施工记录和工程报告总结等文件中得到。

（4）气象资料，包括气温、气压、降水、水温、地温等。可由气象台站和各种资料期刊、汇编、年鉴等处获得。

（5）用地及环境资料。用地包括工程用地和施工用地，一旦确定了需要的范围后，就应调查在该范围内是否有既有建筑，包括居民住宅、通信设施、排水设施、交通设施等，必须和有关部门处理协商好相关事宜。环境资料包括自然环境（动植物的生态、地形、地质、水文等）、文物古迹、自然保护区、居民环境等，一定要按照国家相关政策加以对待，否则将对隧道工程造成负面影响，甚至形成旷日持久的社会矛盾。

（6）灾害资料。隧道所在地区历史上的暴雨、台风、地震、滑坡等发生的规模、频度,可通过查阅资料、地方志和对居民访问等方法获得。

将收集到的资料进行汇总和分析,研究其对隧道规划设计、施工与维护管理的影响,并为进一步的调查提供依据。

三、隧道工程地质调查测绘

1.隧道工程地质调查的主要内容

隧道通过地段的地质调查是隧道工程勘察的核心工作。隧道工程地质调查的主要内容有:

(1)地形地貌,主要是查明隧道通过地段的山体的自然情况,其中包括山坡的形态和坡度、河流两岸阶地对称情况、山体垭口和鞍部的分水岭的分布,并分析上述自然情况与河流切割、地质构造、岩层分布的关系。

(2)工程地质特征,指地质构造及地层、岩性的状况,着重查清地质构造变动的性质、类型、规模、断层、节理、软弱结构面特征及其与隧道的组合关系,围岩的基本物理力学性质等。地层岩性调查要查明隧道通过地段的地层时代、地层顺序和厚度、地层岩性及岩性变化,查明地层接触关系以及岩石的风化程度。地质构造调查的重点是褶皱、断层、节理、侵入体或岩脉等。褶皱调查主要内容包括:褶皱的基本类型、形态类型、两翼的地层时代和岩性、褶皱核部的位置、褶皱轴线走向、轴面产状等。断层调查的主要内容包括:断层的存在和证据、断层的位置和产状、断层的破碎带宽度和物质组成、断层的力学性质等。节理调查的主要内容包括:节理的组数和发育程度、主要节理的产状(特别是节理走向)和力学性质、风化裂隙的影响范围和深度等。

(3)水文地质特征,指地下水类型及地下水位、含水层的分布范围及相应的渗透系数、水量、水压、水温和补给关系、水质及其对混凝土的侵蚀性。濒临水库地区的隧道位于水库常水位或规划水位以下时,评价其与水库的水力联系。重点做好两方面工作:一是涌水调查,调查隧道内涌水的可能和规模,避免施工困难,保证施工安全;二是枯水调查,防止造成工业用水及饮用水困难。

(4)不良地质和特殊地质现象。查明崩塌、岩堆、滑坡、岩溶、人为坑洞、泥石流、湿陷性黄土、盐渍土、盐岩、多年冻土、雪崩、冰川等不良地质,分析其类型和规模以及发生原因、发展趋势,判明对隧道影响的程度;查明含水砂层、风积沙、黄土、盐岩、膨胀土、多年冻土、软土、填土等特殊岩土,分析其成因、范围及岩土力学特性及对隧道的影响程度。对深埋隧道,还应测定地温,查明地应力水平,重点查明高地应力引起的大变形、岩爆分布范围及影响程度。

(5)地震烈度。按《中国地震动参数区划图》(GB 18306--2015)的规定,划分隧道经过地区的地震烈度,必要时应经地震部门鉴定。在地震烈度不小于7度的地震区,搜集调查断裂构造时,应特别注意全新活动断裂和发震断裂。全新活动断裂指在近代地质时期内（约 1 万年）有过较强烈的地震活动，或近期正在活动，在将来（今后 100 年）可能继续活动的断层。

（6）有害气体和放射性物质。当测区存在这类物质时，按劳动保护、环境保护相关条例查明分布范围、成分和含量，预测释放程度，当可能超出规定容许值时须采取必要防护措施。

长隧道、特长隧道和地质条件复杂的隧道应进行大面积的区域性工程地质调查、测绘，并加强地质勘探和试验工作，查清区域地质构造及工程地质、水文地质条件，并根据地质勘察成果，提出地质选线及工程措施建议。

2. 地质勘察的主要手段

设计阶段地质勘察应采用综合勘察方法，根据地质条件可选用测绘、遥感、物探、钻探、刷探、试验等。

目前，我国的地质勘察手段仍以传统的钻探方法为主。钻探的设备种类很多，其中以合金钻性能最好。合金钻可探测地层内部很大深度处的情况，并可取得较佳岩心，岩心回收率也较高，即使小孔也能取得岩柱芯；钻孔壁光滑平整，能钻探坚硬岩石；钻机本身轻便，易于转移，成本也比较低。此外还有简易钻探法，如螺旋钻、冲击钻等。随着科技的发展，此成熟的技术也移植到了地质钻探中来，如将微型摄影仪放入钻孔内，能将孔内的全部情况反映在电脑屏幕上等。

在物理探测方面最常用的有电阻法与弹性波法。这两种方法均可用来探测土与石的分界，前者是根据各种物质电阻的不同，而后者是根据波速（纵波）的不同来判断物质的属性。它们是测定断层、软弱带、地质构造的好方法，但应与钻探配合及对照。此外，电阻法在土质隧道中可在一定范围内探明砂砾层（含水层），还可以在钻孔内对透水层的分布以及地下各含水层情况给出明确的结果。在人口稠密区以用电阻法为宜，以免动用炸药。

除了以上勘察手段外，对于重要的长大隧道的地质调查，还可以采用其他一些高科技，如遥感技术在工程地质测绘中可以更客观、更全面地看到在地球上观测时看不到或看不清楚的现象。由于遥感成果是在同一时间、同一条件下观察到的广大面积的资料，资料获得的条件唯一和客观，有利于对大面积资料进行相同条件下的分析对比。还有地质雷达、水平超前钻等都是行之有效的方法。

3. 铁路隧道地质勘测工作要求

（1）钻孔布置。钻孔位置和数量应视地质复杂程度而定。洞门附近覆土较厚时，应布置勘探孔；地质复杂，长度大于 1 000 m 的隧道，洞身应按不同地貌及地质单元，合理布置勘探孔查明地质条件：主要的地质界线，重要的不良地质、特殊岩土地段等处应有钻孔控制；埋深小于 100 m 的较浅隧道或洞身段沟谷较发育的隧道，勘探点间距不宜大于 500 m；埋深较大隧道勘探点的布置应根据地质调查及物探成果专门研究确定。区域性断层和重大物探异常点应布设控制性勘探点。洞身地段的钻孔位置宜布置在隧道中线外 8～10 m。

（2）钻探深度。钻探深度应至隧底以下 3～5 m；遇溶洞、暗河及其他不良地质时，应适当加深至溶洞及暗河底、不良地质体以下 5 m。

（3）钻探中应做好水位观测和记录，探明含水层的位置和厚度，并取样做水质分析。水文地质条件复杂的隧道，应做水文地质试验，测定岩土的渗透性，计算涌水量，必要时应进行地下水动态观测，并测定地下水的流向、流速。

（4）取代表性岩土试样进行物理力学性质试验。

（5）对有害矿体和气体，应取样做定性、定量分析。

4．地质调查应提供的资料

隧道工程地质调查资料和勘察成果是隧道工程规划、设计、施工、养护、维修的重要依据，为了方便使用和管理，应按不同调查阶段的要求进行整理，主要内容如下：

（1）概述。

其包括调查的场所、范围、内容、方法并说明调查时间及参加人员。

（2）地形、地质说明。

该部分阐述地形概况、区域地质概况、气象、环境、隧道走向等勘察的具体内容，着重说明围岩生成的地质时代、岩相、风化及变质情况、物理力学性质及其对工程的影响，地层分布、成层状态、褶曲、断层、破碎带、层理、片理、节理等及其对工程的影响。

（3）应交付的图纸。

①线路地形图（比例 1/2 000～1/5 000）：沿隧道全长绘制，标明线路走向及里程。

②洞口附近地形图（比例 1/500）：在可能的洞口位置附近的一定范围内绘制，沿线路中线每侧各 100 m 的范围进行，用以确定洞口位置。

③地质平面图：用地质符号在地形平面图上反映地质的分布情况。

④地质纵断面图（比例 1/500～1/2 000）：沿隧道中线纵断面绘制，反映围岩级别、地质构造、岩性、产状、地下水发育情况等，标明隧道线路标高、里程等。

⑤洞口附近地质纵断面图以及洞口附近地质横断面图若干（比例 1/200）：用于进一步正确地选择洞口位置及反映洞口的工程情况。

⑥说明书：用以说明隧道选线、设计及施工时应注意的问题及对进一步调查的建议。

地质勘察成果应重点对下列内容作出分析评价，并提出处理措施：围岩状态及自稳性；隧道涌水量、水压、突水突泥的可能性等；岩土膨胀压力；滑坡、顺层偏压；高地应力地区地应力场；瓦斯、岩溶及人为坑洞等。

四、环境调查

通过对施工场地、生态环境的调查，评价隧道修建和营运交通对周边环境的影响程度，提出必要的环境保护措施。

（1）自然环境调查：调查动物、植物的生态状况，包括种类、密度、分布、季节性变化等；调查地表水、地下水状况（前文已述）。

（2）地物调查：调查土地利用状况，包括土地的用途、面积范围等；调查文物古迹、风景区等；调查已有构建物，包括通信设施、民房、地下管网（主要指城市交通隧道）等。

（3）生活环境调查：在工程中和完工后出现的废气、噪声、振动、地表下沉等现象，是对居住环境、自然资源和已有地物影响的主要问题。

排出的废气和噪声受气象条件和通车情况影响而随时变化，宜进行全年测定，并作出隧道建成前后的比较。从洞口和通风井排出的废气扩散后会对周围的环境产生一定的影响，隧道施工造成的对动植物有害的成分主要是 CO、CH_4、.NO 和粉尘，影响程度受隧道长度和交通流量的影响，因隧道不同而有差异。必要时应做废气扩散状况的风洞试验，推算其影响范围。对环境的污染情况般以 CO 的计量为标准。

隧道噪声主要是由车辆和通风机产生的。没有吸声设备的隧道，噪声在隧道内几乎不衰减，与洞外相比，噪声大得多，其持续时间也长，不过一离开洞口就很快衰减。通常应在距洞口和通风口 150 m 范围内进行噪声测定，如果对洞外环境形成的噪声污染超标，应按国家有关环境保护条例进行处理。

隧道施工将产生大量的弃渣，它们的堆放需要认真对待，否则将对周围环境造成重大污染。在环境调查时，应切实研究弃渣的地点，与有关单位商量堆放的可能性，并应对渣石的性质进行必要的试验，如放射性等，根据其性质采取相应的工程措施，如掩埋、设挡墙堆放等，还要注意雨水冲刷使得渣石流失对环境造成的二次污染。

五、气象调查

在隧道选线时，应充分考虑当地的气象条件，因为气象条件会直接影响到隧道选线、结构设计、洞外场地布置、设施安排、进度计划与施工管理。例如洞口附近的崩塌、洪水、阵风、风吹雪、雪崩、路面冻结、挂冰、雾、洞外亮度等对汽车的安全行驶有一定的影响；在设计中，必须依据气象资料考虑混凝土结构的防冻、混凝土骨料及用水的保温、施工道路的选择等。在这方面，青藏铁路上的隧道工程就是最好的实例。还有洞口附近的风向、风速对隧道通风的影响，确定洞口附近的防风挡墙、预防风吹雪构造物、植树带的位置，洞口排出废气的流动方向等，这些问题都受气象条件的影响。

一般而言，当地都有气象资料，如果不能满足工程需要，则应进行气象观测以作补充。制订气象观测计划时，应根据目的和用途选择观测项目、场所、时间、精度和仪器。观测场所应具有代表性，按适当的时间间隔进行。

六、施工阶段地质勘察

目前，各国对隧道及地下工程十分重视施工阶段地质调查工作。施工阶段地质勘察宜采用掌子而地质素描、物探、超前钻孔、孔内摄像、导坑等综合超前地质预报方法，主要完成下列任务：

（1）核定围岩岩性、结构、构造、地下水及围岩级别等情况，为验证或修改设计提供依据。

（2）及时预测和解决施工中遇到的工程地质及水文地质问题。

（3）开挖揭示地质条件与设计图差别较大时，应进行必要的洞内外补勘工作。

其中，开挖工作面直接观察是极其重要的。在每次爆破后，立即由专人进行开挖工作面观察并素描，其主要内容有：地层、岩石分布、岩层走向、倾角；固结程度、风化及变质程度软硬程度；裂隙方向及频率、充填物及性质：断层位置及走向、倾角、破碎程度；涌水位置及涌水量；坍塌位置及形态。

第三章　隧道工程施工方法

第一节　隧道施工概述及矿山法

一、隧道施工概述

（一）隧道施工的概念

隧道工程施工可以定义为按照规定的使用目的、规定的设计要求、规定的技术标准，使用适当的人员、资金、机械、材料，运用适当的施工方法、施工技术和施工管理，在指定的地层中修建隧道及地下洞室建筑物的建筑活动。隧道施工分为开挖与支护两大部分，具体过程为：首先按照设计轮廓在地层中挖出土石，形成符合设计断面要求的坑道，然后进行必要的支护，以控制坑道围岩变形，最后施作永久衬砌，以保证隧道施工安全和长期安全使用。

隧道施工包括修建隧道及地下洞室的施工方法、施工技术和施工管理三个方面内容。

隧道施工方法是开挖和支护等工序的组合，常用施工方法有矿山法、明挖法、盾构法、TBM法、沉管法以及辅助工法等。在隧道施工中最重要的是选择合理的施工方法。

隧道施工技术主要研究解决上述各种隧道施工方法所需的技术方案和措施（如开挖、掘进、支护和衬砌施工方案和措施），隧道穿越特殊地质地段（如膨胀土、黄土、溶洞、坍方、流砂、高地温、岩爆、瓦斯地层等）时的施工手段，隧道施工过程中的通风、防尘、防有害气体及照明、风水电作业的方式方法和对围岩变化的量测监控方法。

隧道施工管理主要解决施工组织设计（如施工方案的选择、施工技术措施、场地布置、进度控制、材料供应、劳力及机具安排等）和施工中的技术管理、计划管理、质量管理、经济管理、安全管理等问题。

隧道施工具有以下特性：①地质条件起决定性作用；②作业空间有限；③作业的循环性强；④施工是动态的；⑤作业环境恶劣；⑥作业具有综合性；⑦隐蔽性大；⑧作业的风险性大；⑨交通不便；受气候影响小。确定施工方法和各种施工技术必须考虑这些特性，才能够发挥其作用。

（二）隧道施工方法的种类

在隧道工程实践中，我国根据不同的隧道用途、水文地质条件、周边环境要求、安全风险分析、成本投入、工程规模，结合我国国情，先后形成了多种隧道工程施工方法。按照开挖成形方法、破岩掘进方式、支护结构施作方式或空间维护方式的不同，特别是隧道穿越地层的不同，隧道施工常用方法如表 7-1-1 所示。

山岭隧道的常规施工方法为矿山法，其因最早应用于采矿坑道而得名。矿山法由于多数情况下都需要采用钻眼爆破进行开挖，故又称为钻爆法。习惯上将凡是采用钻爆法施工的方法都称为矿山法。自 20 世纪 70 年代，新奥法（新奥地利隧道施工法的简称，New Austria Tunneling Method，NATM）正式问世后，矿山法有了长足的发展。由于新奥法从理论到施工都与旧的矿山法有很大的不同，为了明确概念，将矿山法又分为传统矿山法和新奥法。

新奥法可以用于硬岩隧道，也可以用于较破碎的软岩隧道、土质隧道；可以用于深埋隧道，也可以用于浅埋或超浅埋隧道；可以用于多种断面隧道，包括大跨度多层的地下空间；可以采用钻眼爆破法，也可以采用挖掘机或人工开挖；对于稳定性较好的地层可以在开挖后再进行喷锚支护，对于软弱、破碎或浅埋、超浅埋隧道的开挖，施工时需采用超前支护加周围岩的辅助工法。对于浅埋或超浅埋隧道，其开挖和支护方法为区别于钻爆法称为浅埋暗挖法。

掘进机法是采用大型隧道掘进机开挖的方法，大多数情况下主要用于岩石地层。

盾构法指采用手掘式盾构或机械式盾构进行开挖的方法，主要用于土质地层，尤其适用于软土、流砂、淤泥等特殊地层。

明挖法是指土石开挖从地面向下分层、分段依次开挖，直至达到结构要求的尺寸和高程，然后在基坑中进行隧道主体结构施工和防水作业，最后回填恢复至地面的方法。该法多用于山岭隧道洞口段、浅埋隧道、地下铁道和市政隧道施工。

盖挖法是"先盖后挖"，即先以临时路面或结构顶板维持地面畅通再向下施工。它先用连续墙、钻孔桩等形式做围护结构和中间桩，然后做钢筋混凝土盖板，在盖板、围护墙、中间桩保护下进行土方开挖和结构施工。盖挖法分为盖挖顺作法、盖挖逆作法、盖挖半逆作法等。盖挖法多用于修建浅埋隧道、地下铁道和市政隧道施工。

沉管法是预制管段沉埋法的简称，主要用于修建水底隧道。沉管法是先在船台上或干坞中制作隧道管段，管段两端用临时封墙密封后滑移下水或在干坞中放水，使其浮在水中，再拖运到隧道设计位置。定位后，向管段内加载，使其逐节下沉至预先挖好的水底沟槽内，将相邻管段连接，最后拆除封墙，使各节管段连通成为整体的隧道，在其顶部和外侧用块石或混凝土覆盖。

顶进法属于非开挖技术的一种，主要用于修建中小型城市地下人行通道和城市市政隧道等。顶进法一般采用机械将分段预制管道结构顶进到预定的地面下位置。

除上述方法之外，隧道工程实践中不断涌现出一些新方法，新工艺，如新意法、挪威法、柱洞法、铣挖法等。

新意法，即岩土变形分析控制施工工法（ADECO-RS），是20世纪70年代意大利人Pietro和Lunardi在研究围岩的压力拱理论和新奥法施工理论的基础上提出的。它是在困难地质情况下，通过对隧道掌子面前方围岩核心土进行超前支护和加固，应用水平旋喷拱、预切槽及管棚等预支护技术，以减小或避免围岩变形，并进行全断面开挖的一种设计施工指导原则，称为"先进的新奥法"。该工法在过去几十年间，被意大利公路及铁路领域广泛应用并纳入规范，现在主要欧洲国家的大型隧道项目施工也广泛采用此工法，传入我国时称为"新意大利隧道施工法"，简称"新意法"。

挪威法（Norwegian Method of Tunnelin，NMT）是对新奥法的完善、补充，简单地说就是由正确的围岩评价、合理的支护参数和高性能的支护材料三部分组成的一种经济而安全的隧道施工方法。其特点一是施工中通过观察和测量求出岩体质量指标Q，对围岩进行正确的分类评价；二是把一次支护作为永久衬砌，协助监测结果确定是否加筑二次衬砌；三是一次支护是由高质量的湿喷钢纤维混凝土和全长黏结型高拉力耐腐蚀的锚杆组成。该法适用于公路隧道、铁路隧道、水工隧洞及大型地下工程。

柱洞法是将地上建筑体系中框架结构和地下建筑的浅埋暗挖法进行有机结合的一种大断面洞室施工方法，能够很好地控制地面沉降。柱洞法通过在先期暗挖的小导洞内施作围护桩、钢管桩、顶纵梁、底纵梁，并通过初期扣拱支护、钢管桩、排桩、顶纵梁、底纵梁以及顶拱组成一个框架结构的有机整体，协同承受围岩压力。然后逐步向下开挖，施作其余内部结构，最终完成整个内部结构施工。

铣挖法是近年来兴起的一种施工方法，它将铣挖机安装在液压挖掘机上开挖土石。一般情况下，铣挖机只用于隧道轮廓的开挖，但是在中低硬度的岩层中，它也可以直接用于隧道的掘进，尤其在裂隙节理发育的破碎岩层及土质隧道中，开挖过程对围岩扰动小、安全性高，特别适合不宜爆破施工的地段。铣挖机操作简单，可控性高，开挖轮廓线清晰准确，可轻松解决隧道内欠挖修整、内表面雷槽及边沟开挖等问题。

（三）隧道施工方法的选择

隧道施工方法的选择，主要依据工程地质和水文地质条件，并结合隧道断面尺寸、长度、衬砌类型、隧道的使用功能和施工技术水平等因素，综合考虑研究确定。选择施工方法时需考虑的基本因素大体上可归纳为：

（1）隧道所处的工程地质和水文地质条件。这是决定施工方法的关键因素。

（2）施工技术条件和技术装备状况。这是决定施工方法的客观条件，是在满足地质条件的前提下，影响施工方法的决定性因素。

（3）工期重要性。在上述基础上，施工方法的选择主要依据工程的规模（包括隧道的埋深、跨度、长度、衬砌类型）、使用上的特殊要求以及工期的紧迫性而定，如果不是控制工程，可以采用施工成本较低的施工方法。

（4）施工中动力和原材料的供应情况。

（5）工程投资和运营后的社会效益和经济效益。在充分满足施工安全、工期及质量的前提下，应该尽量选择具有较少投资、较大效益的方法。

（6）施工安全状况和周围环境条件。隧道施工的爆破、运输渣土、洞口边仰坡刷坡等工序都会对当地环境造成影响，在确定施工方法时，必须考虑相关单位对环境保护的要求和限值。在城市施工或周围有重要建筑物时，尤其要考虑环境保护、地面沉降等要求，慎重选择施工方法。

隧道施工方法的选择应根据实际隧道工程上述几个方面的条件，尤其是围岩工程地质条件，充分研究、综合考虑、反复比较，选择最经济、最合理的施工方法，甚至是多种方法、多种技术的综合应用。同时应密切关注施工过程中的各种变化，及时根据实际情况调整施工方案、施工方法、施工技术和施工进度等各项计划。这是个受多种因素影响的动态的择优过程。

（四）隧道施工的基本理念

隧道施工的基本理念，归纳起来就是："爱护围岩""内实外美""重视环境"和"动态施工"。

"爱护围岩"有两层含义：一层含义是不损伤或少损伤遗留围岩的固有支护能力，可以通过采用机械开挖技术和控制爆破技术予以解决；另层含义是通过各种手段和方法增强围岩的自支护能力等，这些形成了隧道施工的核心技术：

所谓"内实外美"，关键是内实，而内实的关键是做到"四密实"：混凝土密实、喷混凝土密实、喷混凝土与围岩密实、二次衬砌与初期支护密实。

"重视环境"也有两层含义：一.是指内部环境，即施工作业环境；二是指外部环境，即对周边环境的影响。重视环境是时代的要求。环境保护技术因时代的变迁而得到发展，许多基准也是因环境保护的要求而制定的。

"动态施工"是指隧道施工中地质条件不断变化，其力学状态也不断变化，施工过程也是不断变化的。施工过程中采用的各种施工方法和技术都要适应这种状态的变化，根据暴露出来的围岩状态采取对策，是隧道施工的基本原则。因此，隧道施工的各种决策都要在施工阶段的地质变化、施工阶段的量测技术和质量控制技术的基础上进行管理。

二、矿山法

矿山法（Mine Tunneling Method）指的是用开挖地下坑道的作业方式修建隧道的施工，方法。当隧道穿经岩石地层时，通常均用钻眼爆破的方法进行汗挖，在进行必要的临时支护及清除开挖出来的石渣之后，再修建永久性支护结构——衬砌隧道的横断面视具体条件可分为几部分挖成，亦可一次挖成。由于这种方法与矿山地下巷道的施工方法相类似，故常称之为矿山法。在矿山法中，多数情况下都需要采用钻眼爆破进行开挖，故又称为钻爆法。从隧道工程的发展趋势来看，钻爆法仍将是今后山岭隧道最常用的开挖方法。

矿山法是一种传统的施工方法，是人们在长期的施工实践中发展起来的。它是以木或钢构件作为临时支撑，待隧道开挖成型后，逐步将临时支撑撤换下来，而代之以整体式厚衬砌作为永久性支护的施工方法。它的基本原理是，隧道开挖后受爆破影响，造成岩体破裂形成松弛状态，随时都有可能坍落。基于这种松弛荷载理论依据，其施工方法是按分部顺序采取分割式一块一块的开挖，并要求边挖边撑以求安全，所以支撑复杂，木料耗用多、由于这种施工方法，因其工作面小，不能使用大型的凿岩钻孔设备和装卸运输工具，故施工进度慢，建设周期长，机械化程度低，耗用劳力多_随着喷锚支护的出现，使分部数目得以减少，并进而发展成新奥法。

在矿山法中，坑道开挖后的支护方法，大致可以分为钢木构件支撑和锚杆喷射混凝土支护两类。作为施工方法，人们习惯上将采用钻爆开挖加钢木构件支撑的施工方法称为"传统的矿山法"；而将采用钻爆开挖加锚喷支护的施工方法称之为"矿山法"或"钻爆法"。

目前，我国采用的矿山法（即新奥法，New Austrian Tunneling Method）是以控制爆破（光面、预裂爆破等）为开挖方法，以喷射混凝土和锚杆作为主要支护手段，通过监测控制围岩的变形，动态修正设计参数和变动施工的一种隧道施工法一般情况下，其核心内容是充分发挥围岩的自承能力，围岩是承载的主体，结构是安全备

第二节　隧道洞身开挖方法

隧道施工就是要挖去坑道范围内的岩体，并尽量保持坑道围岩的稳定。开挖是隧道正式施工的第一道工序，也是关键工序。在坑道的开挖过程中，围岩稳定性，虽然主要是由围岩本身的工程地质条件决定的，但无疑开挖对围岩稳定状态有着直接的重要的影响。

隧道的开挖有其基本原则，也就是：在保证围岩稳定或减少对围岩的扰动的前提条件下，选择适当的开挖方法和掘进方式，并尽量提高掘进速度。

开挖的方式分为人力开挖和机械开挖。人力开挖方式只限于其他开挖方式不宜采用或在围岩不稳定的土质隧道中应用。低等级公路的短隧道可采取人力开挖方式。

隧道开挖作业，应遵守合理确定开挖步骤和循环进尺，保持各开挖工序相互衔接，均衡施工；开挖断面尺寸应符合设计要求；爆破后，对开挖面和未衬砌地段应进行检查，对可能出现的险情，应采取措施及时处理；开挖作业中，不得损坏支护、衬砌的设备，并应保护好量测用的测点；做好地质构造的核对和素描，地质变化处和重要地段应有照片记载。

一、开挖方法

如前所述隧道施工中，开挖方法是影响围岩稳定的重要因素之一。因此，在选择开挖方法时，应对隧道断面大小和形状、围岩的工程地质条件、支护条件、工期要求、工区长度、机械配备能力、经济性等相关因素进行综合分析，采用适当的开挖方法，尤其与支护条件要相适应。

隧道开挖方法实际上是指开挖成形方法。按开挖隧道的横断面分部情形来分，开挖方法可分为全断面开挖法、台阶开挖法、分部开挖法。

当采用先拱后墙法衬砌施工时，下部断面开挖应符合下列要求。

第一，拱圈混凝土达到设计强度70％之后方可进行下部断面的开挖。

第二，可采取扩大拱脚，打设拱脚锚杆，加强纵向连接等措施，加固拱脚。

第三，下部边墙开挖后，应按设计规定及时做好支护。

第四，应及时量测拱顶、拱脚和边墙中部的位移，当变形速率有增大趋势时，应立即采取仰拱封闭或其他有效措施，保证围岩和衬砌尽快处于稳定状态。

二、掘进方式

掘进方式是指对坑道范围内岩体的破碎挖除方式，是开挖中关键工序方式。常用的掘进方式有钻眼爆破掘进、单臂掘进机掘进、人工掘进三种方式。一般山岭隧道最常用的是钻眼爆破掘进。

爆破振动致使围岩产生坍塌，故一般只适用于石质隧道。但随着控制爆破技术的发展，爆破法的应用范围也逐渐加大，如用于软石及硬土的松动爆破。它是一般山岭隧道工程中常用的掘进方式。

单臂掘进机掘进及人工掘进，均是采用机械方式切削破碎岩石并挖除坑道范围内的岩体。单臂掘进机掘进是采用装在可移动式机械臂上的切削头来破碎岩体的，人工掘进则是采用十字镐、风镐等简易工具来挖除岩体。单臂掘进机掘进和人工掘进对围岩的扰动破坏小，故一般适用于围岩稳定性较差的软岩隧道及土质隧道中。

钻眼爆破需要专用的钻眼设备及消耗大量炸药，并只能分段循环掘进。单臂掘进机可连续掘进，但只适用于软岩及土质隧道。人工掘进速度较慢，劳动强度大。

隧道施工中，掘进方式是影响围岩稳定的又一重要因素。因此，在选择确定掘进方式时，应根据坑道范围内被岩体的坚硬程度以及不同的掘进方式对围岩的扰动程度、围岩的稳定性、支护条件、机械设备能力、经济性等相关因素进行综合分析，选用恰当的掘进方式。在采用钻眼爆破方式掘进，则尤其应当实施控制爆破，以减少爆破振动对围岩的扰动破坏和对已做支护的影响。

三、钻眼爆破掘进

钻眼爆破的机械和炸药在前面我们已说过，这里重点介绍一下爆破的方法。

在石质隧道中，采用最多的是钻眼爆破法，其原理是利用装入钻孔中的炸药爆炸时产生的冲击波及爆炸生成物作为来破碎坑道范围内的岩体。这可以用爆破漏斗来解释。

隧道工程中，一般要求钻眼爆破应满足以下条件：

第一，开挖轮廓成型规则，岩面平整、超欠挖量符合规定；

第二，爆破对围崖不破坏，以保证围岩（坑道）的稳定；

第三，爆破后的石渣块度大小适中，抛掷范围相对集中，符合装渣作业要求；

第四，钻眼工作量少，耗用炸药等爆破材料少等；

第五，防止对周围设备的破坏，减少对环境尤其是水的污染。

为此应充分研究下面的问题：岩石的抗爆破性及抗钻性；炸药品种及用量；炮眼布置形式和炮眼数量、直径、长度；装药结构；起爆顺序和起爆网络等。

（一）岩石的抗爆破性及分级

1. 岩石的抗爆破性或抗钻性

岩石的抗爆破性（或抗钻性）是指岩石抵抗爆炸冲击波（或钻头冲击）破坏的能力。岩石的抗爆破性能主要取决于其物理力学性质，特别是岩石在动载作用下的变形性质和内聚力强弱。另外也受到岩体的结构性和地下水等因素的影响。隧道爆破开挖时，应按岩石的抗爆破性进行爆破设计，并按其抗钻性选择凿岩机具。

2. 岩石的抗爆破性分级

近年来，有研究资料建议采用岩石爆破性指数 N 作为分级指标，将岩石分为极易爆、易爆、中等、难爆、极难爆共五级。岩石爆破性指数 N 的确定，是在炸药能量和其它条件相同时，进行爆破漏斗试验。根据爆破后的漏斗体积、大块率、小块率、平均合格率和岩体的波阻抗等指标进行计算。

（二）炸药品种选择及用量 Q

炸药品种选择及用量计算，应充分考虑岩石的抗爆破性、炸药性能和价格以获得较好的爆破效果和较低的费用。

第一，炸药品种很多。但应注意的是越脆或韧性越强的岩体，应选用猛度较高、爆速较高的炸药。

第二，炸药用量。理论上应按达到预定爆破效果的条件下爆炸功与岩石阻抗匹配的原则来计算确定。

隧道爆破中，每循环爆破的总装药量。值通常按下式计算：

$$Q = KLS$$

（4-1）

式中：Q——每循环爆破总装药量，kg；

K——破单位体积岩石的炸药平均消耗量，简称炸药的单耗量，kg/m^3.

L——爆破掘进进尺，m；

S——开挖断面面积，m^2。

第三，炸药单耗量 K 值的确定。K 值主要受岩石的抗爆破性、断面进尺比 S/L，临空面的数目、炮眼布置形式、掏槽效果等因素影响。

一般而言，岩石的完整性系数 l 值越大，K 值越大；断面进尺比 S/L 越大，则 K 值越小；临空面越多，K 值越小；炮眼的布置不当或掏槽效果不佳，K 值会增大。

（三）掘进速度 V、掘进进尺 L 及开挖面的支承作用

钻爆掘进是分段循环进行的，其循环过程一般为：钻眼爆破出渣运输土初期支护。单循环爆破掘进深度称为爆破掘进进尺（L）；单循环所占用的时间称为循环时间（L），日掘进深度称为掘进速度（t），即

$$V = 24L/t$$

（4-2）

第一，掘进速度的快慢，应满足工期要求。采用较大的掘进进尺或较短的循环时间均可以取得较快的掘进速度，掘进速度的加快，一方面增加施工机械和人员的投入，另一方面却节省了施工时间。实际工程中，应在满足工期要求的条件下，综合考虑，慎重选择掘进速度。如我国某铁路隧道Ⅱ线平导，开挖断面26b/，围岩类别Ⅴ类，配备门架式三臂液压凿岩台车钻眼，挖斗式装渣机装渣，梭式矿车有轨运输出渣，掘进进尺4.5 m，循环时间6~7h，最高掘进速度达到每月456 m。且三年内独头掘进9500 m，平均掘进速度每月264 m。

第二，当掘进速度确定后，掘进进尺和循环时间的选择，主要受围岩稳定性、开挖面的支承作用、开挖断面大小、支护条件、机械配套能力和组织管理水平等因素的影响。可以采用短进尺、多循环掘进，也可以采用深进尺、少循环掘进。

一般而言，当围岩稳定性较差（Ⅲ类及以下），或开挖断面较小，或支护条件较差，或钻眼和出渣能力不足时，应采用短进尺、多循环掘进。反之，当围岩较稳定（Ⅳ类及以上），或支护速度较快，或钻眼和出渣能力较强时，应采用深进尺、少循环掘进（深孔控制爆破）。目前，我国隧道工程钻爆掘进进尺，短的仅0.5 m，深的可达5.0 m左右。

第三，开挖面的支承作用。

隧道掘进方向上前端的开挖作业正面称为开挖面。开挖面前方（一定范围内尚未被挖除的）岩体，对已开挖区侧面的围岩起着一定的约束作用，这种约束称为开挖面的支承作用。随着隧道掘进，开挖面的支承作用逐渐前移并消失，此后，围岩的稳定则依赖其自稳能力的发挥及初期支护的作用。

理论分析和实测结果表明，对一般岩体而言，开挖面的支承作用，大致可以持续到1~3倍的洞径区段，超过这个长度范围，其支承作用就可以忽略不计了。岩体越破碎，其支承作用的影响长度越短。

在隧道施工过程中，开挖面的支承作用是可以和应当加以利用的，即尽可能和应当在开挖面的支承作用消失之前就做好初期支护。

因此在隧道施工中，要注意选择适当的掘进进尺和允许暴露区段长度。一般在软弱破碎围岩中，应采用较短的掘进进尺，并及时予以支护。若开挖面无支承作用，即其自身不稳定时，应考虑采用辅助稳定措施（详见第四节）。只是在围岩稳定能力较好时，才允许有较长的暴露区段，即支护可以稍滞后，以减少开挖与支护之间的干扰，加快施工速度。

（四）炮眼直径D

第一，炮眼直径大小对凿岩速度、炮眼数目、炸药单耗量、坑道壁的平整程度和石渣块度等均有影响。炮眼直径及药卷直径较大时，可以减少炮眼数目，使炸药相对集中。但炮眼直径过大，则凿岩速度显著下降；炸药相对集中，则石渣块度可能较大和洞壁平整度不好，且对围岩爆破扰动较严重。因此必须根据石质、凿岩能力、炸药性能等条件综合考虑，选择合理的炮眼直径。

第二，药卷直径的大小应与炮眼直径相匹配，以免发生管道效应导致药卷拒爆。

工程爆破中，常用不偶合系数入来控制药卷直径，不偶合系数 $A=D/L$ 它反映炮眼孔壁与药卷之间的空隙程度，一般应将值控制在 1.1 ~ 1.4 之间，且要求药卷直径不小于该炸药的临界直径。实际爆破设计时，对掏槽眼及辅助眼应采用较小的入值，以提高炸药的爆破效率；对周边眼则可采用较大的值，以减少对围岩的破坏。

（五）炮眼数目N及比钻眼数n

1. 炮眼数目应能装入所需适量炸药。

来计算炮眼数目：

$$N = \frac{Q}{q} = \frac{KS}{\alpha\beta}$$

（4-3）

式中：a——各部炮眼的装药系数，指药卷总长度与炮眼长度的比值；

β——药卷单位长度质量，kg/m；

q——单孔平均装药量 $q=a/a\beta$

2. 比钻眼数量是指单位开挖断面的平均钻眼数，可按下式计算：

$$n = \frac{N}{S}$$

（4-4）

它是评价在同等条件下，钻眼工作的一个指标。通常单位开挖断面的平均钻眼数为 2 ~ 6 个。其中掏槽眼的 n 值较大，周边眼次之，辅助眼的几值较小，即不同部位的炮眼布置密集程度不同。

（六）炮眼布置

炮眼布置首先应确定施工开挖轮廓线，然后进行炮眼布置。

隧道爆破通常采用掏槽爆破，即将开挖断面上的炮眼分区布置和分区顺序起爆，逐步扩大完成一次爆破开挖。分区的情况是：掏槽眼、辅助眼、周边眼。这三种炮眼除共同完成一个循环进尺的爆破掘进外，还各有其作用，并各有不同的布置要求及长度、方向、间距等要求。

1. 开挖轮廓线及预留变形量

考虑到开挖坑道后，围岩因失去部分约束而产生向坑道方向的收缩变形，施工开挖轮廓线应在设计开挖轮廓线的基础上适当加大，称为预留变形量。

预留变形量的大小主要取决于围岩本身的工程性质，但受工程条件如隧道断面大小、开挖方法、掘进方式、支护方法等因素的影响。变形量的大小可以根据实际量测数据分析确定，并进行调整。采用新奥法施工即钻爆掘进、锚喷支护时，若无量测数据。

2. 掏槽眼的布置

第一，掏槽炮的作用是将开挖面上适当部位先掏出一个小型槽口，以形成新的临空面，为后爆辅助炮增创更有利的临空面，提高爆破效率。

第二，掏槽眼本身只有一个临空面，且受周围岩石的夹制作用，故常采用较大的炸药单耗量 K 值和较大的装药系数 a 值，以增大爆破粉碎区，并利用爆炸冲击波及爆炸产物作为，将岩石抛出槽口。一般直眼掏槽 K 值在 $10 \sim 20 \ \mathrm{kg/m^3}$ 之间，斜眼掏槽 K 值就小一些。

第三，为保证掏槽炮能有效地将石渣抛出槽口，常将掏槽眼比设计掘进进尺加深 $10 \sim 20 \ \mathrm{cm}$，并采用孔底反向连续装药和双雷管起爆。

第四，槽口尺寸常在 $1.0 \sim 2.5 \ \mathrm{m^2}$ 之间，但要与循环进尺、断面大小和掏槽方式相协调。

第五，掏槽方式可分为斜眼掏槽和直眼掏槽两大类，多种形式。

斜眼掏槽的优点是可以按岩层的实际情况选择掏槽方式和掏槽角度，容易把石渣抛出，且掏槽眼的个数较少。缺点是眼深受坑道断面尺寸的限制，也不便于多台钻机同时钻眼，钻眼方向不易准确。

直眼掏槽的优点是，便于多机同时钻眼和不受断面尺寸对爆破进尺的限制，可采用深孔爆破，掏槽石渣抛掷距离较短，从而为加快掘进速度提供了有利条件。目前现场多采用直眼掏槽，但其炮眼个数较多，炸药单耗量 K 值也要加大，炮眼位置和方向要求有较高的精度，才能保证良好的爆破效果。

第六，中空眼的作用。近年来由于重型凿岩机的投入使用，使得钻大直径（> 100 mm）孔眼并不困难。直眼掏槽中多采用大直径空眼，其作用相当于为装药掏槽眼提供了临空面，并取得了良好的掏槽效果。一般，在中硬和坚硬岩层中，对于设计循环进尺为 3.5 m 左右时，采用双空孔形式最佳；对 $3.5 \sim 5.15 \ \mathrm{m}$ 的深孔掏槽，则采用三空孔形式最好；对 3 m 以下的浅眼掏槽，则采用单空孔形式较好。

实践证明，直眼掏槽的效果与空眼数目、空眼直径及其与装药眼之间距等因素密切相关。在硬岩爆破中，如空眼与装药眼间距 W 大于空眼直径的 2 倍时，爆破后岩石仅产生塑性变形，而不能产生真正的破碎；$W= (1.0 \sim 1.5) D_k$ 时，效果最好，为破碎抛掷掏槽。又如，装药眼之间距太小时，爆炸作用有时会将相邻炮眼中的炸药（主要指粉状硝铵炸药）挤实，使之因密实度过高而发生拒爆。为了保证掏槽炮爆炸后岩渣有足够的膨胀空间，一般要求空眼体积为掏槽槽口体积的 $10 \% \sim 20 \%$ 为宜。

3. 辅助眼的布置

辅助眼的作用是进一步扩大槽口体积和爆破量，并逐步接近开挖断面形状，为周边眼创造有利的爆破条件。

辅助眼的布置主要是解决 E 和最小抵抗线 W 问题。其布置原则可参照后述周边眼的布置原则进行，只是 W、E 值及单孔装药量 q 值较大些。一般 $E/W=0.6\sim0.8$ 为宜。并采用孔底连续装药。

4. 周边眼的布置

周边眼的作用是爆破后使坑道断面达到设计的形状和尺寸。

周边眼的开眼（眼口）位置一般应沿设计轮廓线均匀布置，但当岩质较软或较破碎时，眼口则应开在开挖轮廓线以内。眼底则应根据岩石的抗爆破性来确定其位置，应将炮眼方向以 3％～5％ 的斜率外插。这一方面是为了控制超欠挖，另一方面是为了便于下次钻眼时好落钻开眼。一般对于松软岩层，眼底应落在设计轮廓线上；对于中硬岩及硬岩，眼底应落在设计轮廓线以外 10～15 cm，底板眼的眼底一般都落在设计轮廓线以外。此外，为保证开挖面平整，辅助眼及周边眼的深度应使其眼底落在同一垂直面上，必要时应根据实际情况调整炮眼深度。

周边眼的爆破，在很大程度上影响到开挖轮廓的质量和对围岩的扰动破坏程度，故周边眼同掏槽眼一样须慎重考虑、专门设计，如采用光面爆破或预裂爆破。

（七） 光面爆破和预裂爆破

1. 光面爆破

光面爆破是通过调整周边眼的各爆破参数，使爆炸先沿各孔的中心连线形成贯通的破裂缝，然后内圈岩体裂解并向临空面方向抛掷。这种爆破在围岩中产生的裂缝较少。

保证周边眼同时起爆

据测定，各炮眼的起爆时差超过 0.1 s 时，就等同于各个炮眼单独爆破，不能形成贯通裂缝。因此，要求周边眼必须采用同段雷管同时起爆，并尽可能减少同段雷管的延期时间差（雷管的制造误差），如使用高精度系列迟发雷管或用导爆索作为孔内传爆等。

光面爆破的分区起爆顺序是：掏槽眼辅助眼→周边眼→底板眼。辅助眼则应由里向外逐层起爆。

为使光面爆破有较好的效果，除上述要求外，还应使辅助炮眼爆破后尽量接近开挖轮廓形状，即使光爆层厚度尽可能一致；并应注意不要使先爆落的石渣堵死周边眼的临空面。

2. 预裂爆破

预裂爆破实质上也是一种光面爆破，其爆破原理与光面爆破原理相同，只是分区起爆顺序不同。预裂爆破的分区起爆顺序为：周边眼 ƒ 掏槽眼 ƒ 辅助眼—底板眼。

预裂爆破的周边眼间距 E 和预留内圈岩层厚度、装药量均较光面爆破的要小；但相应增加了周边眼数量和钻眼工作量。

预裂爆破只要求先在周边眼之间炸出贯通裂缝即预留光面层，因而单孔装药量可较少，炸药分布比较均匀，对围岩的破坏扰动更小。由于贯通裂缝的存在，使得主体爆破产生的应力波在向围岩传播时受到大量衰减，从而更有效地减少了对围岩的扰动，所以预裂爆破更适用于稳定性较差的软弱破碎岩层中。

（八）装药结构

装药结构是指继爆药卷和起爆药卷在炮眼中的布置形式。

按起爆药卷在炮眼中的位置和其中雷管的聚能穴的方向可以分为连续装药和间隔装药

1. 正向装药

是将起爆药卷放在眼口第二个药卷位置上，雷管聚能穴朝向眼底，并用炮泥堵塞眼口。这种装药结构过去使用得较多。

2. 反向装药

是将起爆药卷放在眼底第二个药卷位置上，雷管聚能穴朝向眼口。国内外实践证明，反向装药结构能提高炮眼利用率、减少瞎炮率、减小石渣块度、增大抛掷能力和降低炸药消耗量。炮眼愈深，反向装药的效果愈好。

掏槽眼和辅助眼多采用大直径药卷孔底连续装药，周边眼可采用小直径药卷连续装药或大直径药卷间隔装药。

（九）起爆顺序及时差

第一，除预裂爆破的周边眼是最先起爆外，在一个开挖断面上，起爆顺序是由内向外逐层起爆。

第二，试验和研究表明，各层（卷）炮之间的起爆时差越小，则爆破效果越好。常采用的时差为 40～200 ms，称为微差爆破。

第三，内圈炮眼先起爆，外圈炮眼后起爆，这个顺序不能颠倒，否则爆破效果大受影响，甚至完全失败。为了保证内外圈先后起爆顺序，实际使用中，常跳段选用毫秒雷管。但应注意，在深孔爆破时，要将掏槽炮与辅助炮之间的时差稍加大，以保证掏槽炮在此时差内将石渣抛出槽口，防止槽口淤塞，为后爆辅助炮提供有效的临空面。

第四，同圈眼必须同时起爆，尤其是掏槽眼和周边眼，以保证同圈眼的共同作用效果。

第五，延期时间可以由孔内控制或孔外控制。孔内控制是将迟发雷管装入孔内的药卷中来实现微差爆破。这是常用的方法，但装药要求严格，一旦差错就影响爆破效果。孔外控制是将迟发雷管装在孔外，在孔内药卷中装入即发雷管实现微差爆破，这便于装药后进行系统检查（段数）。但先爆雷管可能会炸断其它管线，造成瞎炮，影响爆破效果。由于毫秒雷管段数较多和延期时间精度提高，现多采用孔内控制微差爆破，而较少采用孔外控制。此外，若一次爆破孔眼数量较多，雷管段数不够用时，可采用孔内、孔外混合及串联、并联混合网络。

四、单臂掘进机及人工掘进

在软质岩石及土质隧道中，为减少对围岩的扰动，避免爆破振动对围岩的破坏，可以采用单臂掘进机掘进。常用的单臂掘进机是铣盘式采矿机。挖斗式挖掘机及铲斗式装渣机亦可以用于隧道掘进。

单臂掘进机的适应能力较强，可以挖掘任意形状和大小的隧道。其中铣盘式采矿机装有可以在水平方向和垂直方向旋转操作的切削头。切削头是安装在液压伸缩臂上的柱状或圆锥状切削刃，可以挖掘各种土及中硬以下岩石。它随机配备的装渣机，多为蟹爪式扒渣装渣机。单臂铣盘式采矿机多采用履带式走行机构。

挖斗式挖掘机或铲斗式装渣机用于隧道掘进时，可以将挖掘和装渣同机完成。但其破岩能力有限，一般只适用于硬土以下的土质隧道中，且须配以人工修凿周边。

在不能采用爆破掘进的软弱破碎围岩和土质隧道中，若隧道工程量不大，工期要求不太紧，又无机械或不宜采用机械掘进时，则可以采用人工掘进。人工掘进是采用轻型风镐，甚至十字镐等简易工具挖掘，并采用铁锹、斗箕等装渣＝人工掘进时，工人劳动强度大，掘进速度较慢：施工中应做好安全防护措施，并安排专人负责工作面的安全观察。

机械掘进或人工掘进，均应注意掌握好掘进速度，要做到及时支护，不使围岩暴露时间过长。若开挖面不能自稳，则应同时采取相应的辅助稳定措施。

综前所述，钻爆掘进虽然较经济，但对围岩扰动太大，尤其对软弱破碎围岩的稳定性不利；机械掘进虽然对围岩扰动小，速度也快，但机械投资较大；人工掘进对围岩扰动小，但掘进速度太慢，工人劳动强度太大。实际工程中，究竟采用何种掘进方式，应充分考虑被挖掘岩体的坚固性及围岩的稳定性，选择既经济快速又不严重影响围岩稳定的掘进方式。目前在山岭隧道中，尤其是石质岩体时，多数采用钻爆掘进。

五、超欠挖控制

在隧道开挖时应严格按照设计要求断面开挖作业，原则上不应该欠挖。当岩层完整岩石抗压强度大于 30 mPa 并确认不影响衬砌稳定和强度时，允许岩石个别突出部分（每 1 m² 内不大于 0.1 m²）欠挖，但其隆起量不大于 5 cm。拱墙脚以上 Im 内断面严禁欠挖。

六、装渣与出渣

出渣工作是隧道施工中的一个重要作业，在掘进循环中所占的比重较大，一般在 40 % ~ 60 %，因此处理好出渣运输作业能力的强弱在很大程度上影响施工进度。

在选择出渣方式时，应对隧道或开挖坑道断面的大小、围岩的地质条件、一次开挖量、机械配套能力、经济性及工期要求等相关因素综合考虑。

装渣就是把开挖下来的石渣等装入运输车辆。要把出渣作业安排得经济合理，一次出渣的多少是首先要搞清楚的，这里可以按下面公式计算虚渣体积。

$$Z = R\Delta LS$$

（4-5）

式中：Z——次循环爆破后虚石渣体积，m³；

R——岩体松胀系数；

Δ——超挖系数，视爆破质量而定，一般可取 1.15 ~ 1.25；

L——设计循环进尺，m；

S——开挖断面面积 m²。

知道一次出虚渣体积后，装渣方式就宜确定。一般分为机械和人工两种，机械装渣速度快，可缩短作业时间，目前是隧道施工中常用，但仍需配少数人工辅助。

装渣的机械的类型也很多，我们介绍隧道施工中几种常用的装渣机械。

1. 翻斗式装渣机

这种机械多采用轨道走行机构。它是利用前方的铲斗铲起石渣，然后后退并将铲斗后翻，把石渣倒入停在机后的运输车内。其构造简单，操作方便，采用风动或电动，对洞内无废气污染。但其工作宽度只有 1.7 ~ 3.5 m，工作长度较短，须将轨道延伸至渣堆，其一进退间歇装渣，工作效率低，其斗容量小，工作能力较低，一般只有 30 ~ 120 m³/h，主要适用于小断面或规模较小的隧道中。

2. 蟹爪式装渣机

这种装渣机多采用履带走行，电力驱动。它是一种连续装渣机，其前方倾斜的受料盘上装有一对由曲轴带动的扒渣蟹爪。装渣时，受料盘插入岩堆，同时两个蟹爪交替将岩渣扒入受料盘，并由刮板输送机将岩渣装入机后的运输车内。

因受蟹爪拨渣限制，岩渣块度较大时，其工作效率显著降低，故主要用于块度较小的岩渣及土的装渣作业。工作能力一般在 60 ~ 80 m³/h 之间。

3. 立爪式装渣机

这种装渣机多采用轨道走行，也有采用轮胎走行或履带走行的。以采用电力驱动、液压控制的较好。装渣机前方装有一对扒渣立爪，可以将前方或左右两侧的石渣扒入受料盘，其它同蟹爪式装渣机。立爪扒渣的性能较蟹爪式的好，对岩渣的块度大小适应性强，轨道走行时，其工作宽度可达到 3.8 m，工作长度可达到轨端前方 3.0 m，工作能力一般在 120 ~ 180 m³/h 之间。

4. 挖斗式装渣机

这种装渣机（如 ITC312H4 型）是近几年发展起来的较为先进的隧道装渣机。其扒渣机构为自由臂式挖掘反铲，并采用电力驱动和全液压控制系统，配备有轨道走行和履带走行两套走行机构。立定时，工作宽度可达 3.5 m，工作长度可达轨道前方 7.11 m，且可以下挖 2.8 m 和兼作高 8.34 m 范围内清理工作面及找顶工作。生产能力为 250 m³/h。

5. 铲斗式装渣机

这种装渣机多采用轮胎走行，也有采用履带走行或轨道走行的。轮胎走行的铲斗式装渣机多采用铰接车身，燃油发动机驱动和液压控制系统。

轮胎走行铲斗式装渣机转弯半径小，移动灵活；铲取力强，铲斗容量大，达 0.763.8 m³. 工作能力强；可侧卸也可前卸、卸渣准确，但燃油废气污染洞内空气，须配备净化器或加强隧道通风，常用于较大断面的隧道装渣作业。

轨道走行及履带走行的铲斗式装渣机，多采用电力驱动。轨道走行装渣机一般只适用于断面较小的隧道中，履带走行的大型电铲则适用于特大断面的隧道中。

第三节　隧道洞口施工方法

一、施工设备的准备

在施工的技术准备完成之后，也就可以按照施工组织设计的要求，根据不同的施工方法，对施工的设备进行准备。

（一）一般钻眼机具

隧道工程中常使用的凿岩机有风动凿岩机和液压凿岩机，另有电动凿岩机和内燃凿岩机，但较少采用。其工作原理都是利用镶嵌在钻头体前端的凿刃反复冲击并转动破碎岩石而成孔。有的可通过调节冲击功大小和转动速度以适应不同硬度的石质，达到最佳成孔效果。

1. 钻头和钻杆

钻头直接连接在钻杆前端（整体式）或套装在钻杆前端（组合式），钻杆尾则套装在凿岩机的机头上，钻头前端则镶入硬质高强耐磨合金钢凿刃。

凿刃起着直接破碎岩石的作用，它的形状、结构、材质、加工工艺是否合理都直接影响凿岩效率和其本身的磨损。

凿刃的种类按其形状可分为片状连续刃及柱齿刃（不连续）两类。片状连续刃又有一字形、十字形等几种布置形式；柱齿刃又有球齿、锥形齿、锲形齿等形状之分。

一字形片状连续刃钻头的制造和修磨简单，对岩性的适应能力较强，适用于功率较小的风动凿岩机在中硬以下岩石中钻眼，但钻眼速度较慢，且在节理裂隙发育的岩石中容易卡钻。

十字形片状连续刃钻头和柱齿刃钻头的制造和修磨较复杂，适用于功率较大和冲击频率较高的重型风动或液压凿岩在各种岩石中钻眼，尤其在高硬度岩石中或节理裂隙发育的岩石中钻眼效果良好，速度也快。

常用钻头的钻孔直径有 38 mm、40 mm、42 mm、45 mm、48 mm 等，用于钻中空孔眼的钻头直径可达 102 mm，甚至更大。钻头和钻杆均有射水孔，压力水即可通过此孔清洗岩粉。

钻眼速度受以下几个因素的影响：冲击频率；冲击功；钻头形式；钻孔直径；钻孔深度及岩石质量等。另外钻头与钻杆、钻杆与机头的套装紧密程度和钻杆的质量、粗细则影响冲击功的传递。若套装不紧密、钻杆轴线与机头轴线重合不好或钻杆硬度小，钻杆较粗，都会损耗冲击功而降低钻眼速度。

2. 风动凿岩机

风动凿岩机俗称风钻，它是以压缩空气为驱动力。它具有结构简单，制造维修简便，操作方便，使用安全的优点，见图 2-2。但压缩空气的供应设备比较复杂，能耗大，凿岩速度比液压凿岩机低。

3. 液压凿岩机

液压凿岩机是以电力带动高压油泵，通过改变油路，使活塞往复运动，实现冲击作用。

液压凿岩机与风动凿岩机比较，具有以下主要特点。

（1）动力消耗少，能量利用率高

凿岩机动力消耗仅为风动凿岩机的 1/3 ~ 1/2；能量利用率，液压的可达 30 %-40 %，风动的仅有 15 %。

（2）凿岩速度快

液压凿岩机比风动凿岩机的凿岩速度快 50 % ~ 150 %。在花岗岩中纯钻进速度可达 170 ~ 200 cm/min。

（3）液压凿岩机的液压系统设计配套合理

能自动调节冲击频率、扭矩、转速和推力等参数，适应不同性质的岩石，以提高凿岩功效，且润滑条件好，各主要零件使用寿命较长。

（4）环境保护较好

液压钻的噪声比风钻降低 10 ~ 15 dB；液压钻也没有像风钻那样的排气，工作面没有雾气，空气较清晰。目前液压钻已广泛应用于隧道工程中。

（5）液压凿岩机构造复杂，造价较高，重量大，附属装置较多，多安装在台车上使用。

4. 凿岩台车

将多台凿岩机安装在一个专门的移动设备上，实现多机同时作业，集中控制，称为凿岩台车。

凿岩台车按其走行方式可分为轨道走行式、轮胎走行式及履带走行式；按其结构形式可分实腹式凿岩台车通常为轮胎走行，可以安装 1 ~ 4 台凿岩机及二支工作平台臂。其立定工作范围可以达到宽 10 ~ 15 m，高 7 ~ 12 m，分别可适用不同断面的隧道中。但实腹式凿岩台车占用坑道空间较大，需与出渣运输车辆交会避让，占用循环时间，尤其是在隧道断面不大时，机械避让占用的非工作时间就更长，故实腹式凿岩台车多应用于断面较大的隧道中。

门架式凿岩台车的腹部可以通行出渣运输车辆，可以大量减少机械避让时间。门架式凿岩台车通常为轨道走行，安装 2 ~ 3 台凿岩机。门架式凿岩台车多用于中等断面（20 ~ 80 m^2）的隧道开挖，开挖断面过小或过大则多不采用。

若按其控制的自动化程度来分，凿岩车可以分为人工控制、电脑控制、电脑导向三种。人工控制是由人工控制操纵杆来实现钻机的定位、定向和钻进的。钻眼位置由工程师标出，钻眼方向则由操作手按经验目测确定。

电脑控制凿岩台车的所有动作都在电脑的控制下进行，必要时可由操作手进行干预。电脑导向凿岩台车不仅具有电脑控制功能，而且可以在隧道定位（导向）激光束的帮助下，进行自动定位和定向，因此能进一步缩短钻眼作业时间，提高钻眼精度、减少超欠挖量。

（二）爆破材料

1. 炸药的性能

炸药爆炸是一种高速化学反应过程。在这个过程中炸药物质成分发生改变，生成大量的气体物质并释放大量的热能，表现为对周围介质的冲击、压缩、破坏和抛掷作用。炸药的性能取决于所含化学成分。掌握炸药等爆破材料的性能，对正确使用、储存、运输，确保安全和提高爆破效果，具有重要意义。炸药的主要性能如下。

（1）敏感度

炸药的敏感度简称感度，是指炸药在外界起爆能作用下发生爆炸反应的难易程度，也就是炸药爆炸对外能的需要程度。根据外能形式的不同，炸药感度主要有：

第一，热敏感度亦称爆发点，即使炸药爆炸的最低温度，它表示炸药对热的敏感度。

第二，火焰感度表示炸药对火焰（明火星）的敏感度。有些炸药虽然对温度比较钝感，但对火焰却很敏感，如黑火药一接触明火星便易燃烧爆炸。

第三，机械感度是指炸药对机械能（撞击、摩擦）作用的敏感程度。一般来说，对于撞击比较敏感的炸药，对摩擦也比较敏感。

第四，爆轰感度是指炸药对爆炸能的敏感程度。通常在起爆作用下，炸药的爆炸是由冲击波、爆炸产物流或高速运动的介质颗粒的作用而激发的。不同的炸药所需的起爆能也不同。爆轰感度一般用极限起爆药量表示。

（2）爆速

炸药爆炸时爆轰在炸药内部的传播速度称为爆速。不同成分的炸药有不同的爆速，但一般来说密度越大的炸药其爆速也越高。同一种成分的炸药其爆速还受装填密实程度、药量多少、含水量大小和包装材料等因素的影响。

（3）爆力（威力）

炸药爆炸时对周围介质作功的能力称为爆力（或威力）。炸药的爆力越大，其破坏能力越强，破坏的范围及体积也越大。一般爆炸产生的气体物质越多，或爆温越高，则其爆力越大。炸药的爆力通常用铅柱扩孔实验法测定。铅柱扩孔容积等于 $280\ cm^3$ 时的爆力称为标准爆力。

（4）猛度

炸药爆炸后对与之接触的固体介质的局部破坏能力称为猛度。这种局部破坏表现为固体介质的粉碎性破坏程度和范围大小。一般炸药的爆速越高，则其猛度也越大。

（5）爆炸稳定性和临界直径、最佳密度、管道效应

爆炸稳定性是指炸药经起爆后，能否连续、完全爆炸的能力。它主要受炸药的化学性质、爆轰感度以及装药密度、药包大小（或药卷直径）、起爆能量等因素的影响。

①临界直径

工程爆破采用柱状装药时，常用药卷的"临界直径"来表示炸药的爆炸稳定性。临界直径是在柱状装药时被动药卷能发生殉爆的最小直径。临界直径越小，则其爆炸稳定性越好。如铵梯炸药的爆炸稳定性较好，其临界直径为 15 mm。浆状炸药的爆炸稳定性较差，其临界直径为 100 mm，但加入敏化剂后其临界直径降为 32 mm，也能稳定爆炸。

工程爆破中，为保证装药能稳定爆炸而不发生断爆，在选择药卷直径时应注意以下两点。

药卷直径应不小于炸药的临界直径。装药直径越大，其爆炸越稳定。但当药卷直径超过某值（极限直径）后，爆炸稳定性即不随药卷直径而变化。

若因需减少炸药用量而缩小装药（药卷）直径时，则应相应选用爆轰感度较高的炸药或加入敏化剂以降低其临界直径。

②最佳密度

对于单质猛炸药，其装药密度越大，则其爆速越大，爆炸越稳定。对于工程用混合炸药，在一定密度范围内，也有以上关系。炸药爆炸稳定，且爆速最大时的装药密度称为"最佳密度"。如硝酸类炸药的最佳密度为 $0.9 \sim 1.19$ g/cm³。乳化炸药一般为 $1.05 \sim 1.30$ g/cm³。但随后爆速又随着密度的增加而下降，直至某一密度时，爆炸不稳定，甚至拒爆，这时炸药的密度称为"临界密度"。

③管道效应

工程爆破中，常采用钻孔柱状药卷装药，若药卷直径较钻孔直径小，则在药卷与孔壁之间有一个径向空气间隙。药卷起爆后，爆轰波使间隙中的空气产生强烈的空气冲击波，这股空气冲击波速度比爆轰波速度更高，它在爆轰波未到达之前，即将未爆炸的炸药压缩，当炸药被压缩到临界密度以上时就会导致爆速下降，甚至断爆，这种现象称为管道效应。为减少管道效应，可减小间隙，或采用高感度、高爆速的炸药。

（6）殉爆距离

一个药包爆炸（主动药包）后，能引起与它不相接触的邻近药包爆炸（被动药包），这种现象称为被动药包的"殉爆"。发生殉爆的原因是主动药包爆炸产生冲击波和高速物流，使邻近药包在其作用下而爆炸。是否会发生殉爆，则主要取决于主动药包的药量和爆力、被动药包的爆轰感度、主动与被动药包之间的距离和介质性质。当主动、被动药包采用同性质炸药的等直径药卷时，则用被动药包能发生殉爆的最大距离来表示被动药包的殉爆能力，称为"殉爆距离"。当然它也反映了主动药包的致爆能力。

工程爆破中，常采用柱状间隔（不连续）装药来减少炸药用量和调整装药集中度。但应注意使药卷间距不大于殉爆距离。实际殉爆距离应作现场试验确定。

（7）安定性

炸药的安定性是指其物理化学性质的安定性，主要表现为吸湿、结块、挥发、渗油、老化、冻结和化学分解等。如硝铵炸药吸湿性很强，也容易结块。遇此须人工解潮和碾碎后再使用。胶质炸药易老化和冻结。老化的胶质炸药敏感度和爆速降低，威力减小；冻结的胶质炸药敏感度高，使用危险，必须解冻后才允许使用。硝铵炸药的安定性差，易分解，运输存放中应通风避光，不宜堆放过高。

2. 隧道工程常用的炸药

工程用炸药一般以某种或几种单质炸药为主要成分，另加一些外加剂混合而成。目前在隧道爆破施工中使用最广的是硝铵类炸药。硝铵类炸药品种较多，但其主要成分是硝酸铵，占 60 % 以上，其次是梯恩梯或硝酸钠（钾），占 10 % ~ 15 %。

（1）铵梯炸药

在无瓦斯坑道中使用的铵梯炸药，简称岩石炸药，其中 2 号岩石炸药是最常用的一种；在有瓦斯坑道中使用的炸药，简称煤矿炸药，它是在岩石炸药的基础上外加一定比例食盐作为消焰剂的煤矿用安全炸药。

（2）浆状（水胶）炸药

它是近十年发展起来的新型安全炸药。由于这类炸药含水量较大，爆温较低，比较安全，发展前景良好。浆状炸药是由氧化剂水溶液、敏化剂和胶凝剂为基本成分组成的混合炸药。水胶炸药是在浆状炸药的基础上应用交联技术，使之形成塑性凝胶状态，进一步提高了炸药的化学稳定性和抗水性，炸药结构更均一，提高了传爆性能。浆状（水胶）炸药具有抗水性强、密度高、爆炸威力较大、原料广、成本低和安全等优点，常用在露天有水深孔爆破中。

（3）乳化炸药

通常是以硝酸铵、硝酸钠水溶液与碳质燃料通过乳化作用形成的乳脂状混合炸药，亦称为乳胶炸药。其外观随制作工艺不同而呈白色、淡黄色、浅褐色或银灰色。乳化炸药具有爆炸性能好、抗水性能强、安全性能好、环境污染小、原料来源广和生产成本低、爆破效率比浆状及水胶炸药更高等优点。有资料表明，在地下开挖中保持原使用 2 号岩石炸药孔网参数不变的情况下，乳化炸药可使平均炮孔利用率稳定在 90 % 以上；平均炸药单耗较 2 号岩石炸药下降 1.35 %。在露天爆破中，使用乳化炸药每立方米岩石炸药耗量比混合炸药（浆状炸药 70 % ~ 80 %，铵油炸药 20 % ~ 30 %）降低23.1 %，延米炮孔爆破量增加 18.2 %，石渣大块率从 0.97 % ~ 1.0 % 下降到 0.6 % ~ 0.7 %，尤其适用于硬岩爆破。

（4）硝化甘油炸药

又称胶质炸药，是一种高猛度炸药，它的主要成分是硝化甘油（或硝化甘油与二硝化乙二醇的混合物）。硝化甘油炸药抗水性强、密度高、爆炸威力大，因此适用于有水和坚硬岩石的爆破。但它对撞击摩擦的敏感度高，安全性差，价格昂贵；保存期不能过长，容易老化而性能降低甚至失去爆炸性能。一般只在水下爆破中使用。

隧道爆破使用的炸药一般均由厂制或现场加工成药卷，药卷直径有 22 mm、25 mm、32 mm、35 mm、40 mm 等，甚至 165 ~ 500 mm，可按爆破设计的装药结构和用药量来选择使用。

3. 起爆材料（系统）

设置传爆起爆系统的目的是在装药（药包或药卷）以外的安全距离处通过发爆（点火、通电或激发枪）和传递使安在药包或药卷中的雷管起爆，并引发药包或药卷爆炸，从而爆破岩石。

（1）导火索与火雷管

第一，导火索是用来传递火焰给火雷管，并使火雷管在火焰作用下爆炸的传爆材料之一。

导火索的燃烧速度取决于索芯黑火药的成分和配比，一般在110～130 s/m范围内，缓燃导火索为180～210 s/m或240～350 s/m。导火索具有一定的防潮耐水能力，在1 m深常温静水中浸2h后，其燃烧速度和燃烧性能不变。普通导火索不能在有瓦斯或有矿尘爆炸危险的场所使用。

第二，火雷管是最简单的一种雷管。火雷管成本低，使用比较简单灵活，不受杂散电流的影响，应用广泛。但受撞击、摩擦和火花等作用时能引起爆炸。火雷管全部是即发雷管（一点火，就爆炸）。

第三，雷管号数按其起爆能量的大小分为10个等级（号数）。号数愈大，起爆能力愈强。隧道工程中常用的是8号和6号雷管。其它雷管的号数亦同此划分。

（2）电雷管

电雷管是在火雷管中加设电发火装置而成的。它是用导电线传输电流使装在雷管中的电阻发热而引起雷管爆炸的。

第一，电雷管可分为即发电雷管和迟发电雷管。

第二，迟发电雷管按其延期时间差可分为秒迟发和毫秒迟发系列。

国产秒迟发电雷管按延期时间的长短分为7段，段数越大，延期时间越长。

第三，发爆电源可用交、直流照明或动力电源，也可以用各种类型的专用电起爆器。对于康钢丝电雷管，一般要求在10 ms的传导时间内，其发火冲量（$K=I^2t$）最小不低于25 $A^2 \cdot$ ms，最大不超过45 $A^2 \cdot$ ms。

在有杂散电流条件下，应采用抗杂散电流电雷管。目前，电线、电雷管起爆系统在隧道工程中已较少采用。

（3）塑料导爆管与非电雷管

第一，塑料导爆管是用来传递微弱爆轰给非电雷管，使之爆炸的传爆材料之一，因其是由瑞典科学家诺雷尔（Nonel）首创的一种新型传爆材料，故又称诺雷尔管。它是在聚乙烯塑料管［外径（2.95±0.15）mm，内径（1.4±0.10）mm］的内壁涂有一层高能炸药［主要成分是奥托金，（16±2）mg/m］，管壁上的高能炸药在冲击波作用下可以沿着管道方向连续稳定爆轰，从而将爆轰传播到非电雷管使雷管起爆。弱爆轰在管内的传播速度为1600～2000 m/s，但因其爆轰能量微弱，不至于炸坏塑料管。

塑料导爆管有以下优点：抗电、抗火、抗冲击性能好；起爆传爆性能稳定，甚至扭结、180对折，局部断药，管端对接均能正常传爆；它不能直接起爆炸药，应与非电毫秒雷管配合使用，运输和使用过程中抗破坏能力强；安装简单，使用方便，价格便宜等，且可作为非危险品运输。因而在隧道工程中尤其是在有电条件和炮眼数较多时被广泛应用。

第二，非电雷管的构造及延期时间系列。

非电雷管须与塑料导爆管配合使用。

第三，导爆管的发爆及连接网络。

导爆管可用8号火雷管、导爆索、击发枪、专用激发器发爆。其连接和分枝可集束捆扎雷管继爆，也可以用连通器连接继爆。

（4）导爆索与继爆管

第一，导爆索是以单质猛炸药黑索金或太安作为索芯的传爆材料。它经雷管起爆后，可以直接引爆其它炸药。根据适用条件不同，导爆索主要分为普通导爆索和安全导爆索两种。

普通导爆索是以前生产和使用较多的一种，它具有一定的防水性能和耐热性能。但在爆轰传播过程中火焰强烈，所以只能用于露天爆破和没有瓦斯的地下爆破作业。其爆速不小于6500 m/s。

安全导爆索是在普通导爆索的药芯或外壳内加了适量的消焰剂，使爆轰过程中产生的火焰小，温度低，不会引爆瓦斯或矿尘，专供有瓦斯或矿尘爆炸危险的地下爆破作业使用。其爆速不小于6000 m/s。

因导爆索能直接引爆炸药，故在隧道工程中，若采用小直径药卷间隔装药时，常用导爆索将各被动药卷与主动药卷相连接，以使被动药卷均能连续爆炸，从而减少了雷管数量和简化了装药结构，实现减少装药量，达到有控制的弱爆破目的。在装药量计算时，应将导爆索的爆力计入炸药用量中。

第二，继爆管是一种专门与导爆索配合使用的，具有毫秒延期作用的起爆器材。

导爆索与继爆管具有抵抗杂散电流和静电引起爆炸危害的能力，装药时可不停电，增加了纯作业时间，所以导爆索-继爆管起爆系统在矿山和其它工程爆破中得到了应用。缺点是成本比毫秒电雷管系统高，且在有瓦斯环境中危险性高，网络中的导爆索不能交叉。

有些资料表明，以上三种起爆系统的费用比为，导爆管系统：电力系统：导爆索系统 =1：1.2：3.0。

（三）喷射混凝土机械设备

在新奥法施工中，喷射混凝土机械设备是必不可少的，因为使用混凝土喷射机可按一定的混合程序将掺速凝剂的细石混凝土喷射到岩壁表面上，并迅速固结成一层支护结构，从而对围岩起到支护作用。

1. 喷射机

它是喷射混凝土的主要设备，国内已有多种鉴定定型产品，且各有特点，可以由施工的具体情况选用。但要以保证喷射混凝土的质量，减少回弹和粉尘，控制施工成本，提高工作效率为前提。

常用的干式喷射机有：双罐式喷射机，转体式喷射机，转盘式喷射机。

新研制的湿式喷射机有：挤压泵式、转体活塞泵式、螺杆泵式喷射机，这些泵式喷射机均要求混凝土具有较大的流动性，其机械构造较为复杂，易损件使用寿命短、机械使用费高，机械清洗和故障处理较麻烦，目前现场使用较少，有待进一步改进推广。

2．机械手

喷头的移动和喷射方向、距离的控制，可采用人力直接控制或机械手控制。人力直接控制一般只用于解决少量的和局部喷敷；机械手控制方便灵活，工作范围大，可覆盖 140 m^2。

二、施工测量

施工测量是贯穿于施工全过程的一项重要工作，这项工作的好坏关系到隧道施工的好坏和成败。因为一般隧道施工从两个点以上相对施工，只有把测量工作做好才能使隧道准确地贯通。这项工作不只是施工前的准备，也是施工中的一项特别重要的工作，之所以在施工准备这一节中介绍是因为其前期的重要性，是准备工作的一个重要方面。

（一）施工前的复测

在施工前，施工人员要按控制测量的精度，做好控制点、基准点、水准点的交接和复核工作，并规定通过三角网或精密导线网对各点进行校核，以确保隧道施工精度。

为了方便施工可按精度要求重新布设三角点、导线点，它们的布设要设在视野开阔、通视良好的地方，主要是为了减少由于大气旁折光及地面折光产生的仪器误差对导线角的影响，同时设置要牢实，按《公路隧道勘测规程》（JTJ 063—85）的要求认真进行。

（二）洞内施工测量

控制测量的精度应以中误差衡量，最大误差（极限误差）规定为中误差的两倍，同时长隧道设置的精密三角网或精密导线网，应定期对其基准点和水准点进行校核，洞外水准点、中线点应根据隧道平纵面、隧道长度等定期进行复核，洞内控制点应根据施工进度设定。

在进洞开挖时，在洞口要设置一个为将来向洞内施工提供导向的导线点，即称之为洞口校点。它的设置要纳入控制网内，由洞口校点传递进洞方向的连接角测角中误差，不应超过测量等级的要求，后视方向的长度不宜小于 300 m。导线点应尽量沿路线中线布设，导线边长在直线地段不宜短于 200 m；曲线地段不宜短于 70 m。无闭合条件的单导线，应进行二组独立观测、相互校核。用中线法进行洞内测量时，中线点间距直线部分不宜短于 100 m；曲线部分不宜短于 50 m。当用正倒镜长直线法或曲线偏角法检测延伸的中线点时，其点位横向偏差不得大于 5 mm。

当在特长隧道、长隧道及采用大型掘进机械施工的隧道中施工时，最好采用激光设备导向。激光导向是在经纬仪导向网上直线对准方向，指示掘进机械工作的正确位置。在曲线上，激光仪的导向网路按方向距测设图形布置。也就是根据隧道的曲线半径确定掘进机械每间隔一定距离之后，方向修正一定的角度。

在采用导坑法施工时，供导坑延伸和掘进用的临时点可用串线法标定，其延伸长度在直线部分不应大于 30 m；曲线部分不应大于 20 m；串线法的两吊线 5 m。用串线法标定开挖面中线时，其距离可用皮尺丈量。

在开挖前应在开挖断面标出设计断面尺寸线，开挖工作完成之后应及时测量并给出断面图，为下一次开挖和以后的衬砌做好准备。

供衬砌用的临时中线点，必须用经纬仪测定，其间距可视放样需要适当加密，但不宜大于 10 m。衬砌立模前应复核中线和高程，标出拱架顶、边墙底和起拱线高程，用设计衬砌断面的支距控制架立拱模和墙模。立模后必须进行检查和核正，确保无误。高程的控制要领先洞内水准线，水准线应由洞口高程控制点向洞内布设，结合洞内施工情况，测点间距以 200 ~ 500 m 为宜，为施工方便，在导坑内拱部、边墙施工地段宜每 100 m 设立一个临时水准点，并定期复核。

（三）贯通误差的测定及调整

贯通误差也就是采用双向相对施工时在隧道贯通后测量其两个中线在其贯通面附近临时一个断面上的两点之和的误差。

采用精密导线测量时，由进测的两个方面分别量测该点的坐标，所得的在贯通面上的闭合差分别投影至贯通面及其垂直的方向上，得出实际的横向和纵向贯通误差，再置镜于该临时点测求方位贯通误差。采用中线法测量时，应由测量的相向两个方向分别向贯通面延伸，并取一临时点，量出两点的横向和纵向距离，得出该隧道的实际贯通误差，水准路线由两端向洞内进测，分别测至贯通面附近的同一水准点或中线点上，所测得的高程差值即为实际的调和贯通误差。

贯通后误差的调整有折线法、调整中线法和坐标增量平差进行调整。

在直线隧道其中线采用折线法调整。因调整而产生的转角在 5° 以内，作为直线考虑；转折角大于 25° 时，则应加设半径为 4000 m 的曲线。

洞内的测量还有辅助坑道测量，对其有以下几个方面的规定：

经辅助坑道引入的中线及水准测量，应根据辅助坑道的类型、长度、方向和坡度等，按要求精度在坑道口附近设置洞外控制点。

平行导坑与横洞的引线精度高程测量与正洞相同。

斜井中线的方向应由斜井口外直线引伸，可用正倒镜分中的串线法进行；斜井量距应丈量斜距，测出坑顶高程，求出高差，按斜距换算成水平距离。

竖井测量时，应根据竖井的大小、湿度、必要的测量精度，决定测量方法。经竖井引入中线的测量可使用钢弦吊锤、激光、经纬仪等。经竖井的高程可将钢卷尺直接吊下测定。

（四）竣工测量

这是一个隧道完工之后要完成的一项测量工作，是对隧道完成情况的一次检查，也是竣工资料的重要部分，对隧道以后的养护提供必要的测量基准点。

一般在隧道竣工后，应在直线地段每 50 m，曲线地段每 20 m 需要加测断面处，测绘以路中线为准的隧道实际净空，标出拱顶高程，起拱线宽度、路面水平宽度。

把永久中线点在竣工测量后用混凝土包埋金属标志。直线上的永久中线点，每 200～250 m 设一个，曲线上应在缓和曲线的起终点各设一个；曲线中部，可根据通视条件适当增加。永久中线点设立后，应在隧道边墙上画出标志。同时洞内水准点每公里应埋设一个，短于 1km 的隧道应至少设一个，并应在隧道边墙上画出标志。

第四节　明洞施工方法

一、钢筋混凝土框架涵

钢筋混凝土框架涵，施工主要方法为：基坑开挖采用人工配合机械施工，墙身采用 C20 混凝土现场浇筑，模板采用组合钢模，混凝土由拌和站拌和，专用运输车运输。浇筑时采用插入式机械振捣，保证混凝土质量。

1. 施工准备

基坑开挖前需进行遮阳准备、排水准备。为防止基坑开挖后受日光的暴晒，须准备充足遮阳棚将基坑盖好，边施工边封闭。排水根据现场情况疏通出入口做排水沟或挡水堰将水沿原沟排走，基坑内排水可通过在基坑四边挖集水沟用水泵将水抽出。施工便道、施工场地布置好并做好充分的施工准备后，才能进行基坑开挖，以及基底的处理工作。

2. 基坑处理

涵洞基地处理方式一般与路基处理相同，如采用 CFG 桩地基加固时，CFG 桩施工与路基 CFG 桩同步进行。施工要点如下：

①技术人员测放好基坑开挖线后进行，按照施工设计图布孔，桩身直径 0.5 m，钻

至硬层后对照基底设计标高，除桩头超封 30 ~ 50 cm 后，预留足够空钻长度，施工时严格按照 CFG 桩的施工工艺进行。

②CFG 桩施工完 7 d 后，进行基坑开挖、破除桩头、铺设基础垫层等工作，桩头按照设计标高破除后，施工 CFG 桩扩大桩头，桩头上部为 1 m 的圆形截面，高 0.6 m，下部与桩身混凝土连接，整个桩头为倒锥形结构。

③CFG 桩扩大桩头施工完成，待桩头混凝土强度达到设计强度后，即可回填 60 cm 碎石垫层，回填宽度为涵身底板尺寸两边各加宽 0.5-1 m，褥垫层回填时采用压路机或小型夯实机械夯实，每层夯实并经检测合格后即可进行下道工序的施工作业。铺设褥垫层填料，为避免碾压时对褥垫层中的土工格栅造成破坏，施工时应增设中粗砂保护层，即褥垫层的组成自上而下为 25 cm 碎石垫层、5 cm 中粗砂、5 cm 土工格栅、25 cm 中粗砂碎石垫层。

④基坑开挖利用人工配合挖掘机进行，挖至距设计换填层底标高 20 ~ 30 cm 后人工清理，采用垂直开挖，避免超挖。每边按涵身底部尺寸加宽 50 cm 作为施工空间。开挖时，开挖弃土及时用自卸车运走，严禁在基坑周围存放，更不允许将弃土堆在周围草皮及农田内。同时，现场施工负责人应严格规范施工区域，严禁挖掘机和施工车辆进入施工区以外区域，以免破坏农田及庄稼。

⑤基地褥垫层施工后即可进行涵身进出口 2 mc、1 m、C20 混凝土扩大基础的浇筑作业，浇筑前立好模板，经检查合格后即可进行混凝土的浇筑工作。

基坑开挖完成后，按要求利用全站仪进行测量放线。测放出涵身纵横十字线，以便控制涵身基础垫层的铺设范围，同时放好控制桩和护桩，以方便控制基础模板的位置。

3. 涵节施工

在涵节基础混凝土及垫层混凝土养护强度不小于 2.5 MPa 时，再进行测量放线，测放出涵洞纵向中心线、涵身中心里程桩及横向中心线，按照设计尺寸挂好涵身纵向中心线、墙身内外侧钢筋绑扎线，即可依据配套钢筋设计图进行涵身底板钢筋帮扎作业，每个涵身配置 8 排钢筋，每排间距 12.5 cm，且同一截面上的接头不能超过 50 %（两钢筋接头相距在 30 cm 以内或两焊接接头在 50 cm 以内，或两绑扎接头的中距在绑扎长度以内，均视为同一截面，并不得少于 50 cm），且"同一截面"内同一根钢筋上的接头不超过 1 个。

涵身底板钢筋绑扎完毕后，经现场技术人员、质检、监理检查合格后，就可进行模板拼装，模板宜采用组合钢模板，采用 5 cm 的砂浆保护层垫块控制混凝土的结构尺寸，以保证涵节形状尺寸、大面、端面平直。模板拼装好后经检查合格，方可进行混凝土的浇筑施工。涵身混凝土的浇筑分两阶段施工：先浇筑涵身底板（浇筑至涵身下倒角顶面处），待底板混凝土强度达到设计强度的 50 % 后，再施工边墙及顶板。

混凝土浇筑时采用集中拌和，混凝土运输车运送至施工现场。浇筑时控制好混凝土的坍落度，混凝土坍落度严格控制在标准坍落度的 ±15 mm 范围内，混凝土的倾落高度不能超过 2 m，且不能将混凝土粘到还没有浇筑的模板板面上，避免造成板面上前期混凝土的凝结，影响混凝土结构物的外观质量。振捣采用插入式振动器，严格控制振捣时间，一般振捣时间不得小于 20～30 s，以保证混凝土的密实度。

在浇筑混凝土初凝后，将倒角处混凝土表面凿毛。夏季浇筑混凝土施工，要做好混凝土的养护工作，不能因混凝土内部早期水化热过高，造成混凝土表面开裂，影响混凝土工程的外观质量，洒水次数以混凝土面保持湿润为宜。

涵身施工时，先绑扎涵节两侧墙身钢筋，再进行涵节内膜和墙身内外模的拼装作业，内外侧模板均用钢管支架进行加固，在顶板处设置可调丝扛油托，以便调整顶板模板的高度及平整度。待墙身和顶板模板按设计及规范要求拼装加固好后，经检查无误，就可进行涵身顶板的绑扎工作。绑扎时按要求调整好各排钢筋的间距，且在钢筋与模板间垫好垫块，以防露筋。

在涵身混凝土浇筑作业中，对作业人员做到明确分工，使之各负其责，以保证混凝土浇筑施工能够顺利进行，确保工程施工质量创优。

4. 附属工程施工

翼墙、帽石采用现浇混凝土施工方法。技术人员测量放样立模控制边线，严格按线立模。模板采用组合钢模和木模配合使用，外露部分用钢模，要求搭配合理，拉杆及支撑紧固，面板顺直，接缝严密，下口加设海绵条，外侧用黏土或砂浆包严以防漏浆。混凝土由中心拌和站拌制，罐车运至工地，插入式振动棒振捣密实。严格控制入模温度和施工配合比，使翼墙内实外美。翼墙沉降缝及防水层施工与涵节处相同。

附属工程包括涵洞出入口铺砌、泄床、锥坡、边坡防护及垂群。涵洞出入口铺砌与路基排水沟、改沟应顺接通畅，排水有出路，做到涵洞内不积水。铺砌均采用 M10 号水泥砂浆浆砌片石，下设厚 10 cm 碎石垫层。

5. 沉降缝及防水层施工

涵身沉降缝嵌塞 2 cm 厚的石棉水泥板留作防水之用，施工期间，用电焊将石棉水泥板与涵身钢筋骨架定好位置当作模板使用。沉降缝外侧涂刷聚氨酯防水涂料并粘贴防水卷材，且相邻涵节不均匀沉降差小于 5 cm。沉降缝内侧待涵洞施工完成后，再嵌入硫化型橡胶止水条。出入口翼墙与涵身间沉降缝内塞 M20 水泥砂浆 15 cm，中间如有空隙可填塞聚丙烯纤维网混凝土。

沉降缝防水层施工完后，经检查合格，即可进行涵洞两侧回填施工，以保证涵节稳定性。在涵洞两侧大于两倍涵洞净宽范围内，涵背回填两侧同时进行。每层厚度不超过 30 cm，人工用电夯机夯实。

二、盖板涵洞工程

1. 施工安排

钢筋混凝土盖板涵洞结构,多数涵洞位于填方地段。为了尽快实现路基大面积填筑,必须优先施工涵洞工程。施工初期,先打通至涵洞的施工便道。根据涵洞的分布位置及工程量,组织涵洞施工队。

2. 盖板涵工程施工方法

施工工序说明:

①施工放样:涵洞测量放样时,注意核对涵洞纵横轴线的地形剖面图是否与设计图相符,涵洞长度、涵底标高的正确性。对斜交涵洞、曲线上的陡坡涵洞,应考虑交角加宽、超高和纵坡对涵洞具体位置、尺寸的影响。遇到与设计图纸不符的,应及时与监理工程师沟通,适当调整位置。施工过程中,应经常检查涵洞结构浇砌和安装部分的位置和标高,并作测量记录。

②基坑开挖:采取人工配合反铲开挖基坑,若施工机械无法进入到涵洞施工现场时,采用人工开挖。基坑大小应满足基础施工的要求,有渗水土质的基坑坑底开挖,根据基坑排水需要及设计所需基坑大小而定。基坑壁坡度,按地质条件、基坑深度和现场的具体情况确定。

③基坑验收:基坑开挖并处理完毕,由施工质检人员自检并报请总承包部、监理工程师检验,确认合格后填写地基检验表。未经验收,不得进行下一道工序施工。

④基础、铺底:盖板涵基础、铺底采用 C25 钢筋混凝土,涵洞地基承载力要符合设计要求。不能满足要求时,按照监理工程师指示进行处理,基础按图纸要求设置沉降缝,采用泡沫板,沉降缝处两端面竖直、平整,上下不得交错,不得接触,在沉降缝处加铺抗拉强度较高的卷材(如油毡),加铺层数及宽度按图纸所示或监理工程师指示进行。

⑤台身:台身采用 C20 片石混凝土,台身设置沉降缝与基础一致。基础经验收合格后,方可进行台身片石混凝土施工。墙身模板采用组合钢模板立模,混凝土采用强制搅拌机拌和、人力推送或混凝土运输车运送混凝土,插入式振捣器捣固。

⑥台身及台帽混凝土施工完成后,采用 850 架子管搭设脚手架,架设现浇钢筋混凝土盖板模板,再安装盖板钢筋,验收合格后,浇筑盖板混凝土,浇筑方法与台身相同。

⑦涵洞进出口施工:浆砌用片石采用石方开挖段的合格石料;砂浆采用 200 L 砂浆搅拌机拌制,手推车运输。石料在砌筑前浇水充分湿润,表面如有泥土、水锈清洗干净。

涵洞进出口建筑与路基的坡面协调一致。出水口的沟床整理顺直,形成顺畅的水流通道。进出口砌体分层砌筑,砌筑时必须按要求错缝,平顺有致,砂浆饱满,外表平整。

砌筑工作中断后恢复砌筑时，已砌筑的砌层表面加以清扫和湿润。外露浆砌片石部分采用 M7.5 砂浆勾缝，缝采用凹缝，勾缝应嵌入砌缝内不小于 10 mm。

⑧台背回填：当涵洞砌筑及盖板安装完成后，且混凝土强度达到设计标号的 70 % 时，才能进行台背回填。回填时涵洞两侧对称同时填筑，按要求水平分层填筑压实，每层松铺厚度不超过 15 cm，压实度按照规范的要求执行。填料采用透水性良好的沙砾土或砂质土壤，不得采用含草、腐殖物的土。边角部位压路机无法压实的部位，采用小型压实机械进行压实，强度达到规范要求。

第五节　浅埋暗挖法

一、浅埋暗挖法的特点

浅埋暗挖法是在新奥法的基础上，针对浅埋隧道，特别是城市隧道、地下铁道工程等城市地下工程特点发展起来的。城市浅埋地下工程的特点主要是：覆土浅，地质条件差（多数是未固结的砂土、黏性土、粉细砂等），自稳能力差，承载力小，变形快，特别是初期增长快，稍有不慎极易产生坍塌或过大的下沉，而且在隧道附近往往有重要的地面建筑物或地下管网，对施工提出了严格的要求。浅埋暗挖法是以超前加固、处理软弱地层为前提，采用足够刚性的复合衬砌（由初期支护和二次衬砌及中间防水层组成）为基本支撑结构的一种用于软土地层近地表隧道的暗挖施工方法。它以施工监测为手段，并以此来指导设计和施工，保证施工安全，控制地表沉降。近年来，采用浅埋暗挖法施工的隧道，特别是城市隧道、地下铁道工程已越来越多，目前已经成为城市地下铁道施工采用的主要方法之一。

与其他施工方法相比，浅埋暗挖法具有许多特点：

（1）适用于各种地质条件和地下水条件。

（2）具有适合各种断面形式（单线、双线及多线、车站等）和变化断面（过渡段、多层断面等）的高度灵活性。

（3）通过分部开挖和辅助施工方法，可以有效地控制地表下沉和坍塌。

（4）与盾构法相比较，在较短的开挖地段使用也很经济。

（5）与明挖法相比较，可以极大减轻对地面交通的干扰和对商业活动的影响，避免大量的拆迁。

（6）从综合效益出发，是比较经济的一种施工方法。

二、浅埋暗挖法的开挖与支护技术

针对浅埋暗挖法的技术特点，在松散不稳定地层中采用浅埋暗挖法开挖作业时，所选用的施工方法及工艺流程，应保证最大限度地减少对地层的扰动，提高周围地层自承作用和减少地表沉降。浅埋段的开挖施工应遵循"管超前、严注浆、短开挖、强支护、早封闭、勤量测、速反馈、控沉陷"的原则。围岩自稳能力差，或高速铁路隧道、公路三车道及以上跨度隧道的浅埋段，可选择地表降水、地表加固、管棚、超前小导管、预注浆等辅助工程措施。浅埋隧道应加强初期支护和减小爆破震动，及时施作初期支护，尽早施作二次衬砌。

浅埋暗挖法隧道工程施工时，应根据工程特点、围岩情况、环境要求以及施工单位的自身条件等，选择适宜的开挖方法及掘进方式。总的原则是"预支护、预加固一段，开挖一段；开挖一段，支护一段；支护一段，开挖一段，封闭成环——"段"。

施工中常用的开挖方法是台阶法以及适用于特殊条件的各类型分部开挖方法。一般山岭隧道可采用正台阶法施工。城市及附近地区的一般隧道可采用上台阶分部开挖法或短台阶法施工。大断面的城市或山岭隧道可采用中隔墙台阶法、单侧壁导坑法或双侧壁导坑法施工。城市地铁车站、地下停车场等多跨隧道多采用柱洞法、侧洞法或中洞法施工。

浅埋隧道断面较大时不宜采用全断面开挖。施工中应尽量减少对围岩的扰动，优先采用掘进机或人工开挖。采用爆破开挖时，应采用短进尺、弱爆破，必要时要对爆破震动进行监控。爆破进尺一般不宜超过 1.0 m。

由于周围环境及隧道所处地段地质的复杂性，往往需要选取地质条件和结构情况有代表性的一段工程作为试验段，在作出包括结构设计、施工方案、试验及量测计划的设计后先期开工。对施工过程中引起地中及地表沉陷变形情况、支护结构及围岩应力状态、对地面环境的影响程度等情况进行观察、量测、分析和研究。试验段施工中所取得的数据，还可以用反分析的方法获得更符合实际的围岩力学参数，并在此基础上进行力学分析计算。通过对试验段施工的研究分析，除进行优化设计及施工方案外，还对量测数据管理标准进行验证。

第四章　隧道掘进方式及出渣技术

第一节　隧道开挖方法确定的原则任务

在隧道施工过程中，每一次的开挖，不仅仅是挖除了一定体积大小和形状的岩体，而且是开拓出了一定大小和形状的地下空间，更是致使这个空间周围岩体的暴露，即部分约束被解除。简单地说，就是"挖除了岩体、获得了空间、暴露了围岩"。

将隧道范围内的岩体挖除以后，围岩是否能够仍然处于稳定状态，主要取决于围岩本身的自稳能力，但开挖对围岩的稳定状态有着直接的影响。因此，隧道施工首先应关注的三个问题是：坑道内岩体好不好挖，开挖后围岩稳不稳，如何挖才能又快又不严重影响围岩的稳定。这就必须对开挖方法和掘进方式进行深入细致的研究。

开挖是隧道施工的基本工序之一，也是关键工序。本部分主要介绍一般山岭隧道施工的开挖方法和掘进方式的种类、适用条件、优缺点、技术要点，并较详细地介绍钻眼爆破掘进的技术要点。

隧道所在的位置原本有岩体充塞其中，必须将这些岩体全部挖除，才能开拓出地下空间，这种开拓地下空间的活动称为开挖。开挖方法是指对地下空间开挖成型的方法。

开挖方法的研究是在围岩本身有一定的空间效应，能够形成一定跨度的自然拱，并在一定的时间内保持不坍塌的条件下进行的。唯其如此，才能使实施开挖以后有时间和空间对围岩实施进一步的支护加固处理。

在绝大多数比较坚硬完整的围岩条件下，是可以按照"先开挖，后支护"的作业顺序进行施工的。如果围岩极其软弱破碎，以至于不能提供这种时间和空间条件，就不能采取"先开挖，后支护"的作业顺序，而必须采取"先支护，后开挖"的作业顺序，即采取特殊稳定措施对围岩进行预先支护或加固处理，以提供基本作业条件（即时间和空间条件），并进行开挖和进一步的支护作业。

一、预留变形量与开挖轮廓线的确定

1. 预留变形量

要确定开挖轮廓线，就必须先考虑到：开挖坑道后，围岩因失去部分约束而产生向坑道方向的收缩变形，保证围岩变形完成后，坑道断面大小仍能满足设计要求的开挖尺寸，以保证衬砌厚度。施工开挖轮廓线应在设计开挖轮廓线的基础上适当加大，这部分加大的开挖量称为预留变形量。

显然，预留变形量的大小主要取决于围岩本身的工程性质的好坏和开挖断面的大小。根据对围岩变形特性的分析和实际观测：围岩的流变性越强，开挖坑道后其变形量越大；围岩的流变性越弱，开挖坑道后其变形量越小。开挖坑道后，围岩的变形量同时还受工程结构条件和工程施工条件的影响，如隧道断面大小、埋置深度、围岩级别、支护类型、开挖方法、掘进方式、围岩暴露时间等。

一般地，预留变形量的大小可采用工程类比法确定，设计单位一般会在设计文件中根据围岩级别及断面大小给出一个估计的预留变形量值，施工单位司根据实际施工过程中对围岩变形进行量测所获得的数据，分析确定并予以适当调整。

2. 开挖轮廓线的确定

开挖轮廓线尺寸 = 衬砌内轮廓线（半径尺寸）+ 施工误差 5 cm（包含测量误差、定位误差、模板变形）+ 设计内层衬砌厚度（规范有限制性要求）+ 设计的喷射混凝土厚度（实际厚度的平均值）+ 预留变形量（可根据实际变形量调整）

二、开挖面的支承作用和围岩的相对稳定性

1. 成拱作用与开挖面的支承作用

成拱作用：在地层中开挖一定体量（即一次开挖的宽度、深度和高度）的岩体后，围岩仍能保持不坍塌，形成相对稳定的穹隆形空间，称为岩体的成拱作用或空间效应。

隧道开挖作业区最前端的横断面称为开挖面，也叫作掌子面。开挖面前方将被挖除而尚未挖除的岩体，对已开挖区段的围岩起着一定的约束作用，这种约束作用称为开挖面的支承作用或织向成拱作用，如图 5-1（b）所示。理论分析和实测结果表明，

对一般岩体而言，开挖面的支承作用，在隧道纵向上可以达到洞径的 1~3 倍，超出这个长度范围，其支承作用就可以忽略不计了。越坚硬完整的岩体，其支承作用越强，影响范围也越大；越软弱破碎的岩体，其支承作用越弱，影响范围也越小。

随着隧道开挖的进展（即对岩体的挖除），开挖面的支承作用渐次消失，此后，围岩的稳定则依赖其自稳能力的发挥及初期支护的帮助。因此，开挖面的支承作用具有暂时性。

在隧道施工过程中，开挖面的支承作用是可以且应当加以利用的。即对稳定能力一般的匡岩，可以且应当利用开挖面的支承作用，使之在消失之前，与已开挖区段的围岩共同保持空间的暂时稳定，并在此期间做好本区段已暴露围岩的初期支护，使围岩获得更好的稳定。

因此，在隧道施工中，要注意根据围岩稳定能力的好坏，选择适当的掘进进尺，控制好围岩暴露区段长度和暴露时间。

一般地，只有在围岩稳定能力较好，成拱作用较好，开挖面的支承作用较强、影响范围也较大时，才可以采用较深的掘进进尺，即允许有较长的围岩暴露区段和较长的暴露时间，初期支护可以稍滞后一段时间；而在围岩稳定能力较差，成拱作用较差，开挖面的支承作用较弱、影响范围也较小时，应采用较短的掘进进尺，并及时予以支护，即不允许围岩有较长的暴露区段和较长的暴露时间，以避免围岩变形过度或坍塌；若岩体极度软弱破碎，围岩基本上没有自稳能力，则开挖面也基本上没有支承作用，在这种条件下，应考虑采用辅助稳定措施，如超前支护或预先进行注浆加固后方可进行开挖。

2. 围岩的相对稳定性

隧道工程实践经验表明：在同级围岩条件下，开挖面越大（即一次挖的宽度、深度和高度比较大），则越容易出现围岩坍塌等问题，反之则较稳定。说明在同级围岩条件下，采用的开挖面大小不同，则围岩表现出来的稳定能力也不同。围岩相对于开挖面大小表现出来的稳定性，称为相对稳定性。

三、开挖方法选择原则

1. 开挖方法的种类

在当前的施工实践中，从施工造价及施工速度考虑，施工方法的选择顺序为：全断面法 – 台阶法—环形开挖留核心土法—中隔壁法（CD 法）—交叉中壁法（CRD 法）—双侧壁导坑法；从施工安全角度考虑，其选择顺序应反过来。如何正确选择，应根据实际情况综合考虑，但必须符合安全、快速、质量和环保的要求，达到规避风险、加快进度和节约投资的目的。

2. 隧道开挖方法的选择原则

隧道开挖方法的选择就是要确定横向分部开挖面的大小（即宽度和深度的确定）和纵向分段挖进的深度及其动态调整措施。不同级别的围岩的稳定能力不同，不同的开挖方法对围岩的扰动程度不同，采用不同的开挖方法，其作业面之间的相互干扰也是不同的。

因此，隧道开挖方法的选择原则是：主要考虑围岩的稳定性；隧道设计断面大小和形状开挖对围岩的扰动；施工过程中岩体应力重分布和结构体系转换等因素的影响；同时兼顾考虑作业空间大小、支护条件和作业能力、工期要求、工区长度、经济性等因素的影响，进行综合分析，选用既有利于围岩稳定，又满足作业空间等要求的开挖方法。

现代隧道工程围岩承载理论的施工原则强调，不论隧道设计断面大小如何，只要围岩条件许可，一般均应尽可能采用大断面开挖，同时主要通过调整掘进进尺来适应围岩稳定能力的变化。因为就横断面而言，采用大断面开挖，可以减少分部开挖的次数，从而减少对围岩的扰动次数；而且大断面开挖还可以提供较大的作业空间，便于各项作业；同一工区的作业面不至于太多，可以减少作业面之间的相互干扰，便于施工管理。就纵断面而言，当围岩稳定性较差时，缩短掘进进尺开挖，既可以获得较好的空间成拱作用，又可以保持大断面开挖的便利；当然，由于围岩稳定性较差，故采用大断面和短进尺开挖时，应严格控制爆破扰动，及时支护和加强支护。也就是说，如果围岩稳定性较好，每次挖除岩体的体积可以大一些，即开挖断面面积和纵向深度都可以大一些；如果围岩稳定性较差，每次挖除岩体的体积应当小一些，即开挖断面面积仍然尽量大些，但纵向深度应当小一些。

第二节　掘进方式

一、岩体的抗破坏性

1. 岩体的坚固性及其分级

岩体的坚固性是指岩体抵抗人为破坏的能力，即挖除岩体的难易程度。在露天土石方工酒中，常将挖掘岩体的难易程度分为六级，值得注意的是，我国公路、铁路及水电隧道工程中，一般都是直接借用围岩稳定性分级，作为对隧道工程中挖掘岩体的难易程度分级，或者说是将围岩分级作为一种综合分级，既是对围岩稳定性的分级，又是对岩体坚固性的分级。具体可参考《铁路隧道设计规范》（TB 10003-2016）铁後隧道围岩稳定性基本分级表。

这样做大致是可行的，其理由是：一般而言，坚固而难挖的岩体作为围岩，其稳定性好；软弱易挖的岩体作为围岩，其稳定性差。但严格地说，这种规律并不能代表隧道工程中所遇到的所有，情形，实际隧道工程中有稳定能力基本相同的两种岩体，其坚固性和挖掘的难易程度却有较大的差异，如破碎的石英岩与老黄土的比较，就不符合上述规律。石英岩作为围岩，其稳定性很不好，但却并不好挖；而老黄土作为围岩，其稳定性很好，但却并不难挖。值得注意的是，岩体的坚固性与围岩的稳定性不能完全等同。

分级方法是出于认识、区分、评价等目的，将一类对象按照其某种性质指标划分为若干个种属或级别的方法。针对不同的作业项目（如开挖、支护）和出于不同的分级目的，如区分开挖岩体的易程度、评价围岩的稳定性、制定劳动定额或材料消耗定额等，对对象（被挖除的岩体、周围的岩体即围岩）进行级别划分时，所采用的分级指标是不尽相同的。即使采用了同类指标（坚硬完整或敦弱破碎程度），对象在不同分类中的排序也是不同的。因为岩体的坚固性与岩体的坚硬完整或职弱破碎程度之间的关系，以及围岩的稳定性与岩体的坚硬完整或软弱破碎程度之间的关系，这供种关系虽然相似，但却并不是完全一致的，两种关系并没有递推关系，因此岩体的坚固性与围岩任稳定性不能完全等同。

2. 岩体的抗爆破性（抗钻性）及其分级

岩体的抗爆破性（或抗钻性）是指岩体抵抗爆炸冲击波（或钻头冲击力）破坏的能力。岩体的抗爆破性能（或抗钻性能）主要取决于其物理力学性质，特别是岩石（即结构体）在动载作用下的变形性质和内聚力的强弱，另外，抗爆破性能也受到岩体的结构特征（即结构面及其产状）和地下水荨因素的影响。隧道爆破掘进时，应按岩体的抗爆破性能进行爆破设计；而在钻眼时，则应按其抗従性能选择凿岩机具。但目前还没有针对岩体的抗钻性能的研究及分级方法。

近年来，有研究资料建议采用岩体爆破性指数 N 作为分级指标，将岩体的抗爆破性分为极易爆破、易爆破、中等、难爆破、极难爆破五级。岩体爆破性指数 N 的确定，是在炸亥能量等相同的条件下，进行爆破漏斗试验，根据爆破后的漏斗体积、大块率、小块率、平均合格率布岩体的波阻抗等指标进行计算的。

二、掘进方式及其选择原则

掘进方式是指对坑道范围内岩体的挖除方式（破岩方式）。按照破岩方式来分，掘进方式有従眼爆破掘进、全断面掘进机掘进、自由断面挖掘机掘进和人工掘进四种。

1. 钻眼爆破掘进

钻眼爆破掘进是在被爆破岩体的各个部位钻孔后，将炸药分散安装于各个钻孔中并引发炸交爆炸，从而爆破坑道范围内的岩体。隧道工程中一般采用掏槽爆破。

爆炸破岩对围岩的扰动较大，导致围岩稳定能力降低，有时由于爆破震动致使围岩产生坍塌，故其一般只适用于围岩稳定性较好的石质岩体隧道中。随着控制爆破技术的发展，爆破法的应用范围也逐渐加大，如用于软石及硬土的松动爆破。钻眼爆破掘进是一般山岭隧道工程中最常用的掘进方式，需要专用的钻眼设备及消耗大量炸药等爆破材料，并只能分段循珂掘进。

2. 全断面掘进机掘进

全断面掘进机掘进是采用装在掘进机前端的圆形刀盘中的切削刀来破碎岩体的，它可以一次完成隧道圆形断面掘进。全断面掘进机避免了爆破震动对围岩的破坏，掘进时对围岩的扰动破坏较小，自身的破岩能力较强，故一般适用于围岩完整性和稳定性较好的硬岩地层中。其机械化、集成化程度很高，施工速度快。

3. 自由断面挖掘机掘进

自由断面挖掘机掘进是采用装在可移动式机械臂上的切削头来破碎岩体，并逐步完成隧道盼面成型的。自由断面挖掘机避免了爆破震动对围岩的破坏，掘进时对围岩的扰动破坏小，但自身的破岩能力亦较小，故一般适用于围岩稳定性较差的软岩隧道及土质隧道中，尤其适用于配合避胸式盾构施工。

自由断面挖掘机的适应能力较强，可以挖掘任意形状和大小的隧道，也可以连续掘进。自由断面挖掘机多随机配备连续拾渣转载机构；常用的拾渣机构有蟹爪式、立爪式、铲斗式和挖斗式匹种；常用的转载机构有刮板式和链板式两种。自由断面挖掘机多采用履带式走行机构，以适应洞内临时道路承载能力较低甚至泥泞的条件，当道路泥泞并采用轨道运输时，可选用带有轨道走行机构的自由断面挖掘机。

常用的自由断面挖掘机可分为铣盘切削式采矿机、挖斗式挖掘机和铲斗式装渣机三种。其中，铢盘切削式采矿机是将带有柱齿状或圆锥状切削刃的切削头安装在液压伸缩臂上，切削头可以在水平方向和垂直方向旋转，这种铢盘切削式采矿机可以挖掘各种含水率较低的土及中等硬度以下的岩石，但不适用于泥质土的挖掘；挖斗式挖掘机或铲斗式装渣机用于隧道掘进时，可以将挖掘和装渣同时完成，但其破岩能力有限，一般只适用于挖掘硬土至软塑泥质土，且须配以人工修凿周边。

4. 人工掘进

人工掘进是采用十字镐、风镐等简易工具来挖除岩体。人工掘进对围岩的扰动破坏小，有利于保持围岩原有的稳定能力，但人工掘进速度较慢，劳动强度较大，安全性差，故一般适用于围岩稳定性较差的土质隧道或软岩隧道中。

人工掘进只在特殊地质条件或特小断面的隧道工程中偶有采用，如在不能采用爆破掘进的软弱破碎围岩和土质隧道中，若隧道工程量不大，工期要求不太紧，又无机械或不宜采用机械掘进时，则可以采用人工掘进。人工采用铁锹、斗箕装渣。人工掘进时，尤其应做好安全防护措施，并安排专人负责工作面的安全观察。

5. 掘进方式的选择原则

原本充塞在隧道所在位置的岩体，其软硬程度和破碎程度各不相同，要破碎并挖除这些岩体的难易程度不尽相同；反之，不同的掘进方式对围岩的扰动程度是不同的。掘进方式是影响围岩稳定的又一重要因素。不同的岩体和围岩，适宜采用的破岩方式也不尽相同。

隧道掘进方式的选择就是要确定每一部分岩体的破岩挖除方式，以及破岩时对围岩扰动的控制措施。在实际隧道工程中，掘进方式的选择原则是：主要考虑坑道范围内被挖除岩体的坚固性，掘进方式对围岩的扰动程度、围岩的抗扰动能力（即其稳定性），其次要考虑开挖方法、作业空间大小、机械配备能力、工期要求、工区长度、经济性等因素的影响，进行综合分析，选用既经济、快速，又不严重影响围岩稳定的掘进方式。

综上所述，钻爆掘进虽然较经济，但对围岩扰动太大，尤其对软弱破碎围岩的稳定不利；机械掘进虽然对围岩扰动小，速度也快，但机械投资较大；人工掘进对围岩扰动小，但掘进速度太慢，劳动强度太大。目前，在山岭隧道中，主要是石质岩体时，多数仍采用钻眼爆破方式掘进，值得注意的是，在采用钻眼爆破方式掘进时，尤其应当严格实施爆破控制，以减少爆破震动对围岩的扰动破坏和对已做支护的影响。

第三节　钻眼机具和爆破材料任务

一、钻眼机具

隧道工程中常用的凿岩机有风动凿岩机和液压凿岩机，另有电动凿岩机和内燃凿岩机，但较少采用。其工作原理都是利用镶嵌在钻头体前端的凿刃反复冲击（并转动）破碎岩石而成孔。有的可通过调节冲击功大小和转动速度以适应不同硬度的石质，达到最佳成孔效果。

钻眼速度受以下几个因素的影响：冲击频率、冲击功；钻头的凿刃形式、钻眼直径；钻眼深度及岩体抗钻性等。另外，钻头与钻杆、钻杆与机头的套装紧密程度和钻杆的质量、粗细则影响冲击功的传递。若套装不紧密、钻杆轴线与机头轴线重合不好或钻杆硬度小，钻杆较粗，都会损耗冲击功而降低钻眼速度。

1．钻头和钻杆

钻头前端镶嵌硬质高强耐磨合金钢凿刃，钻头则直接连接在钻杆前端（整体式）或套装在钻杆前端（组合式），钻杆尾则套装在凿岩机的机头上。常用钻头的钻孔直径有 38 mm，40 mm、42 mm，45 mm，48 mm 等，用于钻中空孔眼的钻头直径可达 102 mm，甚至更大。钻头和钻杆均有射水孔，压力水即通过此孔清洗岩粉。

凿刃起着直接破碎岩石的作用，它的形状、结构、材质、加工工艺是否合理，都直接影响凿岩效率和其本身的耐磨性能。凿刃的种类按其形状可分为片状连续刃及柱齿刃（不连续）两类。片状连续刃有一字形、十字形等几种布置形式；柱齿刃有球齿、锥形齿、楔形齿等形状之分。

一字形片状连续刃钻头的制造和修磨简单，对岩性的适应能力较强，适用于功率较小的风动凿岩机在中硬以下岩石中钻眼，但钻眼速度较慢，且在节理裂隙发育的岩石中容易卡钻；十字形片状连续刃钻头和柱齿刃钻头的制造和修磨较复杂，主要与功率较大和冲击频率较高的重型风动或液压凿岩机配套，适用于在各种岩石中钻眼，尤其在高硬度岩石中或节理裂隙发育的岩石中钻眼效果良好，速度也快。

2．风动凿岩机

风动凿岩机俗称风钻，它是以压缩空气为驱动力。它的优点是结构简单，制造维修简便，操作方便，使用安全；其缺点是能耗高，钻眼速度慢。目前，工程中常用的是 YT-28 型手持气腿式风动凿岩机，其纯钻进（妞 2 mm）速度为 50 ～ 470 mm/min。

但压缩空气的供应和输送设备比较复杂，机械效率低，能耗大，噪声大，凿岩速度比液压凿岩机低。在目前我国劳动力价格低廉的条件下，较多的隧道工程中仍广泛使用风动凿岩机。

3．液压凿岩机

液压凿岩机是以电力带动高压油泵，利用换向阀改变高压油路方向，驱动活塞（冲击锤）往复运动，实现冲击作用。

液压凿岩机与风动凿岩机比较，主要具有以下优点：

（1）液压凿岩机的液压系统设计配套合理，对能量的利用率高，可达 30 % ～ 40 %，而风动凿岩机对能量的利用率仅有 15 %。其机械润滑条件好，各主要机械零件使用寿命较长。

（2）液压凿岩机集机、电、液于一体，构造复杂，质量较大，多需安装在专用的台车上使用。沼压凿岩机的工作噪声比风动凿岩机低 10-15 dB；也没有像风钻那样的排气，工作面没有雾气，空气较清新，工作环境较好。

（3）液压凿岩机能自动调节冲击频率、扭矩、转速和推力等参数，以适应不同性质的岩石．提腐凿岩功效；液压凿岩机比风动凿岩机的钻眼速度快 50 % ～ 150 %。在花岗岩中，其纯钻进速度可诂 170 ～ 200 cm/min。

4. 凿岩台车

将多台凿岩机安装在一个专用的移动、控制设备上，实现多机同时作业和集中控制，称为凿岩台车。现代的凿岩台车的能量传递和动作传递方式多采用全液压系统来实现。尤其是采用了泌压控制的机械臂进行方向控制，可以方便地实现向上打眼，解决了人工向上打眼困难的问题。

由于液压凿岩机的国产化技术水平不高，机械购置费和机械使用费较高，加之一些承包人对液压凿岩机的管理水平不高，及时利用率较低，致使液压凿岩台车在隧道工程中的使用呈下降供趋势，也使得大角度向上打眼安装锚杆成为施工中的一大困难。

凿岩台车按其走行方式可分为轨道走行式、轮胎走行式和履带走行式三种，按其结构形式司分为实腹式、门架式两种。目前我国隧道工程中使用较多的是轮胎走行实腹式凿岩台车，它通常可以安装 1 ～ 4 台凿岩机及一支工作平台臂。其占用坑道空间较大，需与出渣运输车辆交会避让，占用循环时间，尤其是在隧道断面不大时，机械避让的非工作时间就更长。轮胎走行的实腹式凿岩台车，其立定工作范围可以达到宽 10-15 m，高 7 ～ 12 m，且因为轮胎走行使得移位方便灵活，可适用于各种断面形状和不同尺寸大小的隧道中，尤其是较大断面的隧道。

门架式凿岩台车采用了轨道走行门架式结构，其腹部可以通行进料、出渣等运输车辆，可以大幅度缩短不同作业机械的交会避让时间。轨道走行的门架式凿岩台车，通常安装 2 ～ 3 台凿岩机及一支工作平台臂，多用于中等断面（20-80 m^2）的隧道开挖，且因其采用轨道走行，需要铺设轨道，移动换位不便，故在一次开挖断面较大时不宜采用。

凿岩台车按其工作状态的操纵控制方式可以分为人工控制、电脑控制、电脑导向三种：

（1）人工控制是由驾驶员控制操纵杆来实现钻机的定位、定向和钻进的，钻眼位置由工程师在作业面上放线标出，钻眼方向则由驾驶员根据每隔 20 m 悬挂于洞顶的方向指示线，按经验目测确定。

（2）电脑控制凿岩台车的所有动作都在电脑的控制下自动进行，必要时可由操作手进行干预，但台车立定就位的位置和方向仍需要由工程师通过测量提供，电脑才能按照位置、方向、岩体条件和钻爆设计等参数自动进行钻眼作业。

（3）电脑导向是在电脑自动控制的基础上又加上自动定位和导向装置，它不仅具有电脑自动控制功能，而且可以在隧道定位、导向激光束的帮助下进行自动定位和定向，因此能进一步缩短钻眼作业时间，提高钻眼精度，减少超欠挖量。

二、爆破材料

1. 炸药的性能

炸药爆炸是一种高速化学反应过程。在这个过程中，炸药物质成分发生改变，生成大量的气体物质，并释放大量的热能，表现为对周围介质的冲击、压缩、破坏和抛掷作用，称为爆破。炸药的爆破性能主要取决于其所含化学成分的爆炸性能。掌握炸药等爆破材料的性能，对正确使用、储存、运输、确保安全和提高爆破效果，具有重要意义。炸药的主要性能如下。

（1）感度：指炸药在外界起爆能作用下发生爆炸反应的难易程度，也就是炸药爆炸对外能的需要程度。

根据外能形式的不同，炸药感度表现为：①热敏感度，是指炸药对热的敏感程度，亦称为爆发点，常用能使炸药爆炸的最低温度来表示；②火焰感度，是指炸药对火焰（明火星）的敏感程度，有些炸药虽然对温度比较钝感，但对火焰却很敏感，如黑火药一接触明火星便易爆炸；③机械感度，是指炸药对撞击、摩擦等机械能作用的敏感程度，一般地，对于撞击比较敏感的炸药，对摩擦也比较敏感，其常用试验次数的爆炸百分率来表示，工程中几种常用炸药的感度如表5-6所示。④爆轰感度，是指炸药对爆炸能作用的敏感程度，通常在起爆作用下，炸药的爆炸是由冲击波、爆炸产物流或高速运动的介质颗粒的作用而激发的，不同的炸药所需的起爆能大小也不同，爆轰感度常用极限起爆药量表示。

（2）爆速：炸药爆炸时的化学反应速度。一般地，密度越大的炸药其爆速也越高。同一种成分的炸药爆速还受装填密实程度、药量多少、含水率大小和包装材料等因素的影响。

（3）威力：炸药爆炸时对周围介质做功的能力。炸药的威力越大，其破坏能力越强，即破坏由范围越大，程度也越严重。一般地，爆炸产生的气体物质越多，或爆温越高，则其威力越大。炸药任威力通常用铅柱扩孔试验法测定，铅柱扩孔容积等于280 cm，时的威力称为标准威力。

（4）猛度：炸药爆炸时对与之接触的固体介质的局部破坏能力。这种局部破坏表现为匿体介质的粉碎性破坏程度和范围大小。一般地，炸药的爆速越高，则其猛度也越大。炸药的猫度通常用铅柱压缩法测定，以铅柱被爆炸压缩的数值表示。

（5）爆炸稳定性：炸药经起爆后，能否连续、完全爆炸的能力。它主要受炸药的化学性质、爆轰感度、起爆能量以及装药密度、药卷直径、药卷间距等因素影响。

隧道及土石方工程中，常采用在钻孔中装入炸药（即柱状装药）来爆破岩体。应当使装入钻孔中的炸药完全爆炸，才能达到设计的爆破效果。因此，应深入研究炸药是否能够完全爆炸，即爆炸的稳定性问题，以保证获得良好的爆破效果。

（6）最佳密度：炸药稳定爆炸且爆速最大时的装药密度。如硝铵类炸药的最佳密度为 0.9 ～ 1.19 g/ cm³.乳化炸药的最佳密度为 1.05 ～ 1.30 g/ cm³。对于单质猛炸药，其装药密度越大，则其爆速越大，爆炸越稳定。对于工程用混合炸药，在一定密度范围内，也有以上关系。但随后爆速又随着密度的增加而下降，直至某一密度时，爆炸不稳定，甚至拒爆，这时炸药的密度称为临界密度。工程爆破中，为保证装药能稳定爆炸且不发生断爆或拒爆，在施工现场加工药卷时应注意使药卷密度保持在最佳密度范围内。

（7）临界直径：在柱状装药时被动药卷能发生殉爆的最小直径。工程中常用药卷的临界直径来表示炸药的爆炸稳定性。临界直径越小，则其爆炸稳定性越好。如俊梯炸药的爆炸稳定性较好，其临界直径为 15 mm；浆状炸药的爆炸稳定性较差，其临界直径为 100 mm，但加入敏化剂后其临界直径降为 32 mm，也能稳定爆炸。

工程爆破中，为保证装药能稳定爆炸且不发生断爆，在选择药卷直径时应注意以下两点：因装药直径越大，其爆炸越稳定，故选用的药卷直径应不小于炸药的临界直径，但研究表明.当药卷直径超过某个极限直径后，爆炸稳定性即不随药卷直径增大而变化；若因需减少炸药用量而缩小麦卷直径时，则应相应选用爆轰感度较高的炸药，或加入敏化剂，以减小其临界直径，从而保证装麦稳定爆炸。

（8）殉爆距离：指当主动、被动药卷采用同性质炸药的等直径药卷时，被动药卷能发生殉爆检最大距离。

在钻孔柱状装药中，常在某个药卷中装入起爆雷管，称为主动药卷。主动药卷爆炸后，能引煮与它邻近药卷（称为被动药卷）爆炸，这种现象称为被动药卷的殉爆。发生殉爆的原因是主动药者爆炸产生冲击波和高速物流，使邻近药卷在其作用下而爆炸。是否会发生殉爆，主要取决于主动药卷的致爆能力（药量和威力）、被动药卷的爆轰感度、主动与被动药卷之间的距离和介质性质。殉爆距离不仅反映了被动药卷的殉爆能力，也反映了主动药卷的致爆能力。

工程爆破中，为了减少炸药用量和调整装药集中度，常将主动药卷与被动药卷之间拉开一定的距离形成间隔（不连续）装药。采用柱状间隔装药时，应注意使药卷间距不大于殉爆距离。实阮殉爆距离应在施工现场通过试验确定。

（9）管道效应：钻孔柱状装药时，若药卷直径较钻孔直径小，则在药卷与孔壁之间有一个径有空气间隙，药卷起爆后，爆轰波使间隙中的空气产生强烈的空气冲击波，这股空气冲击波速度比炸药的爆炸速度更高，未爆炸药被压缩到临界密度以上，导致断爆，这种现象称为管道效应。

（10）安定性：指其物理、化学性质的稳定性，主要表现为吸湿、结块、挥发、渗油、老化、冻结布化学分解等。炸药物理、化学性质的改变会导致其爆炸性能的改变。如硝铵炸药吸湿性很强，也容易结块，遇此须人工解潮和碾碎后再使用。胶质炸药易老化和冻结。老化的胶质炸药敏感度和爆速降低，威力减小；冻结的胶质炸药机械感度增高，遇撞击或摩擦易发生爆炸，必须解冻后才允诺使用；硝铵炸药易分解，其化学安定性较差，运输存放中，应通风避光，不宜堆放过高。

2. 隧道工程常用的炸药

隧道工程爆破用的炸药应是使用安全、性能稳定、威力适当、产生有毒有害气体少的炸药。因此．一般以某种或几种单质炸药为主要成分（氧化剂），另加一些外加剂混合而成。目前，在隧道施工爆破中使用最广的是硝铵类炸药。硝铵类炸药品种极多，其主要成分是硝酸铵，占 60% 以上，其次是梯恩梯或硝酸钠（钾），占 10% ～ 15%。

（1）铵梯炸药又称为岩石炸药，其主要成分是硝酸铵与梯恩梯的混合物。其中 2 号岩石炸衮是最常用的一种，它主要用在无瓦斯的岩石地层坑道爆破中。在有瓦斯的煤矿地层坑道中，则儘要在岩石炸药的基础上外加一定比例的食盐作为消焰剂，以保证爆炸时不产生火焰，避免因爆破引发瓦斯爆炸，这种炸药称为煤矿炸药。

（2）浆状炸药是以硝酸铵等炸药的水溶液为主要成分，加入敏化剂和胶凝剂等外加剂混合页成的浆状混合炸药。水胶炸药是在浆状炸药的基础上，应用交联技术，使之形成塑性凝胶状态度混合炸药，它进一步改善了浆状炸药的安定性、抗水性和爆炸稳定性。这类炸药是近十年发展通来的新型安全炸药，它具有含水率较大、抗水性强、密度较高、爆温较低、爆炸威力较大、原料来淊广、生产成本低和安全度高等优点，主要适用于露天或水下深孔爆破。

（3）乳化炸药是以硝酸俊、硝酸钠水溶液与碳质燃料通过乳化作用，形成的乳脂状混合炸药，亦称为乳胶炸药。其外观随制作工艺的不同而呈白色、淡黄色、浅褐色或银灰色。

乳化炸药具有抗水性强、原料来源广、生产成本低、安全度高、环境污染小、爆炸稳定性好、爆破效率比浆状及水胶炸药更高等优点。

有研究资料表明：在地下爆破中，在保持钻孔参数、起爆网络相同的条件下，乳化炸药的平均炮眼利用率稳定在 90% 以上，比 2 号岩石炸药的炮眼利用率要高；平均炸药单耗量较 2 号岩石炸药下降 1.35%。在露天爆破中，乳化炸药的平均单耗量比含浆状炸药（70% ～ 80%）和铵油炸药（20% ～ 30%）的混合炸药的平均单耗量降低 23.1%，延米炮眼爆破量增加 18.2%，石渣大块率下降 0.6% ～ 0.7%。故乳化炸药尤其适用于硬岩爆破。

（4）硝化甘油炸药又称胶质炸药，是一种高猛度炸药。它的主要成分是硝化甘油（或硝化甘油与二硝化乙二醇的混合物）。硝化甘油炸药具有抗水性强、密度高、爆炸威力大等优点，适用于有水和坚硬岩体的爆破。但它具有机械感度高、安全性差、价格昂贵、保存期短、容易老化而性能降低甚至失去爆炸性能等缺点，因此，胶质炸药一般只在水下爆破中使用。

（5）隧道工程爆破使用的炸药一般均由厂制或现场加工成药卷。药卷直径有 22 mm、25 mm、32 mm，35 mm，40 mm 等，长度为 165 ～ 500 mm，可按爆破设计的装药结构、炸药用量和产品性能说明选择使用。

3. 起爆材料（系统）

设置传爆起爆系统的目的是在离装药一定距离之外不受爆炸损伤的安全之处，通过发爆（点火、通电或发爆）和传递，使安在药卷中的雷管起爆，并引发药卷爆炸，从而爆破岩体。这是一个能量发生、传递并逐级放大的过程。

工程中常用的起爆系统有导火索与火雷管、导电线与电雷管、导爆管与非电雷管、导爆索与继爆管四种形式。据有关统计资料表明，导爆管起爆系统、电起爆系统、导爆索起爆系统的费用比为 1＝1.2 ：3.0。因此，隧道工程爆破中已广泛应用导爆管起爆系统。导火索起爆系统、电起爆系统、导爆索起爆系统已很少采用。

（1）导火索与火雷管。

①导火索是用来传递火焰给火雷管，并使火雷管在火焰作用下爆炸的传爆材料。导火索的燃烧速度取决于索芯黑火药的成分和配比，一般在 110 ～ 130 s/m 范围内，缓燃导火索则为 180 ～ 210 s/m 或 240 ～ 350 s/m。导火索具有一定的防潮耐水能力，在 1 m 深常温静水中浸 2 h 后，其燃烧速度和燃烧性能不变。普通导火索不能在有瓦斯或有矿尘爆炸危险的场所使用。

②火雷管是最简单的一种雷管。火雷管成本低，使用比较简单灵活，不受杂散电流的影响，应用广泛。受撞击、摩擦和火花等作用时，能引起爆炸。火雷管全部是一点火就爆炸，称为即发雷管。

③雷管按其起爆能量的大小分为十个等级，称为雷管号数。其他类型的雷管号数亦同此划分。雷管号数愈大，起爆能力愈强。装药较多时，应选用大号数雷管。隧道工程中常用的是 8 号和 6 号雷管。

（2）导电线与电雷管。

①电雷管是在火雷管中加设电发火装置而成的。它是用导电线传输电流使装在雷管中的电阻丝发热而引起雷管爆炸的。电雷管可分为即发电雷管和迟发电雷管。

②为实现延期起爆，迟发电雷管的延期时间是在即发雷管中加装延期药来实现的。延期时间的长短均用雷管段数来表示。雷管段数越大，延期时间越长。

③电雷管的发爆电源可用交流、直流照明或动力电源，也可以用各种类型的专用电起爆器。

需要注意的是，在有杂散电流的条件下，应采用能抗杂散电流的电雷管。

第四节 爆破方法

一、隧道工程爆破的基本要求

隧道工程爆破应满足以下几项基本要求：

（1）爆破应尽量减少对围岩的扰动和对初期支护的破坏。

（2）爆破后坑道断面形状和尺寸应达到施工规范的要求：最大超挖 15 cm，一般不允许欠挖，只在坚硬石质条件下，允许有限欠挖，坑道周边轮廓圆顺，周边炮眼残痕满足规范要求。

（3）爆破后，掘进进尺应达到施工设计要求，掌子面平整，炮根短浅。

（4）爆破后的石渣块度大小适中，抛掷范围相对集中，便于装渣作业。

（5）两次爆破之间的衔接台阶尺寸不得大于 15 cm。

（6）钻眼工作量少，炸药等爆破材料耗用量少。

（7）防止对周围设备的破坏，减少对环境尤其是水的污染。

二、爆破原理及爆破方法

1. 爆炸破岩原理

爆炸破岩原理，可以用爆破漏斗来解释，其原理是：当只有一个临空面时，在岩体中距临空面一定距离处集中装入一定量（点状装药、足够量）的炸药，然后引发炸药爆炸，在爆炸冲击波及爆炸生成物的高速动载作用下，一定范围内的岩体产生不同程度的破坏，并形成一个锥形漏斗；当有两个临空面时，在岩体中距一个临空面一定距离且平行于该临空面钻孔，并在钻孔中装入一定量（柱状装药、足够量）的炸药，然后引发炸药爆炸，在爆炸冲击波及爆炸生成物的高速动载作用下，一定范围内的岩体产生不同程度的破坏，并形成一个 V 形沟槽。

2. 影响爆破效果的因素

进一步的试验和观察发现，在钻孔中装入足够量的炸药并起爆后，炮眼周围一定范围内的岩体被破坏的状态可以划分为粉碎区、破碎区和裂纹区三个区域。其中，粉碎区的岩体被炸成岩粉并被抛掷出去；破碎区的岩体只有在靠近临空面方向的部分（即锥形漏斗或 V 形沟槽以内的岩体）被抛掷出去，其余部分未被抛掷出去；裂纹区的岩体则尚未达到工程爆破的程度。

由上述现象可以得出以下结论：

（1）爆破难度与岩体内聚力的关系是：岩体的内聚力越强，被爆破越困难；岩体的内聚力越弱，被爆破越容易。或者用岩体的阻抗来表示，要使岩体达到一定程度的破坏，就必须要有克服岩体阻抗做功的能力。

（2）爆破难度与临空面（约束面）的关系是：岩体的临空面越少（约束面越多），被爆破越困难；反之，被爆破越容易。隧道工程爆破实践表明，在掏槽爆破中，槽口部分的岩体爆破难度最大；但它为其余部分的岩体开辟出了较多的临空面，因此后续爆破就变得比较容易。同理，在分部开挖法中，超前导坑部分的爆破比较困难，其余部分的爆破就变得比较容易。

（3）爆破难度与断面进尺比的关系是：在一定的围岩条件下，分部开挖断面越大或单循环掘进进尺越小，则断面进尺比越大，围岩对被挖除岩体的挟持作用越小，爆破效率越高，效果越好；分部开挖断面越小或单循环掘进进尺越大，则断面进尺比越小，围岩对被挖除岩体的挟持作用越大，爆破效率越低，效果越差。

因此，在选择开挖方法和掘进进尺时，不仅应当注意一次开挖岩体的体积大小对围岩稳定性的影响，还应当注意断面进尺比对钻眼爆破效率和效果的影响。

3. 坑道爆破方法掏槽爆破

基于对以上规律的认识，隧道工程爆破一般是采用掏槽爆破方法。掏槽爆破方法就是在一个较小范围内钻孔并装入足够量的炸药（相对集中），先炸出一个小型槽口，为此后的爆破开辟出较多的临空面；然后逐层将槽口扩大至设计的断面大小和形状。

工程中常将先行爆破出槽口的做法称为掏槽，实现掏槽的炮眼称为掏槽眼，实现槽口扩大的炮眼称为扩大眼，扩大眼最外一圈炮眼称为内圈眼，开挖轮廓最外一圈炮眼标为周边眼，隧道底

部的周边眼称为底板眼，这几种炮眼的作用各有侧重，内圈眼与周边眼之间的岩体称为内随岩体。

4. 爆破设计应研究解决的问题

为满足隧道工程爆破的基本要求，掏槽爆破应研究解决的问题是：应用爆炸破岩原理，研究岩体的抗爆破性及抗钻性、围岩的稳定性及抗扰动能力、支护的结构形式及抗振动能力、掏槽方式及临空面的情况、爆破施工的作业能力等，并选择正确的炸药品种、炸药用量、炮眼密度、炮眼布置、装药分散度、起爆顺序和网络连接等参数。实际应用时，应在现场试验的基础上，进行爆破设计，并根据爆破效果和岩体条件、施工条件的变化，对爆破参数予以及时调整。

三、装药结构、装药技术要求

1. 装药结构

装药结构是指被动药卷和主动药卷在炮眼中的布置形式，它包括药卷之间的间距、

主动药卷的位置和方向、眼口的堵塞方式。

按主动药卷在炮眼中的位置和其中雷管聚能穴的方向，装药结构可分为正向装药和反向装遂；按药卷之间的间距来分，可分为连续装药和间隔装药。

（1）正向装药，是将主动药卷放在眼口第二个药卷位置上，雷管聚能穴朝向眼底，并用炮泥堵塞眼口。这种装药结构在过去使用较多。

（2）反向装药，是将主动药卷放在眼底第二个药卷位置上，雷管聚能穴朝向眼口，并用炮泥堵塞眼口。隧道爆破实践表明，反向装药结构能提高炮眼利用率，减少瞎炮率，减小石渣块度，增大抛掷能力和降低炸药消耗量。炮眼愈深，反向装药的效果愈好。

（3）连续装药，主、被动药卷之间无间隔或是一整条药卷（索）。

（4）间隔装药，主、被动药卷之间有一定的间隔距离。采用间隔装药时，要使药卷之间的间隔距离不大于其殉爆距离，避免发生被动药卷拒爆，保证完全稳定爆炸。

应当注意的是，隧道爆破中，掏槽眼和扩大眼多采用大直径药卷孔底连续装药。周边眼可采用小直径药卷连续装药或稍大直径药卷间隔装药，孔底适量加装炸药，保证掌子面齐整。

2. 装药作业技术要求

（1）装药前，应将炮眼内的泥浆、石粉吹洗干净，检查炮眼达到设计要求的位置、深度和方向后，方可装药，装药量应遵循设计要求，并根据实际情况予以适当调整。

（2）装药过程的各项操作，应严格按照爆破安全规则进行。

（3）装药后，所有炮眼均应堵塞炮泥。目前施工中，一般采用砂和黏土混合物做炮泥，堵塞长度不宜小于 20 cm。

（4）间隔装药时，可在药卷之间加装水袋，使形成水楔作用，以改善爆破效果。

四、起爆顺序、时差控制及网络连接

1. 保证起爆顺序不颠倒（不串段）

前已述及，光面爆破的分区起爆顺序是：掏槽眼→扩大眼→周边眼→底板眼。在一个开挖断面上，同圈（层）炮眼同时起爆，不同圈（层）的炮眼则由内向外逐层起爆，即内圈炮眼先起爆，外圈炮眼后起爆。底板眼最后起爆，并可适当加大底板眼的装药量，以克服石渣的压制，保证坑道底部的爆破效果。

应特别注意的是，以上起爆顺序不能颠倒，否则爆破效果将大受影响，甚至完全失败。

2. 采用微差爆破

内、外圈炮眼按顺序先后起爆的时差，可以利用退发雷管的延时特性来实现，在不同部位、不同圈（层）的炮眼中安装不同段数的雷管，以实现时差控制。试验和研究表明，各圈（或层）炮眼之间的起爆时差越小，则爆破效果越好。常采用的时差为40-200 ms，称为微差爆破。

工厂生产的毫秒系列雷管的延期时间之差较小，实际应用时，为了保证内、外圈炮眼先后起爆的顺序不至于颠倒，宜跳段选用毫秒雷管，以消除雷管延期时间制造误差的影响。

在循环掘进进尺较大时，采用微差爆破，还应注意将掏槽炮与扩大炮之间的时差稍加大，以保证掏槽炮在此时差内（有足够的时间）将石渣抛出槽口，避免石渣淤塞槽口，为后续扩大爆破提供有效的临空面。

3. 保证同圈炮眼同时起爆

同圈炮眼必须同时起爆，以保证同圈炮眼的共同作用效果。这个要求对于需要保证一次掏槽成功的掏槽眼和需要保证开挖轮廓成型规则的周边眼尤其重要。

据爆破试验测定，若同圈相邻炮眼的起爆时差超过0.1s，就等同于各个炮眼单独爆破，而不能形成贯通裂缝。因此，要求周边眼必须采用同段雷管同时起爆，并尽可能减少同段雷管的延期时间差（雷管的制造误差）。可采用高精度系列迟发雷管或使用导爆索作为孔内传爆。

4. 孔内控制与孔外控制

控制起爆时差的雷管可以安装在孔内药卷中，称为孔内控制。目前，由于非电毫秒雷管的段数较多和延期时间制造精度提高，且在导爆管上系挂段数标签，可以避免装药差错，故隧道工程爆破中较多采用孔内控制。

另外，也可以将控制起爆时差的雷管装在孔外，而在孔内药卷中装入即发雷管，称为孔外控制。孔外控制便于装药后进行起爆系统的段数检查，但先爆雷管可能会炸断其他管线，造成瞎炮，影响爆破效果，因此较少采用。此外，若一次爆破孔眼数量较多，雷管段数不够应用时，可采用孔内、孔外混合控制。

5. 爆破网络的连接方式

目前，隧道工程中采用的导爆管－非电雷管起爆系统是最常用的起爆系统。这种起爆系统可以形成并联网络、串联网络或串并联混合爆破网络。网络连接，可以采用集束捆扎雷管连接，也可以使用专用的塑料连通器连接，如图5-16所示。

按以上方法确定各项参数是否合理，应以实际爆破效果是否符合要求作为最终判断和评价标准，并根据爆破条件的变化，对以上各项参数进行调整，直至达到最佳爆破效果。

第五节　出渣运输

出渣运输是隧道施工的基本工序之一。出渣运输作业时间一般要占掘进循环时间的 40 % ～ 60 %。因此，出渣运输工序能力的强弱，决定了它在整个掘进循环中所占的时间比率，进而对掘进速度产生很大的影响。因此，出渣运输工序必须满足掘进循环时间的总体安排，并保证在规定的时间内完成。

出渣运输工序可以分解为装渣、运输、卸渣三项作业，主要是装渣和运输。

为保证在规定的时间内完成出渣运输任务，首先应选择恰当的运输方式，其次要注意装、运机械作业方式的配套并适宜于隧道内作业，其三要注意装、运机械单机工作能力和数量的配套，并合理组织运输车辆的运转。

一、装渣方式、运输方式及其选择原则

1. 装渣方式

隧道施工的装渣方式有机械装渣和人力装渣两种。机械装渣速度快，可缩短作业时间，目前隧道施工中主要采用机械装渣，但仍需配适当数量的人工辅助作业；人力装渣，劳动强度大，速度慢，只在短隧道、缺乏机械或隧道断面小而无法使用机械装渣时，以及特殊条件下，才考虑米用。

2. 运输方式

隧道施工出渣、进料的运输方式有无轨运输和轨道运输两种。无轨运输主要适用于大断面隧道施工运输；轨道运输主要适用于断面小且较长（3 000 m 以上）的隧道施工运输。

（1）无轨运输是采用各种轮胎走行的运输车出渣和进料。

无轨运输的优点是：不需要铺设复杂的运输轨道，洞内改道方便，对其他工序的干扰较小，尤其是可借助仰拱栈桥同时安排仰拱施工，更符合现代隧道工程理论的基本准则和新奥法施工的基本原则。车辆走行灵活、调头方便、运输速度快、配套设备少、不需太多的辅助设施，组织和管理工作简单，能适用于弃渣场离洞口较远和道路坡度较大的场合，是一种适应性较强和较为经济的运输方式。

无轨运输的缺点是运输车多采用燃油发动机，运输车在走行时，内燃机排放大量废气，而且是边走边排放，对洞内空气污染较为严重，故一般适用于大断面开挖和中等长度以下的隧道中。在长大隧道中使用时，应充分考虑洞内空气污染问题，加装必要的尾气净化装置，并采取有效的通风措施。

（2）轨道运输是铺设小型临时铁路轨道，用轨道式运输车出渣和进料。轨道式运

输车有斗车或梭式矿车两种，牵引车也有电瓶车或内燃机车两种，串联成小火车。

轨道运输的优点是：铺设专用的运输轨道，运输效率较高；采用电瓶车牵引时，可以避免内燃机车的沿程尾气污染，降低通风费用支出，尤其适用于长度在 3 000 m 以上的小断面隧道。

轨道运输的缺点是：需要铺设专用的运输轨道，轨道改移和调车作业较复杂，且对其他工序的干扰较大；还需配置充电房等辅助设施，当弃渣场离洞口较远，或洞外道路坡度较大不便铺设轨道时，还需要进行二次倒运。故目前在隧道工程中已很少采用轨道运输。

3. 出渣运输方式的选择原则

出渣运输方式的选择，应根据洞内作业条件，包括作业空间（断面）的大小、一次开挖石渣体积、石渣块度、土体的松散或泥质黏性、洞内临时道路等条件，充分考虑装、运、卸三项作业机械的配套问题，出渣运输能力与运量需求的适应问题，出渣运输与开挖、支护等工序的协调统一问题，出渣运输成本与工期要求的关系问题，洞内空气污染及作业安全问题等因素的影响，并建立和实施适宜的出渣运输组织和管理方式，以尽量缩短出渣运输在整个作业循环中所占的时间比率，提高施工速度。必要时，应作技术经济合理性分析，以求方案最佳。

二、装渣机械

装渣机械的类型很多，按其拾渣机构形式可分为挖斗式、蟹爪式、立爪式、铲斗式四种。铲斗式装渣机为间歇性装渣机，有翻斗式后卸、前卸和侧卸式三个卸渣方式。隧道用蟹爪式、立爪式和挖斗式装渣机均配备有刮板或链板式转载后卸机构，是连续装渣机。

装渣机的走行方式有轨道走行、履带走行和轮胎走行三种，也有同时配备履带走行和轨道走行两套走行机构的。轨道走行式装渣机须铺设走行轨道，因此其工作范围受到轨道位置的限制；当工作面较宽时，可增铺轨道来满足更大的工作宽度要求。履带走行和轮胎走行的装渣机移动灵活，工作范围不受限制。但在泥土质的隧道中，有可能因洞内临时道路承载能力较低和道路泥泞而出现打滑或下陷。

装渣机的工作能力因拾渣方式、走行方式、装备功率的不同而各不相同。装渣机的选择应充分考虑上述洞内作业条件和问题，尤其应与运输车辆相匹配，以充分发挥其各自的工作效率，缩短装渣的时间。隧道施工中几种常用的装渣机分述如下。

1. 铲斗式装渣机

铲斗式装渣机多采用轮胎走行。轮胎走行的铲斗式装渣机多采用铰接车身，液压控制系统和燃油发动机驱动，如图 5-18 所示。

轮胎走行铲斗式装渣机转弯半径小，移动灵活；铲取力强，铲斗容量大，达 0.76-3.8

m³.工作能力强，尤其适用于对石渣块度大小没有特别要求时，即使石块较大也能铲起，可侧卸也可前卸，卸渣准确，常用于较大断面的隧道装渣作业。但其燃油发动机排出的废气会污染洞内空气，进而降低机械效率，并影响作业人员身体健康，应配备尾气净化器，并加强隧道通风。

2. 挖斗式装渣机

挖斗式装渣机是近几年才应用于隧道工程中的新型装渣机。其拾渣机构为自由臂式挖斗，自由臂采用了电力驱动全液压控制系统，灵活且工作臂较长，如ITC312H4型的立定工作宽度可诘3.5 m，工作长度可达轨道前方7.11 m，且可以下挖2.8 m和兼任高8.34 m范围内工作面的清理及找顶工作，生产能力为250 m³/h。配备有轨道走行和履带走行两套走行机构。图5-19，ITC112型双走行系统挖斗式装渣机。

挖斗式装渣机采用了刮板式或链板式输送机将岩渣装入机后的运输车内，因此对石渣块度大小有特别要求，即要求爆破下来的石渣块度大小均在输送机的工作尺寸范围以内。

3. 立爪式、蟹爪式装渣机

隧道工程中曾经使用过立爪式装渣机，这种装渣机多采用轨道走行。装渣机前方装有一对扒渣立爪，可以将前方或左右两侧一定范围内的石渣扒入受料盘，并由刮板式输送机将岩渣装入机后的运输车。

三、无轨运输

1. 运输车辆

可供隧道施工用的无轨运输车品种很多，多为燃油（柴油）式动力、轮胎走行的自卸货车。载重量2 t～25 t不等。为适应在隧道内运输，有的还采用了铰接车身或双向驾驶的坑道专用车辆。

随着大型装载机械及重载自卸汽车的研制和生产，近年来无轨运输在隧道掘进中得到了越来越广泛的应用。

2. 运输车辆选择和配套原则

隧道内空间狭小，车辆调头困难。隧道工程出渣运输要求选用的运输车和装渣机体形小、载重大、自重轻、轴距短、转弯半径小、机动灵活、车体坚固、能自卸，尤其应当注意是否配有尾气净化装置，以及尾气净化装置的工作效能和维护要求，尽量减少对洞内空气的污染。

无轨运输车的选择应注意与装渣机的匹配，尤其是能力配套，以充分发挥其各自的工作效率，提高整体工作效率。能力配套，一方面是指装渣机械的工作能力与运输车辆的工作能力的配套；另一方面是指装、运机械的总的工作能力（工序能力）应满足隧道施工循环作业的总体要求，并保证在规定的时间内完成出渣运输工作。

在一定的装渣工作能力条件下，运输车辆的数量和单车运载能力的选择是可变的，它需要根据运输距离的变化加以动态调整。若配备的单车运载能力较大，则可减少车辆的数量，这种配置可减少装车趟数和调车次数，缩短装运作业时间；若配备的单车运载能力较小，则需要的车辆数量较多，这种配置增加了装车趟数和调车次数，延长了装运作业时间。因此，目前隧道工程中多数尽量采用前一种配置，并且运距较短时应采用前一种配置，运距较长时应采用后一种配置。

3. 运输道路

采用无轨运输时，为方便车辆转向、会车作业、缩短时间和保证安全，应根据隧道开挖断面大小和洞内运输距离的长短，合理选择洞内调车方式。常用的洞内调车方式有以下几种：

（1）在单车道公路或单线铁路隧道中，因隧道断面较小，不够并行两辆汽车，应布置成单车通道。当洞内运输距离较短时，可不设置转向或会车场地，汽车倒行进洞，装渣后正向开行出洞；当洞内运输距离较长时，可以洞内每隔 $100 \sim 300$ m 设置一处会车点。会车点可以局部扩大洞径，车辆可在会车点转向或会车。必要时，还可以在洞内作业面附近设置机械式转向盘。

（2）在双车道公路或双线铁路隧道中，因隧道断面较大，足够并行两辆汽车，应布置成双车通道。进出车辆各行其道，并在装渣点附近转向，可缩短洞内调车时间，以提高出渣运输速度。若为侧壁导坑开挖，可考虑在适当位置将导洞向侧壁扩挖加宽构成转向或会车场地。在设置有辅助坑道的长大隧道中，应考虑构成循环运输通路，并制订单向循环行驶制度和相应的管理措施。

4. 运输组织

运输组织就是根据运输量（进料、出渣）的多少、运输距离的长短及机械配备情况，确定投入洞内作业的装、运机械的数量，编制运输作业运行图，并根据实际情况动态调整，使之最优化。

无轨运输和轨道运输的组强原则基本相同。无论采用何种运输方式，也无论采用何种形式任装渣机械和运输车辆的配置，都应特别注意提高运输效率，缩短车辆在洞内等待时间（无效工作时间），使各项运输作业相对集中，以减少工序之间的相互干扰，减少洞内空气污染的频次和缩短 W 染持续时间，降低通风能耗和费用。如在长大隧道工程中，当洞内运输距离较长时，应配备足够募量的运输车辆，以便能够在同一时段内将一个掘进循环爆破出来的石渣全部运完。

5. 卸渣

卸渣工作主要是考虑石渣如何处理、卸渣场地或转运场地的布置，以及弃渣场地的选择。从隧道内挖出的石渣多数可以作为填料，用于填筑路基及洞外工作场地。有些符合混凝土粗骨料质量标准要求的岩块石渣，则可以加工成碎石，用做衬砌混凝土的粗骨料。对多余的石渣，则应弃置于合适的山谷、凹地。但弃渣场地的选择，应考虑运输、卸渣方便，不占良田，不堵塞河道，不污染珂境，并加以综合利用，如造田复耕或填筑场地。

四、轨道运输

1. 运输车辆

常用的轨道运输车辆有斗车、梭式矿车。

（1）斗车。斗车结构简单，使用方便，可适用于多种条件下各种物料的装载运输。斗车按容量大小可分为小型斗车和大型斗车。

小型斗车容量小于 3 m，轻便灵活，满载率高，调车方便，可采用机械牵引，也可采用人力蓉引，人力操纵翻斗卸渣也很方便，它主要用做小断面坑道，如斜井平行导坑的运输车辆。大型斗车单车容量较大，可达 20 m³. 须用动力机车牵引，并采用专用的翻车机构卸渣，以及配套使用大型装渣机械装渣，才能保证快速装运。采用大型斗车，可以减少装渣调车作业次数，缩短装渣运输作业时间，但对轨道线路条件要求较高。

（2）梭式矿车。梭式矿车采用整体式车体. 下设两个转向架，车箱底部设有刮板式或链式转毒机构，便于将整体车厢装满和转载或向后卸渣。它对装渣机械的配套条件要求不高，能保证快这运输，但车体结构和机械系统较复杂，机械购置费和使用费较高。

梭式矿车的单车容量为 6 ～ 18 nA 可以单车使用，也可以 2 ～ 3 辆车搭接使用，以减少调车作业次数。其刮板式自动卸渣机构，可以向后（轨道端头）卸渣，也可以使前后转向架分别置于相邻的偶股道上，实现轨道侧面卸渣，扩大弃渣的范围。要求侧向卸渣时，轨道间距应为 2.0 ～ 2.5 m，车体乒轨道的交角可达 35° ～ 40°。

2. 牵引机车

常用的轨道运输牵引机车有电瓶车、内燃机车，主要用于坡度不大的隧道运输牵引。当采庄小型斗车和坡度较缓的短隧道施工时，还可以采用人力推送。

电瓶车牵引无废气污染，但电瓶储蓄电能数量有限，一次充电后的工作时间不长，补充电时间较长，充电液须定期更换，需要建设专用的充电车间。因此，实际应用中，必须配备足够数量的电批车，以保证牵引能力和行车速度。

内燃机车牵引能力较大，可以随时加油不占时间，但运行时排放尾气，造成洞内空气污染和喋声污染，在洞内空气含氧量不足时，油料燃烧不充分牵引能力明显降低，污染会进一步加剧。实阮使用中，必须配备尾气净化装置, 定期保养和维修，并加强通风。

3. 单线运输

单线轨道通过能力较低，常用于长度较长而断面较小的隧道工程中。

采用单线轨道运输时，为调车方便和提高运输能力，在整个路线上应合理布设会车道。相邻会车道的间距应根据装渣作业时间和行车速度计算确定，一般条件下应每隔 300 m 设一条会车道，并编制和优化列车运行图，制定有效的行车作业制度，以减少避让等待时间，公车道的站线长度应能够容纳整列车，并保证正线车辆安全通过。

4. 双线运输

双线轨道的进、出车分道行驶，无须避让等待，故通过能力较单线轨道有显著提高，常用于于长度较长断面较大的隧道工程中。

为了调车方便，应在两线间合理布设渡线。渡线间距应根据工序安排及运输调车需要来确定，一般间距为 100~1 000 m，或更长，并每隔 2～3 组渡线设置一组反向渡线。

5. 工作面轨道延伸及调车措施

（1）随着开挖进展，掌子面向前推进，工作面的轨道应及时延伸跟进到掌子面，以满足钻眼、装渣、运输机械的走行和作业要求。延伸的方法可以采用接短轨，或浮放卧轨、爬道。轨道走行车辆轴重较大时，宜采用接短轨延伸轨道，待开挖面向前推进后，将连接的几根短轨换成长轨。轨道走行车辆轴重较小时，可采用浮放卧轨或爬道延伸轨道。

（2）工作面附近的调车设施，应根据机械走行要求和轨道类型来合理选择确定，并尽量使之离开挖面近一些，以缩短调车作业时间。

单线运输时，首先应利用就近的会车道调车；当开挖面距离会车道较远时，则可以设置临时名线、浮放调车盘或平移调车器来调车，并逐步前移和接续轨道。

双线运输时，应尽量利用就近的渡线来调车；当开挖面距离渡线较远时，则可以设置浮放调车盘，并逐步前移和接续轨道。

6. 洞口外轨道布置

洞口外轨道布置包括卸渣线、上料线、修理线、机车整备线以及调车线等。

卸渣线应设置卸渣码头，可利用弃渣填筑和延伸。若需二次倒运，则应在临时存渣场边缘设置固定卸渣码头。固定卸渣码头应采用浆砌片石挡墙或搭设方木垛来稳定边坡。洞口外轨道布置如图 5-23 所示。

7. 轨道铺设要求

（1）常用的轨距有 900 mm，762 mm、600 mm 三种。双线线距净距不应小于 20 cm，单线会车道线间净间距不小于 40 cm。车辆距坑道壁式支撑净间距不应小于 20 cm；双线可不另设人行道；单线必须设人行道，人行道净宽不应小于 70 cm。

（2）轨道线路平面应尽量使用较大的曲线半径；道岔应不小于 6 号道岔，并安装转辙器。一般条件下，最小曲线半径，在洞内应不小于机车车辆轴距的 7 倍，洞外应不小于机车车辆轴距的 10 倍；使用有转向架的梭式矿车时，最小的曲线半径不得小于 12 m。

（3）洞内轨道纵坡按隧道坡度设置。洞外卸渣线的重车方向应设置一段 1 % ~ 3 % 的上坡，并在轨端设车挡，以防卸渣车溜出码头。其他各线均应满足使用要求和安全要求，并在轨道终端加设车挡。

（4）隧道施工常用钢轨质量有 38 kg/m、43 kg/m 两种，轨枕截面（厚 × 宽）有 10 cm×12 cm、10 cm×15 cm、12 cm×15 cm、14 cm×17 cm 四种。钢轨和枕木的选择，应根据各种机械的最大轴重来确定，轴重较大时，应选用较重的钢轨和较粗的枕木；枕木间距一般不大于 70 cm。

（5）轨道铺设可利用开挖下来的碎石渣作为道渣。道床厚度不应小于 20 cm，并铺设平整、顺直、稳固。若有变形和位移，应及时养护和维修，保证线路处于良好的工作状态。

8. 运输组织

运输组织就是根据运输量（进料、出渣）的多少、运输距离的长短、运输列车的数量，编制列车运行图，并根据实际情况动态调整，使之最优化。图 5-24 是有轨运输的列车运行。

优化列车运行图，主要是提高列车的通过能力。具体的措施有：合理布置会让站，缩短会车等待时间；配备能力足够的装渣机械，缩短装渣等待工作时间；及时养护维修轨道，保持合理安全敢走行速度；空车提前进洞，缩短空车走行时间（虚功时间），缩短关键线路。

第五章　隧道衬砌施工及注浆加固技术

第一节　支护的构造及原则

一、一般规定

（1）初期支护应配合开挖作业及时进行，并确保围岩稳定，确保施工安全。

（2）当掌子面自稳能力差时，应采取增加辅助工程措施或改变开挖方法等措施。

（3）软弱围岩地段施工必须坚持"先排水、短开挖、弱爆破、强支护、早衬砌、勤量测"的施工原则，初期支护紧跟掌子面。Ⅳ～Ⅵ级围岩初期支护必须保证尽早封闭成环。

（4）隧道支护宜根据现场监控量测结果，分析施工中的各种信息，及时调整支护措施和支护参数。

（5）施工中应做好地质描述、超前地质预报，根据围岩条件的变化，因地制宜，提前采取相应措施，做到安全可靠、经济合理。

（6）在浅埋、偏压、自稳性差的地段以及大面积淋水或涌水地段施工时，应采用稳定地层和处理涌水的辅助工程措施。

（7）辅助工程措施施工应符合下列规定：

第一，应做好相应的工序设计。

第二，准备所需的材料及机具，制订有关的安全施工措施。

第三，施工中应注意观察地形和降水、地质条件和地下水的变化以及量测数据的突变等情况，预防突发事故的发生。

第四，做好详细的施工记录。

（8）隧道施工作业人员应配备必需的安全防护用具（如安全帽、安全带、口罩、橡胶绝缘手套、绝缘防滑鞋等）和安全防护服装。作业人员的皮肤应避免与速凝剂、树脂胶泥等化学制剂直接接触；严禁树脂接触明火；作业区粉尘浓度必须符合相关规定及规范的要求。

二、喷射混凝土

（一）一般要求

第一，喷射混凝土不宜采用干喷工艺，应采用湿喷工艺进行施工，鼓励采用混凝土喷射机组进

行喷射混凝土施工，液提速凝剂应采用环保无碱速凝剂。

第二，喷射混凝土配合比应通过试验确定并满足设计强度和喷射工艺的要求。

第三，隧道开挖后应及时初喷，软岩地段初期支护应紧跟掌子面。

（二）施工要点

第一，喷射混凝土作业前应做好下列准备工作：

1.岩面有渗水出露时，应先引排处理。当局部出水量较大时，可采用埋管、凿槽、树枝状排水盲沟等措施，将水引导疏出后再喷射混凝土。混凝土中可根据试验结果增添外加剂以确保喷射混凝土质量。

2.应埋设标志或利用锚杆外露长度以控制喷射混凝土的厚度，以确保最小厚度满足设计要求。

3.检查材料、机具、劳力的准备情况，检查风、水、电等管线路，并试运转，作业面具有良好的通风和照明条件。

喷射设备应能连续均匀混料并喷射。混料设备应严格密封，以防外来物质侵入。在混合料中添加钢纤维时，宜采用钢纤维播料机。

第二，混凝土原材料。

水泥：宜选用硅酸盐水泥或普通硅酸盐水泥。特殊情况下可采用特种水泥，采用特种水泥时应进行现场试验，指标应满足设计要求。

粗集料：应采用连续级配、坚硬耐久的碎石，最大粒径不应大于 13.2 mm，其压碎值应 < 16 %，针片状颗粒含量 < 25 %，含泥量 ≤ 2.0 %。

细集料：要求采用连续级配、坚硬耐久、颗粒洁净、粒径小于 4.75 mm 的河砂或机制砂，细度模数宜大于 2.5，其含泥量 ≤ 5.0 %。

外加剂：应对混凝土的强度及围岩的黏结力基本无影响，对混凝土和钢材无腐蚀作用，易于保存，不污染环境，对人体无害。外加剂使用前必须进行相应性能试验。凡喷射混凝土拟用于堵塞漏水灌浆，或要求支撑加固尽快达到强度值，可掺加早强剂于混合料中。为使喷射混凝土在喷射后达到速凝，可掺加速凝剂于混合料中。

速凝剂：应根据水泥品种、水灰比等，根据不同掺量的混凝土试验选择掺量，使用前应做好速凝效果试验，要求初凝不应大于 5 min，终凝不应大于 10 min。应采用液体速凝剂，严禁采用粉体速凝剂。

水：应采用清洁的饮用水，pH 值不小于 4.5 硫酸盐含量（以 SOT 计）不超过 1 % 的清水（按重量计）。在喷射混凝土的用水中，含有的有机物和无机物应以不损害混凝土的质量为准。

外掺料：外掺料剂量应通过试验确定，加外掺料后的喷射混凝土性能必须满足设计要求。

第三，喷射作业。

1.隧道开挖后应立即对岩面喷射混凝土，以防岩体发生松弛。

2.喷射作业应分段、分片依次进行，喷射顺序自下而上进行。

3.喷射混凝土作业需紧跟开挖面时，下次爆破距喷射混凝土作业完成时间的间隔不小于 4 h。

4.喷射混凝土混合料应随拌随喷，回弹物不得重新用作喷射混凝土材料。

5.一次喷射厚度应根据设计厚度和喷射部位确定，初喷厚度不小于 40 ~ 60 mm。复喷一次喷射厚度拱顶不得大于 100 mm、边墙不得大于 150 mm。首层喷混凝土时，要着重填平补齐，将小的凹坑喷圆顺。

6.喷射作业应以适当厚度分层进行，后一层喷射应在前一层混凝土终凝后进行。若终凝后间隔 1 h 以上且初喷表面已蒙上粉尘时，受喷面应用高压风水清洗干净。

三、钢筋网

（1）钢筋网材料应满足设计要求，钢筋在使用前应调直、清除锈蚀和油渍。

（2）应在初喷一层混凝土后再进行钢筋网的铺设。钢筋网宜随受喷面起伏铺设，并在锚杆安设后进行，与受喷面间隙宜控制在 20 ~ 30 mm 之间。

（3）钢筋网应与锚杆或其他固定装置连接牢固，在喷射混凝土时不得晃动。

（4）钢筋搭接长度不得小于 35 倍钢筋直径，并不得小于一个网格长边尺寸。

四、钢架

(一) 钢架加工要点

第一，钢架应分节段制作，每节段长度应根据设计尺寸及开挖方法确定。每片节段应编号，注明安装位置。钢架宜采用冷弯法制作成型。钢架节段可采用工厂化加工制作方案，亦可在现场加工制作。现场加工的格栅钢架应按 1 : 1 胎模控制尺寸，所有钢筋节点必须采用焊接，焊接长度应不小于 40 mm，对称焊。

第二，拱架接头钢板厚度及螺栓规格必须符合设计要求；接头钢板螺栓孔必须采用机械钻孔，孔口采用砂轮机清除毛刺和钢渣，要求每根之间可以互换，严禁采用气割冲孔。

第三，钢架加工尺寸应符合设计要求，其形状应与开挖断面相适应。

第四，不同规格的首相钢架加工完成后，应放在平地上试拼，周边拼装允许偏差为 ±30 mm，平面翘曲应小于 20 mm。当各部尺寸满足设计要求时，方可批量生产。

(二) 钢架安装施工要点

第一，钢架安装前应检查开挖断面轮廓、中线及高程。

第二，钢架安装应确保两侧拱脚必须放在牢固的基础上。安装前应将底脚处的虚渣及其他杂物彻底清除干净；脚底超挖、拱脚标高不足时，应用喷射混凝土填充；拱脚高度应低于上半断面底线 15 ~ 20 cm，当拱脚处围岩承载力不够时，应向围岩方向加设钢垫板、垫梁或浇筑强度不低于 C20 的混凝土以加大拱脚接触面积。

第三，钢架应分节段安装，节段与节段之间应按设计要求连接。连接钢板平面应与钢架轴线垂直。

第四，相邻两棉钢架之间必须用纵向钢筋连接，连接钢筋直径不应小于 18 mm，连接钢筋间距不应大于 1.0 m。

第五，钢架立起后，根据中线、水平将其校正到正确位置，然后用定位筋固定，并用纵向连接筋将其和相邻钢架连接牢靠。钢架安装时应垂直于隧道中线，竖向不倾斜、平面不错位，不扭曲。上、下、左、右允许偏差 ±50 mm，钢架倾斜度应小于 2°。

第六，钢架在初喷混凝土后安装，应尽可能与围岩或初喷面密贴，有间隙时应采用混凝土垫块楔紧，严禁采用片石回填。

第七，钢架应严格按设计架设，间距必须符合设计要求，拱架安装位置采用红油漆进行标注，并编写号码。

第八，下导坑开挖时，预留洞室的位置也要按设计要求进行支护，只有在施工二衬时方可拆除，以确保安全。

第九，钢架安装就位后，钢架与围岩之间的间隙应用喷射混凝土充填密实，并使钢架与喷射混凝土形成整体。喷射混凝土应由两侧拱脚向上对称喷射，并将钢架覆盖，临空一侧的喷射混凝土保护层厚度应不小于 20 mm。

第十，钢架应经常检查，如发现破裂、倾斜、弯扭、变形以及接头松脱填塞漏空等异状，必须立即加固。

第二节　锚杆及喷射混凝土

一、锚杆

（一）锚杆（索）的作用和种类

1. 锚杆（索）的作用

锚杆（索）是用金属或其他高抗拉性能的材料制作的一种杆（索）状构件，它是使用某些机械装置或黏结介质，通过一定的施工操作，将其安设在隧道及地下工程的围岩中，利用锚杆（索）的灌浆黏结作用和拉结作用，增强围岩的强度和抗变形能力，从而提高围岩的自稳能力，实现加固围岩的工程措施。

锚杆（索）支护作为一种常规的支护手段，它在技术、经济方面的优越性和对多种不同的地质条件的适应性，使其在建筑领域尤其是在地下工程中得到了广泛应用和迅速发展。

2. 锚杆的种类

（1）按锚杆对围岩加固的区域来分，可分为系统锚杆、局部锚杆和超前锚杆三种。系统锚杆强调的是联合作用，即群锚效应；局部锚杆强调的是对围岩的局部加固作用；超前锚杆强调的是支护的超前性。

（2）按锚杆在岩体中的锚固形式来分，可分为以下几种：

全长黏结式锚杆，是采用水泥砂浆或树脂等胶结材料作为锚固剂。全长黏结式锚杆不仅有于锚杆的抗剪和抗拉以及防腐蚀作用，而且具有较强的长期锚固能力，能更有效地约束围岩松弛变形，且安装简便，在无特殊要求的各类地下工程中，可大量用于初期支护和永久支护。在隧道工程中，全长黏结式锚杆常作为系统锚杆和超前锚杆使用。

端头锚固式锚杆，利用内、外锚头的锚固来限制围岩变形松动。端头锚固式锚杆安装容易，工艺简单，安装后即可以起到支护作用，并能对围岩施加预应力。但杆体易腐蚀，锚头易松动，影响长期锚固力，一般用于硬岩地下工程中的临时加固。隧道工程中，端头锚固式锚杆一般只用作局富加固锚杆。另有摩擦式锚杆，因其锚固作用耐久性不好，故不适于作为永久支护，而只作为临时及护使用，隧道工程中很少采用。

混合式锚固锚杆，是端头锚固方式与全长黏结锚固方式的结合使用。它既具有全长黏结锚杆的优点，又可以施加预应力，以增强对岩体变形的约束能力。但安装施工较复杂，一般只用于对大型地下洞室围岩、大坝坝体、高边坡土体等大体积、大范围工程结构物的加固。国外有采用大型射钉锚杆的，主要用于土体边坡的加固。

下面简要介绍隧道工程中几种常用锚杆的构造组成和设计，以及施工要点。

（二）普通（或早强）水泥砂浆锚杆（锚管）

1. 构造组成

普通水泥砂浆锚杆，是以普通水泥砂浆作为黏结剂的全长黏结式锚杆。因其安装工艺简单，锚固效果好，安装质量易于保证，是隧道工程中最常用的一种锚杆。

2. 设计、施工要点

（1）杆体材料宜用 20 mnSi 钢筋，较少采用 A3 钢筋，直径以 14-22 mm 为宜，长度为 3.5 m，为增加锚固力，杆体内端可劈口叉开。

（2）水泥一般选用普通硅酸盐水泥，砂子粒径不大于 3 mm，并过筛。

（3）砂浆强度等级不低于 M20；配合比一般为水泥：砂：水 =1：（1-1.5）：（0.45 ～ 0.5）。

（4）钻孔应符合下列要求：孔径应与杆径配合好。一般孔径比杆径大 15 mm，采用先插杆体后注浆施工时，孔径应比先注浆后插杆体施工的孔径要大一些，这主要考虑注浆管和排气管占用空间。孔位允许偏差为 ±（15 ～ 20）mm；孔深允许误差为 ±50 mm。钻孔方向可适当调整，使其尽量与岩层主要结构面垂直。孔钻好后，用高压水将孔眼冲洗干净，若是向下钻孔还须用高压风吹净水，并用塞子塞紧孔口，防止石渣掉入。

（5）锚杆及黏结剂材料应符合设计要求，锚杆应按设计要求的尺寸截取，并整直、除锈和除油，外端不用垫板的锚杆应先弯制弯头。

（6）黏结砂浆应拌和均匀，并调整其和易性，随拌随用，一次拌和的砂浆应在初凝前用完。

（7）先注浆后插杆体时，注浆管应先插到钻孔底，开始注浆后，慢慢匀速地将注浆管抽出，并始终保持注浆管口埋在砂浆内，以免浆中出现空洞。

（8）注浆体积应略大于需要体积，将注浆管全部抽出后，应立即插入杆体，可用锤击或通过套筒用风钻冲击，使杆体强行插入钻孔。

（9）杆体插入孔内的长度不得短于设计长度的 95 %，实际黏结长度亦不应短于设计长度的 95%。注浆是否饱满，可根据孔口是否有砂浆挤出来判断。

（10）杆体到位后，要用木楔在孔口卡住，防止杆体滑出。砂浆未达到设计强度的 70% 时，不得随意碰撞，一般规定三天内不得悬挂重物。

3. 早强水泥砂浆锚杆

早强水泥砂浆锚杆的构造、设计和施工与普通水泥砂浆锚杆基本相同，所不同的是早强水泥砂浆锚杆的黏结剂是由硫铝酸盐早强水泥、砂、TI 型早强剂和水组成。因此，它具有早期强度高、承载快、不增加安装困难等优点，弥补了普通水泥砂浆锚杆早强低、承载慢的不足，尤其是在软弱、破碎、自稳时间短的围岩中，其显示出一定的优越性，但因砂浆中掺有速凝剂，要求快速安装．另外，以快硬水泥或树脂作为黏结剂的全长黏结式锚杆，也具有以上优点，但费用较高，在一般隧道工程中较少使用。

（三）早强药包内锚头锚杆

1. 构造

早强药包内锚头锚杆，是以快硬水泥卷或早强砂浆卷或树脂卷作为内锚固剂的内锚头锚杆，不管采用什么类型的早强药包，其设计、施工要点基本相同，下面以快硬水泥卷内锚头锚杆为例说明。

另有楔缝式内锚头锚杆，它是由杆体、楔块、垫板和螺母组成。楔头式锚杆及胀壳式锚杆的锚头加工制作比较复杂。在交通隧道工程中，若需要对掌子面临时加固，则可以使用楔头式锚杆或胀壳式锚杆，以便回收利用。楔头式锚杆在煤矿中应用较多。

2. 设计要点

（1）快硬水泥卷设计需要确定三个主要参数：快硬水泥卷的直径上快硬水泥卷的长度 L，状硬水泥卷的水泥质量 G。

（2）快硬水泥卷直径 d 要与钻眼直径配合好，若使用 D42 钻头，则可采用 d37 直径的水泥卷。

（3）快硬水泥卷长度 L 要根据内锚固段长度 l 和生产制作的要求来决定，其计算式为

3. 施工要点

（1）钻眼要求同上，但孔眼应比锚杆长度短 4～5 cm。

（2）用直径 2～3 mm、长 150 mm 的锥子，在快硬水泥卷端头扎两个排气孔，然后将水泥卷竖立放于清洁水中，保持水面高出水泥卷 100 mm。浸水时间以不冒气泡为准，但不得超过水泥初凝时间，必要时要做浸水后的水灰比检查。

（3）将浸好水的水泥卷用锚杆送至眼底，并轻轻捣实。若中途受阻，应及时处理，若处理时同超过水泥终凝时间，则应换装新水泥卷或将钻眼作废。

（4）将锚杆外端套上连接套筒，带有六方旋转头的短锚杆，断面打平，对中焊上锚杆螺母，装上搅拌机（如 TJ-9 型），然后开动搅拌机，带动锚杆旋转，搅拌水泥浆，并用人力推进锚杆至眼底，再保持 10 s 的搅拌时间，总时间为 30 ~ 40 s。

（5）轻轻卸下搅拌机头，用木楔楔住杆体，使其位于钻眼中心。浸水 20 mm 后，快硬水泥达到足够强度时，才能使用扳手卸下连接套筒。实际施工时，可准备多个套筒循环使用。

（四）中空注浆锚杆和预应力中空注浆锚杆

中空注浆锚杆是将实心锚杆改为螺旋无缝钢管，其安装工艺与锚杆略有区别，先插入锚管，再将水泥砂浆或水泥净浆从钢管中注入，使其充满钢管和钢管与钻孔之间的空隙，获得锚固作用，还可以在此基础上改进为预应力中空注浆锚杆，以进一步增强锚杆的加固作用，其在隧道工程中已广泛使用。

（五）胀壳式内锚头预应力锚索

1. 构造组成

胀壳式内锚头预应力锚索主要由机械胀壳式内锚头、锚索（钢绞线）外锚头以及灌注的黏结材料等组成。

2. 性能特点及适用条件

胀壳式内锚头预应力锚索常用在中等强度以上的围岩中的大型预应力锚杆，它具有安装方便、见效快的特点，可以在较小的施工现场中作业，常用于高 50 m 边坡、大坝、大型地下洞室的支护和抢修加固中。目前的预应力值一般为 600 kN。内锚头采用机械加工，比较复杂，价格较高，在软弱围岩中不能使用。

3. 施工要点

（1）胀壳式内锚头预应力锚索的加工应符合设计质量要求，在运输、存放及安装过程中不能有损伤、变形。

（2）钻孔一般采用冲击式潜孔钻，也可以选用各种旋转式地质钻。钻后应予以清洗，并做好孔口支墩。

（3）锚索安装要平直，不紊乱，同时安装排气管。

（4）锚索推送就位后，即可进行张拉。一般先用 20 % ~ 30 % 的预应力值预张拉 1 ~ 2 次，使内锚头锚定，并使张拉千斤顶与锚索之间的各相连部位接触紧密，绞线顺直。

（5）锚索最终张拉应力值，应有 5 % ~ 10 % 的超张量，以保证预应力损失后仍能达到设计预应力值要求。预应力无明显衰减时，才最后锁定，并且应在 48 h 内再次做张拉应力值检查。

（6）张拉时，千斤顶后严禁站人，防止钢绞线被拉断时，射出伤人。

（7）施工中，要及时注浆，注浆应饱满，以减少预应力损失。注浆达到设计强度后，应进行外律头，防止外锚头生锈失效。

二、喷射混凝土

喷射混凝土既是一种工艺材料，又是一种施工工艺。它无需模板，而是使用喷射机，将细石潼凝土集料和速凝剂，按一定配合比混合并喷敷到岩壁表面上，并迅速固结成混凝土结构层，从而对围岩起到支护作用。

喷射混凝土可以作为隧道工程中临时性或永久性支护，也可以与各种形式的锚杆、钢纤维、择拱架、钢筋网等构成复合式支护结构。它的灵活性很大，可以根据需要，分次增加厚度。因此，其除用于地下工程外，还广泛应用于地面工程的边坡防护、加固，基坑防护，结构补强等，随着喷射混擬土原材料、速凝剂及其他外加剂、施工工艺、机械的研究和应用，喷射混凝土将有更为广阔的发展前景。

（一）喷射工艺

喷射混凝土按工艺流程分为干喷、潮喷、湿喷和混合喷四种，它们的主要区别是各工艺的投料程序不同，尤其是加水和速凝剂的时机不同。

1. 干喷与潮喷

（1）干喷是将集料、水泥、速凝剂按一定比例干拌均匀，然后装入喷射机，用压缩空气使干集料在软管内呈悬浮状态压送到喷枪，再在喷嘴处与高压水混合，以较高速度喷射到岩面上。干喷的缺点是产生的粉尘量大，回弹量大，加水是由喷嘴处的阀门控制的，水灰比的控制程度和喷射手操作的熟练程度有关，干喷混凝土强度和密实度均较低，但使用的机械较简单，机械清洗和故障处理容易。

（2）潮喷是为降低喷射时的粉尘和回弹，将细石、砂预加少量水，使之呈潮湿状态，再加水泥拌和成潮集料，再按干喷工艺将大部分水在喷头处加入和喷出。潮喷产生的粉尘量、回弹量均较干喷有一定程度的降低，潮喷混凝土的强度和密实度也有所改善。事实上，除旱季和干旱地区以外，露天堆放的砂石料本身就有一定的含水率，施工现场使用的实际上是潮喷。

2. 湿喷

湿喷是将集料、水泥和水按设计比例拌和均匀，用湿式喷射机压送到喷头处，再在喷头上添加速凝剂后喷出。

湿喷混凝土在喷射过程中产生的粉尘和回弹量很少，质量容易控制，其强度和密实度均较好，是很值得发展和推广的喷射工艺。湿喷工艺对喷射机的机械性能要求较高，发生堵管等机械故障时，清洗和处理较麻烦。

3. 混合喷射

混合喷射又称分次投料混合喷射法，混合喷射工艺的关键是水泥裹砂（或石）造壳技术。它是将一部分砂加第一次水拌湿，再投入全部水泥强制搅拌造壳；然后加第二次水和减水剂拌和成 SEC 砂浆；将另一部分砂和石、速凝剂强制搅拌均匀；最后分别用砂浆泵和干式喷射机压送到混合管混合喷出。

混合喷射是分次投料搅拌工艺与喷射工艺的结合，混合喷射工艺使用的主要机械设备与干崎工艺大致相同，只是增加了砂浆泵，用于输送 SEC 砂浆，但其具有两者的优点。

混合喷射混凝土的质量较干喷混凝土质量好，且粉尘和回弹率有大幅度降低。但使用机械券量较多，工艺稍复杂，机械配合及故障处理较麻烦。因此，混合喷射工艺一般只用在喷射混凝土量大的大断面隧道工程中。

（二）喷射混凝土

1. 性能特点

（1）喷射混凝土尤其是湿喷混凝土和混合喷射混凝土具有强度增长快、黏结力强、密度大、抄渗性好的特点。它能较好地填充岩块间的裂隙、凹穴，增加围岩的整体性，防止自由面的风化和松动，并与围岩共同工作。喷射混凝土还能很好地与钢筋网、钢拱架及锚杆等支护材料相融合（包容性），使它们发挥联合支护效应。但素喷混凝土的脆性较强而韧性较差。

（2）与普通模筑混凝土相比，喷射混凝土施工将输送、浇筑、捣固几道工序合二为一，更不需要模板，因而施工快速、简捷。铁道建筑工程总公司研究设计的模喷工艺提高了密实度，降低了表宙粗糙度。

（3）喷射混凝土能及早发挥支护作用。喷射混凝土的终凝时间在 10 mm 左右，一般 2 h 后即具有一定强度，8 h 后可达 2 MPa，16 h 后可达 5 MPa，1 天后可达 7 ~ 8 MPa，4 天后可达到 28 天强度的 70 % 左右。

（4）喷射混凝土 28 天抗拉、抗压、抗弯、抗冲切，以及与钢筋握裹、与岩面黏结、与旧混凝土宙黏结强度如表 6-3 所示。

（5）试验表明，喷射混凝土与模筑混凝土相比，其物理力学性能多有所改善，尤其以湿式喷躬和水泥裹砂喷射混凝土的抗压强度、抗弯曲疲劳强度、早期强度和抗渗性能提高更显著。

2. 设计要点

（1）为使喷射混凝土有一定的力学性能和耐久性以及早期强度，喷射混凝土的最低设计强度不应低于 15 MPa，一般设计强度为 20 MPa，1 天龄期抗压强度不应低于 5 MPa。

由于喷射工艺的不同，喷射混凝土强度不同，干喷和潮喷混凝土强度较低，一般只能达到C20，而混合喷射和湿喷则可达到C30～C35。

另外，喷射混凝土与岩面的黏结强度应有所要求。对于□～IE级围岩，不应低于0.8 MPa；对于Ⅳ级围岩，不应低于0.5 MPa。

（2）喷射混凝土支护的设计厚度，若为防止围岩风化、侵蚀，其厚度不得小于30 mm；若作为支护结构，喷射混凝土不得小于50 mm；若围岩含水，其厚度不得小于80 mm；若为防止由于喷射混凝土的收缩、龟裂、剥落而妨碍喷射混凝土的柔性特点的发挥，以及减少在软弱围岩中产生较大变形压力，其最厚不宜超过200 mm。

（3）喷射混凝土中含有较多的大小适中、分布均匀、彼此不串通的气泡，故提高了抗渗性。一般地，若水灰比不超过0.55时，喷射混凝土的抗渗等级可以达到B.；若要求其具有较高的抗渗性时，水灰比最好不超过0.45～0.50。

（4）采用水泥裹砂混合喷射工艺时，除应通过试验确定总的水灰比外，还应注意试验选择最佳造壳水灰比

3. 原料

（1）水泥。为保证喷射混凝土的凝结时间与速凝剂有较好的相容性，应优先采用32.5级以上的普通硅酸盐水泥，其次是矿渣硅酸盐水泥和火山灰质硅酸盐水泥。在有专门使用要求时，采用特种水泥。所使用的水泥，其性能应符合国家现行标准。

（2）砂。为保证喷射混凝土的强度和减少施工操作时的粉尘，以及减少硬化时的收缩裂纹，应采用坚硬而耐久的中砂或粗砂，其细度模数一般大于2.5。

（3）碎石或卵石（细石）。为防止喷射混凝土过程中的堵管，减少回弹量，应采用坚硬耐久的细石，粒径不宜大于15 mm；以细卵石为宜。

（4）集料成分和级配。若使用碱性速凝剂，砂、石集料均不得含有活性二氧化硅，以免产生碱-集料反应，引起混凝土开裂，为使喷射混凝土密实和在输送管道中顺畅，砂石集料级配应按国家标准控制在表6-5的范围之内。

（5）水。为保证喷射混凝土正常凝结、硬化，保证强度和稳定性，饮用水均可用于喷射混凝土；若采用其他水，则不应含有影响水泥正常凝结与硬化的有害物质；不能使用污水以及pH值小于4的酸性水，也不能使用硫酸盐含量（按SO，计算）超过水重1%的水。

（6）外加剂。主要是速凝剂，在喷射混凝土中添加速凝剂的目的是使喷射混凝土速凝，以减少回弹和早强，选用时应做其与水泥的相容性试验。

4. 配比

（1）干集料中水泥与砂石质量比，一般为1：4—1：4.5.每立方米干集料中，水泥用量约为400 kg。这种配比能满足喷射混凝土强度要求，回弹也较少。

（2）砂率一般为45%～55%。实践证明，砂率低于45%或高于55%时，均

易造成堵管且回弹大强度降低，收缩加大。

（3）水灰比一般为 0.4～0.45。否则强度降低，回弹增大。采用水泥裹砂喷射工艺时，还应通过试验选择最佳造壳水灰比。

（4）速凝剂和其他外加剂的掺量，一定要由试验来确定其最佳掺量，并达到各龄期的设计强度要求。

（5）喷射混凝土搅拌时间及搅拌后临时存放时间均应按工艺要求及规范规定进行。

5. 喷射混凝土机械设备

（1）喷射机：是喷射混凝土的主要设备。国内已有多种鉴定定型产品，各有其特点，可以由施工的具体情况选用，但应以保证喷射混凝土的质量、减少回弹和粉尘、控制施工成本、提高工作效率为前提。

常用的干式喷射机有：双灌式喷射机、转体式喷射机、转盘式喷射机。

新型的湿式喷射机有：挤压泵式、转体活塞泵式、螺杆泵式喷射机。这些泵式喷射机均要求混凝土具有较大的流动性（水灰比大于 0.5，含砂率大于 70％），其机械结构较为复杂，易损件使用寿命短，机械使用费用高，机械清洗和故障处理较麻烦。虽然目前现场使用新型湿式喷射机已较多，但仍有待进一步改进推广。

（2）机械手：喷头的移动和方向、距离的控制，可采用人力直接控制或机械手控制。

人力直接控制虽然可以近距离随时观察喷射情况，但劳动强度大；粉尘危害人体健康，因此劳动保护要求佩戴防尘面具；对于较软破碎围岩，需紧跟开挖面及时施喷时，有可能因突发性坍塌危及工人人身安全；另外，对大断面隧道，还需搭设临时工作台。所以，人力直接控制一般只用于解决少量和局部喷敷。

机械手控制则可以避免以上缺点，且方便灵活，工作范围大，覆盖面积达 140。

（3）喷射压力：喷射时风压为 0.1～0.15 MPa，水压应稍高于风压。湿式喷射时，风压及水压厯较干喷时高。在使用过程中，应注意输料管的转向，以减少管道磨损，喷射混凝土的拌制宜用强制式搅拌机。

6. 喷前检查及准备

（1）喷前应对开挖断面尺寸进行检查，清除松动危石，对欠挖超标严重的部位应予处理。

（2）根据石质情况，用高压风或水清洗受喷面。

（3）受喷岩面有集中渗水时，应做好引流排水处理，无集中渗水时，应根据岩面潮湿程度，适兰调整水灰比。

（4）喷层厚度检查标志，一般是在石缝处设铁钉或用快硬水泥安设钢筋头，并记录其外露

（5）施喷前，应检查调试好各种机械设备的工作状态。

7. 施工要点

（1）喷射时，应分段（不超过6.0 m）、分部（先下后上）、分块（2.0 m×2.0 m），严格按先墙后拱、先下后上的顺序进行，以减少混凝土因重力作用而引起的滑动或脱落现象的发生。

（2）喷射时，喷射移动可以采用S形往返移动前进，也可以采用螺旋形移动前进。

（3）喷射时喷嘴要垂直于受喷面，倾斜角度不大于10°，距离受喷面0.8～1.2 m。

（4）对于岩面凹陷处应先喷、多喷，凸出处应后喷、少喷。

（5）一次喷射厚度不得太薄或太厚，它主要与混凝土的黏结力和受喷部位及回弹情况有关。

（6）若设计的喷射混凝土较厚，可分层喷射，一般分为2～3层喷射；分层喷射的间隔时间不得太短，一般要在初喷混凝土终凝以后，再进行复喷；喷射混凝土的终凝时间受水泥品种、施工温度、速凝剂类型及掺量等因素影响。当间隔时间较长时，复喷应将初喷混凝土表面清洗干净，复喷应将凹陷处进一步找平。

（7）当洞内比较干燥时，应在喷射混凝土终凝1～2 h后洒水养护，养护时间一般不少于7天。

（8）冬季施工时，喷射混凝土作业区的气温不得低于5℃；若气温低于5℃，亦不得洒水；混凝土强度未到达设计强度的50％时，若气温降低到5℃以下，则应注意采取保温防冻措施。

（9）回弹物料的利用。实测表明，采用干法喷射混凝土时，一般边墙的回弹率为10％～20％，拱部为20％～35％，回弹量相当大，可以按一定比例掺入混合料中重新搅拌后喷射，但掺量不宜大于15％，且不宜用于喷射拱部；或者将回弹物按一定比例掺进普通混凝土中，用于预制小型混凝土构件。

第三节　钢拱架及超前支护

一、钢拱架

无论是采用喷射混凝土，还是锚杆；也无论是加长、加密锚杆，还是在混凝土中加入钢筋网、钢纤维，都主要是利用其柔性和韧性，而对其整体刚度并无过多要求。这对支护不太破碎的围岩（n级硬岩至Ⅳ级硬岩），使其稳定是可行的。

在软弱破碎严重自稳性差的N级软岩至N级围岩条件下，需要及时组织围岩变形和承受早期围岩压力（松弛荷载），防止围岩因变形过度而产生坍塌时，柔性较大而刚度较小的锚杆喷射混凝土就难以胜任了。在这种情形下，必须采用钢拱架这种刚度较大的结构作为初期支护。钢拱架因其整体刚度和强度均较大，对围岩松弛变形的限制作用更强，可及时有效地阻止有害松动，也可以承受早期松弛荷载，保证坑道稳定与安全，还可以作为超前支护的后支点。

钢拱架有花钢拱架和型钢拱架两种结构形式，比较之下，花钢拱架（或称为格栅钢架）与混凝土及其他材料有更好的相容性，所以现代隧道工程中广泛用作初期支护；型钢拱架的表面积较小，与混凝土及其他材料的相容性较差，所以现代隧道工程中一般只在工程抢险和塌方处理时作为临时支撑使用。

（一）构造组成

钢拱架可以分为型钢拱架和花钢拱架两类。型钢拱架又分为工字钢、槽钢和钢管拱架三种；花钢拱架又称为格栅钢架，是采用钢筋焊接而成。钢拱架不是单独存在的，而是要用喷射混凝土覆盖包裹。

1. 接头

钢拱架每榀分为 2 ~ 6 节，主要是为便于架设；为保证接头刚度，钢拱架的接头有端板拴接、夹板拴接及套管连接三种形式。

2. 垫板

钢拱架构件下端断面面积较小，应设底板，以增加支撑面积。

3. 纵向联系

为保证拱架的纵向稳定性，各榀拱架之间应设置纵向连接筋和斜撑。

（二）性能特点

（1）钢拱架的力学性能是整体刚度较大，可提供较大的早期支护阻力。钢拱架所提供的支护阻力大小与其构造形式和截面尺寸有关，也与其架设时机有关。

（2）钢拱架可以很好地与锚杆、钢筋网、喷射混凝土相结合，构成联合支护，增强支护的刚度和有效性，且受力条件较好，尤其是与格栅钢架结合最好。

（3）花钢拱架多是在施工现场加工制作的，其加工制作技术难度和要求并不高；且由于是现场加工制作，当有少量超挖时，可根据坑道的实际尺寸，适当调整花钢拱架的尺寸。

（4）型钢拱架的弯制需要有专用的大型弯制机，故多是在工厂加工制作后运至施工现场的。型钢拱架的接头形式和尺寸相对固定，当实际开挖的坑道轮廓不够圆顺时，型钢拱架的架设就有些困难。

（5）钢拱架的架设安装方便快捷，当围岩变形较大时，还可以设置可缩性接头，以减小支护阻力和钢架内力，适当释放围岩内应力。

（三）设计要点

从理论上讲，钢拱架应按其与锚杆、喷射混凝土共同工作状态来设计，并充分考虑坑道断面尺寸、早期松弛荷载大小、钢拱架承载能力、开挖方法和掘进循环进尺的影响，即按 $P=KU$（P 为支护阻力；K 为支护刚度；U 为位移）来确定初期支护的最大阻力。

但由于在软弱破碎围岩中，围岩变形与支护阻力之间的极限平衡状态随着支护变形程度而变化，难以确定。另外，由于软弱破碎围岩早期变形快，有可能造成较大变形和一定范围的松弛荷载，因此，钢拱架的设计可按其单独承受早期松弛荷载来设计，设计是偏于安全的。根据设计、施工经验，早期松弛荷载的量值一般按全部松弛荷载的 10 % ～ 40 % 来考虑。钢拱架的截面高度应与喷射混凝土厚度相适应，一般为 10-15 cm，最大不得超过 20 cm，且要有一定厚度的保护层。钢拱架通常是在初喷混凝土后架设的，初喷混凝土厚度约为 4 cm。拟定钢拱架尺寸后，进行强度、刚度和稳定性检算。

为架设方便，棉钢拱架一般应分为 2 ～ 6 节，并保证接头刚度。节数应与断面大小及开挖方法相适应。为保证架设后钢拱架的临时稳定，每棉钢拱架之间应设置不小于 22 的纵向钢拉杆。

当围岩变形量较小或只允许围岩有小量变形时，钢拱架可以设计为固定型。当围岩流动性强、变形量大，且允许围岩有较大变形时，宜将钢拱架设计为可缩型，其可缩节点位置宜设置在挫顶节点处。

若围岩软弱，承载力不足，要求拱架具有较大的承载能力和较小的下沉时，应在其下架设佛板、片石铺垫，或设置混凝土基座，必要时应增设锁脚锚杆。开挖台阶时，可在上半断面拱脚处增设锁脚锚杆或设置纵向工字钢托梁，以保证上部钢拱架的整体性，减小下沉。必要时，应考虑适当湿小拱架间距。

对于软弱破碎围岩，为阻止各棉拱架之间围岩的掉块、坍塌，应在钢拱架与围岩之间加设钢箴网，当有纵向荷载（包括爆破冲击荷载）时，则应设置纵向斜撑。

四、施工要点

（1）开挖轮廓要尽量平顺，开挖后要及时架设钢拱架，一般应在开挖后的 2 ～ 6 h 内完成。架设前应清除危石，防止落石伤人，称为找顶。

（2）钢拱架应按要求的中线、高程和断面尺寸架设在隧道横断面内，其垂直度允许误差为 ±2。

（3）钢拱架的接头应连接牢固，拱脚应有一定的埋置深度，以减少沉降和挤入，保证拱架的稳定。一般可以采取的措施有垫石、垫板、纵向托梁、锁脚锚杆等。

（4）钢拱架应尽可能多地与锚杆露头及钢筋网焊接，以增强其联合支护效应，各棉钢拱架之间的纵向钢拉杆应按要求设置和安装，并保证连接可靠，使构成整体。

（5）可缩性钢拱架的可缩性节点处不宜过早覆盖。应待其收缩合拢后，再补充喷射混凝土覆盖。

（6）喷射混凝土时，应注意将钢拱架与岩面之间的间隙喷填密实。喷射混凝土应分层分次德喷完成，初喷混凝土应尽早进行，复喷混凝土应在量测指导下进行，以保证其适时、有效。在量测数据显示围岩已经达成稳定后，可以不必用喷射混凝土将钢拱架完全覆盖，但应在施作内层衬砌同采用普通混凝土填筑密实。

（7）对所架钢拱架应经常检查，如发现喷射混凝土起鼓、开裂、脱落严重，或钢拱架变形严重、倾斜、沉降，必须立即采取加强措施，如补喷混凝土、加打锚杆、增加钢拱架或替换大规格的钢拱架。針喷混凝土应将钢拱架包裹埋置；钢拱架的顶替应先顶后拆，以免引起围岩的进一步松弛甚至坍塌。

二、超前支护

（一）超前锚杆加固前方围岩

1. 构造组成及作用

超前锚杆是沿开挖轮廓线，以稍大的外插角，向开挖面前方一定范围内安装的斜向锚杆。超前锚杆可以形成对前方围岩的预锚固，在提前形成的围岩锚固圈的保护下进行开挖等作业。这是一种先加固后开挖的逆序作业，即锚杆安装先于岩体开挖，故称为超前锚杆。

2. 性能特点及适用条件

超前锚杆可以与系统锚杆焊接，以增强其整体加固作用，但由于超前锚杆的柔性较大而整体刚度较小，因此其对前方围岩的整体加固效果一般，而且加固范围也有限，所以超前锚杆主要适佳于应力不太大、地下水很少的一般软弱破碎围岩的隧道工程中，如土砂质地层、弱膨胀性地层、流变性较小的地层、裂隙发育的岩体、断层破碎带等围岩条件，以及浅埋无显著偏压的隧道，且一般应与系统锚杆同时使用，形成联合支护。在应力较大的严重软弱破碎围岩中，超前锚杆的后期支护刚度有些不足，因此不宜使用。

3. 设计、施工要点

（1）超前锚杆的超前加固范围，即锚杆加固的超前长度、加固圈厚度，应视围岩工程地质条件、坑道断面大小、掘进循环进尺和施工条件而定。可根据要求的超前加固范围确定相应的超前量、外插角、环向间距、锚杆直径、锚固方式等参数。一般地，超前长度宜为循环进尺的 3～5 倍，采用 3～5 m 长；外插角宜为 10°～30°；搭接长度宜为超前长度的 40%～60%，即大致形成双层锚杆。

（2）同一层超前锚杆的环向间距宜为 0.3～1.0 m；相邻两层锚杆应环向错列，以便于与梅花形布置的系统锚杆相协调和连接。

（3）超前锚杆材料可用不小于22的螺纹钢筋；宜用早强水泥砂浆全长黏结式锚固。

（4）超前锚杆的安装误差，一般要求孔位偏差不超过 10 cm，外插角偏差不超过 2°，实际锚固长度不小于设计锚固长度的 96 %。

（5）开挖时，应注意保持开挖面落后于超前锚杆加固的超前量，即保证开挖面前方留有一定长度的锚固区，以使前方尚未加固的围岩在开挖面岩体的覆压作用下不出现坍塌，且使超前锚杆的前端有一个临时支点。若开挖面出现滑坍现象，则应及时喷射混凝土，封闭开挖面，并尽快打入下一排超前锚杆，然后才能继续开挖。下一循环的开挖应考虑适当缩短掘进循环进尺。

（6）开挖后，应及时且尽可能多地将超前锚杆的尾端与系统锚杆及钢筋网焊接，并尽快施作喷射混凝土，以充分发挥它们的联合支护效应和封闭支护作用。

（7）施工过程中，应密切注意观察锚杆变形及喷射混凝土层的开裂、起鼓等情况，以掌握围岩动态，及时调整开挖及支护参数。施工过程中，如遇少量地下水出露，一般可钻孔引排，但应密切注意地下水是否变混及流量增减情况。必要时，应在洞内钻孔进行超前地质探察，以便针对突然出现的不良地质情况，制订相应的预备施工方案和紧急处理措施。

（二）超前管棚支护前方围岩

1. 构造组成及作用

对于软弱破碎围岩，为阻止围岩的掉块、坍塌，以及流沙、突泥，应考虑向掌子面前方打入钢管，形成纵向超前管棚，并在逐步开挖的过程中，逐棉架设钢拱架、挂钢筋网和喷射混凝土。

超前管棚是利用沿开挖轮廓线、以较小的外插角、向开挖面前方打入的钢管与钢拱架构成的一种钢结构棚架，简称超前管棚。超前管棚可以预先支护开挖面前方的围岩，然后在其保护下进行开挖等作业。这是一种先支护后开挖的逆序作业，即管棚安装先于岩体开挖，故称为超前管棚。

2. 性能特点及适用条件

管棚因采用先行插入前方围岩内的钢管作纵向支撑，又采用钢拱架作环向支撑，并采用锚杆、钢筋网和喷射混凝土作为连接和整合介质，使得其整体刚度较大，限制围岩变形的能力较强，且能提前承受早期围岩压力。因此，管棚主要适用于早期围岩压力来得快、来得大的软弱破碎围岩，且对围岩变形及地表下沉有较严格限制要求的隧道工程中，如土砂质地层、强膨胀性地层、强流变性地层、裂隙发育的地层、断层破碎带等围岩条件，以及浅埋有显著偏压的隧道。

隧道工程施工技术与安全

在这些地层中，若存在地下水，则需要同时考虑水的危害程度和类型，采取有效措施进行治理。若水量不大、水压力不大，补给源又很有限，则一般不会造成大规模的水土流失或围岩坍塌，此种情况应考虑按照"以排为主，排堵结合；先排后堵，分开实施"的原则进行治理，即主要将注浆工序从开挖和初期支护作业循环中分离出来，主要靠初期支护和超前小导管形成的小管棚来维护工作面的稳定和施工安全，待小管棚形成并与掌子面有一定距离后，再择机实施注浆，实现堵水和加固围岩的目的，此时可能需要适当加密管棚，即减小钢管环向间距，减小钢拱架纵向间距。若水量较大、水压力较大，补给源又很丰富，则应按照"以堵为主，坚决封堵；先堵后挖，防突防涌"的原则进行治理，即将管棚与注浆相结合，形成超前小导管注浆或超前深孔帷幕注浆，封堵地下水，减少水土流失，避免大规模围岩坍塌，防止涌水突泥。

3. 设计、施工要点

（1）超前管棚支护结构一般按松弛荷载理论进行设计。采用长度小于 10 m、较小直径钢管的称为短管棚或超前小导管；采用长度为 10 ~ 45 m、较大直径钢管的称为长管棚或超前大管棚。板棚采用的钢插板长度一般不超过 10 m。

（2）管棚的结构形式及各项技术参数要视围岩工程地质条件和施工技术条件而定。长棚管长度不宜小于 10 m，管径为 70 ~ 180 mm，孔径比管径长 20 ~ 30 mm，环向间距 0.2 ~ 0.8 m，外插角为 1° ~ 2°；两组管棚间的纵向搭接长度不应小于 15 m；钢拱架常采用工字钢拱架或格栅钢架。

（3）短管棚一次超前量少，基本上与开挖作业交替进行，占用循环时间较多，但因钢管较短，其钻孔安装或打入安装均较容易。

长管棚因钢管较长，一般均需采用专用机械进行钻孔安装。虽然单次钻孔安装长钢管的作业时间较长，但减少了安装钢管的次数。安装一次长钢管，就可以在其有效的超前区段内进行多次岩土挖除和安装钢拱架的循环作业。减少了长钢管的钻孔安装作业与岩土挖除作业之间的干扰，也更适于采用大中型机械进行洞内岩土的快速挖除。

（4）钢拱架应安装稳固，其垂直度允许误差为±2°，中线及高程允许误差为±5 cm。钢管应从工字钢腹板圆孔穿过，或穿过花钢拱架的腹筋；为保证钢管不侵入开挖轮廓线以内且不至于使外插角过大，钻孔方向应用测斜仪检查控制；孔口在开挖面上的位置误差不得大于 15 cm，角度误差不得大于 0.5°。

（5）长钢管应用 4 ~ 6 m 的管节逐段接长，第一节钢管前端要加工成尖锥状，以利于导向插入。打入一节，再接续后一节，连接头应采用厚壁管箍，上满丝扣，丝扣长度不应小于 15 cm。为保证管棚受力的均匀性，钢管接头应纵向错开，一般按编号，偶数第一节用 4 m，奇数第一节用 6 m，以后各节均采用 6 m。要打一眼，装一管，由上而下顺序进行。

（6）当需增加管棚刚度时，可在安装好的钢管内注入水泥砂浆。一般在第一节管

的前段管壁

交错钻 10 ～ 15 mm 孔若干，以利于排气和出浆；或在管内安装排气导管，浆注满后方可停止压注。水泥砂浆应用牛角泵或其他能满足要求的设备灌注。砂浆强度等级可用 M20-M30，并适当加大灰砂比。

（7）钻孔时，如出现卡钻或坍孔，应注浆后再钻，对有些土质地层则可直接将钢管顶入。

第四节　注浆加固技术及内层衬砌

一、注浆加固技术

（一）注浆加固围岩和堵水

1. 注浆加固围岩和堵水的作用机理

注浆就是采用某种方法，将某种胶结材料渗透或挤入到岩体的空隙或裂隙中。

由于浆液被渗透或挤入到岩体的空隙或裂隙中并硬化后，不仅将岩块或土体颗粒胶结为整体，或以高强夹层的形式将黏土分隔包围，从而提高岩体的完整性、增强岩体的稳定能力，也就是起到了加固围岩的作用；而且填塞了空隙或裂隙，阻断了地下水渗流的通道，也就是起到了堵水作用。因此，在隧道及地下工程中，若遇到围岩软弱、破碎严重、地下水丰富或出现塌方时，常采用注浆方法，以达到对岩体的加固作用，同时也起到堵水作用。

2. 注浆方法

注浆的方法有压力注浆和电动化学注浆两类。压力注浆是常用的方法，是在各种大小压力下使水泥浆液或化学浆液挤压充填土的孔隙或岩层缝隙。电动化学注浆是在施工中以注浆管为阳极，滤水管为阴极，通过直流电电渗作用使孔隙水由阳极流向阴极，在土中形成渗浆通道，化学浆液随之渗入孔隙而使土体结硬。

大多数地层条件可采用压力注浆。但在软黏土中，土的渗透性很低，压力注浆法效果极差，可采用电动注浆法。但电动注浆法由于受电压梯度、电极布置等条件限制，其注浆范围较小，目前公路上的少数既有结构物地基加固工程中会用到。

压力注浆也可按注浆压力大小分为渗透注浆和劈裂注浆两种。

（1）渗透注浆。在有一定渗透性的地层，如破碎岩层、砂卵石层、中砂、细砂、粉砂层等地层中，采用中低压力将胶结材料压注到地层中的空穴、裂缝、孔隙里，待其凝固后，岩体的结构体或土颗粒即被胶结为整体，称为渗透注浆。

（2）劈裂注浆。在渗透性较差甚至不透水的地层，如含水率较大而颗粒较细的黏土地层、软土地层中，采用较高压力将胶结材料强行挤压钻孔周壁，使胶结材料将黏土层劈裂成缝并充塞凝结于其中，从而对黏土地层或软土地层起到加固的作用，称为劈裂注浆。劈裂注浆加固的作用机理是：强行挤入黏土层或软土层中的胶结材料将黏土分隔包围，凝固以后的胶结材料在软弱土层中形成高强夹层，相当于在软弱土体中加筋加骨，使软弱土层的整体性和强度大大提高。此外，由于是在封闭条件下进行高压注浆，对地层也可起到一定的压密作用。

3. 注浆加固的工艺种类

隧道及地下工程中，常按照注浆管的构造组成、性能特点及适用范围的不同，把注浆分为超前小导管注浆和超前深孔帷幕注浆两种工艺形式，其构造组成、性能特点、工艺流程及适用条件分述如后。

（二）超前小导管注浆

1. 超前小导管注浆

超前小导管注浆是在开挖前，先用喷射混凝土将开挖面和一定范围内的坑道周边岩面封闭，然后沿坑道周边轮廓向前方围岩内打入带孔小导管，并通过小导管向围岩内压注起胶结作用的浆液，待浆液硬化后，坑道周围岩体就可形成一定厚度的加固圈。在此加固圈的保护下即可安全地进行开挖等作业，如图6-24所示。若在小导管前端焊一个廉价（一次性不回收）的简易钻头，则司将钻孔、插管两个动作合并一次完成，既简化了施工程序，又避免了钻孔过程中的坍孔问题，这料锚杆称为自进式注浆锚杆或迈式锚杆。

自进式注浆锚杆是将超前锚杆与超前小导管注浆相结合的一种先进的超前支护措施。厂制成品出售的自进式注浆锚杆主要作了以下几点改进：其一是它在小导管的前端焊接了一个简易启一次性钻头或尖端，从而将钻孔和顶管同时完成，缩短了导管安装时间，尤其适用于钻孔易坍塌启地层；其二是对于可以采用水泥浆的地层，它改用水泥砂浆作为胶结材料，可进一步降低造价；其三是它的管体采用波纹或变径外形，以增加黏结和锚固力，增强了加固效果。

2. 超前小导管注浆工艺流程

超前小导管注浆工艺流程如图6-25所示。

3. 超前小导管注浆的适用条件

超前小导管注浆，对围岩加固的范围和加固处理的程度是有限的，注浆压力较低。

因此，超前小导管注浆主要适用于渗透系数较大的无地下水或水量和压力较小的一般软弱破碎岩体的地层条件。若用于渗透性差的地层，则注浆功效十分有限。

4. 超前小导管注浆的优缺点

作为软弱破碎围岩条件下隧道施工的一项特殊措施，超前小导管注浆作业只能在隧道内进行，即小导管安装和注浆作业都要进入洞内掌子面作业循环，因而占用较多的洞内作业循环时间，不利于提高施工速度。如果不封闭掌子面就注浆，则浆液极容易从掌子面上的裂隙流失，形成跑浆；如果采用喷射混凝土封闭掌子面，仍然有部分浆液渗入到坑道内的岩体中，并和封闭混凝土一起在下一次掘进中与岩体一同被挖除，从而造成较大的浪费。因此，有条件时，应考虑将超前小导管注浆工序与开挖和初期支护两道工序分开实施。这样既可以减少施工干扰，提高施工速度，又可以减少材料浪费。

（三）超前深孔帷幕注浆

1. 超前深孔帷幕注浆

超前深孔帷幕注浆是在开挖前，先用喷射混凝土将开挖面和一定范围内的坑道周边岩面封闭，然后沿坑道周边轮廓向前方围岩内打入带孔长钢管，并通过长钢管向围岩内压注起胶结作用的浆液，待浆液硬化后，坑道周围岩体就可形成一定厚度的加固圈。在此加固圈的保护下即可安全地进行开挖等作业，如图6-26所示。超前深孔帷幕注浆的工艺流程与超前小导管注浆的工艺流程基本相同。

2. 超前深孔帷幕注浆的适用条件

超前深孔帷幕注浆可以保证提前形成较长范围内（隧道纵向）的筒状封闭加固和堵水区，页且可以形成较高的注浆压力。因此，超前深孔帷幕注浆不仅适用于无地下水或水量和压力较刀'的一般软弱破碎岩体的地层条件，还很适用于水量和压力均较大的破碎岩体的地层条件。在含水率较大而颗粒较细的黏土地层、软土地层中，还可以采用超前深孔帷幕劈裂注浆。深孔帷幕注浆，已成为隧道及地下工程中改良地层，增强软弱岩体的稳定性，封堵地下水的有效措施和常庄手段。

3. 超前深孔帷幕注浆的优缺点

超前深孔帷幕注浆作业可以在洞内进行，也可以在辅助坑道内进行。当隧道埋置较浅时，自可以在洞顶地面上进行。超前深孔帷幕预注浆钻孔和注浆作业不需要进入洞内施工作业循环，区而占用较少甚至不占用洞内作业循环时间，较好地解决了钻孔和注浆作业与洞内开挖等作业之间的相互干扰问题，也可相应缩短施工工期。

超前深孔帷幕注浆一般可比开挖面超前 $30 \sim 50$ m，在这么长的筒状加固区内进行洞内开挖等作业，既保证了施工安全，也便于采用大中型机械施工，加快了施工速度。

（四）注浆加固的参数设置

1. 注浆加固的范围

注浆加固的范围，即注浆加固的超前长度、加固圈厚度，应视围岩的稳定性、地应力大小、地层的渗透条件、地下水的储藏条件、坑道断面大小、掘进循环进尺和施工条件而定。注浆加固所用成

（a）洞内超前注浆（b）地表超前注浆（c）平导超前注浆（d）帷幕注浆堵水作用范围

结材料的种类，应根据地层岩性、渗透条件选择确定，并相应确定注浆小导管的环向间距、钢管直径、钻孔直径、注浆压力、注浆量等参数。

2. 注浆管（孔）布置

无论是洞内注浆还是洞外注浆，无论是小导管注浆还是长钢管注浆，都各有其优缺点，应充分结合隧道埋置深度、地层的渗透条件、地下水的流量和流向、注浆材料种类、坑道断面大小等实际条件，合理选择。

根据经验，对于洞内超前小导管注浆而言，在地下水丰富的松软层，可采用双排以上的多排管（孔）；渗透注浆宜采用单排管（孔）；隧道断面较大，需要加固的范围较大，或注浆效果较差时，可采用双排管（孔）。

（五）注浆材料选择及其配比

1. 注浆材料

注浆胶结法所用浆液材料有水泥浆液和化学浆液两大类。

水泥浆液采用的水泥一般为32.5级以上的普通硅酸盐水泥，由于含有水泥颗粒属粒状浆液，故对孔隙小的土层即使在压力下也难以压进，只适用粗砂、砾砂、大裂隙岩石等孔隙直径大于0.2 mm的地基加固。如获得超细水泥，则可适用于细砂等地基。水泥浆液有取材容易、价格便宜、操作方便、不污染环境等优点，是国内外常用的压力注浆材料。

2. 注浆材料选择及配比

注浆材料按浆液组成可分为单液和双液，分别适用于不同的地层条件。

注浆材料的选择主要应考虑被加固地层渗透条件。应先对被加固围岩进行土力学试验，包括渗透系数、土颗粒组成、孔隙率、饱和度、密度、pH值、剪切和抗压强度等。必要时，应做现场抽水试验和注浆试验，采用适用的注浆材料，并确定更为合理的注浆压力、单孔注浆扩散半径等参数。

（七）施工要点

1. 止浆墙

钻孔前，应对开挖面及 5 m 范围内的坑道周边岩面喷射 5 ～ 10 cm 厚的混凝土，以封闭岩面，防止漏浆。在采用高压劈裂注浆时，应适当加厚止浆墙。

2. 钻孔

当地层较坚硬，不便直接打入小导管时，就需要先钻孔，然后插入小导管。钻孔可用冲击式钻机或旋转式钻机，应根据地层条件及成孔效果适当选择。钻孔直径应比钢管直径长 20 mm 以上。钻孔位置应满足设计要求，孔口位置偏差不应超过 5 cm，孔底位置偏差不应超过孔深的 1 %。应将钻孔清洗干净，并做好钻孔检查记录。

3. 注浆管制作及安装

一般采用带孔眼的焊接钢管或无缝钢管。小导管外直径一般为 32 ～ 40 mm，内径为 19 ～ 38 mm，长度宜为 3 ～ 6 m；长钢管直径较大，一般是 70 ～ 180 mm，长度从 30 ～ 50 m 不等。注浆管前端做成尖锥形，以便于插入孔中。

注浆管前段约 0.5 m 范围内的管壁上每隔 10 ～ 20 cm 交错钻设出浆孔眼，孔眼直径宜为 6 ～ 8 mm。管壁上有孔眼部分的长度应根据注浆孔的位置和注浆区域来确定。其余部分不钻眼，并用止浆塞将其隔开，使浆液只注入有效区域。止浆塞应能承受注浆压力。

常用的止浆塞有两种：一是橡胶式；二是套管式。安装时，将止浆塞固定在注浆管上的设计位置，一起放入钻孔，然后用压缩空气或注浆压力使其膨胀而堵塞注浆管与钻孔之间的间隙，此法主要用于深孔注浆。另外，若采用全孔注浆，则可以用铅丝、麻刀或木楔等材料在注浆孔口将间隙堵塞，但在深孔注浆时，因浆液流速慢，而孔较深，易发生死管现象。

小导管可用机械设备打入钻孔中，当地层较软弱时，则可直接将小导管打入围岩中。小导管插入后应外露一定长度，以便连接注浆管，并用塑胶泥（40° Be 水玻璃拌 42.5 级水泥）将导管周围孔隙封堵密实。

4. 试水及注浆顺序

安装好导管后，应用泵压试水。试水的目的：一是冲洗注浆管，以保证浆液能畅通灌入土中；二是了解土的渗透系数，以便调整浆液比重，确定有效灌注半径、灌注速度等。由于每孔灌浆次序与土层渗透系数变化有关，因此，注浆宜按孔间隔进行，并应先灌注渗透系数大的土层，后灌注渗透系数小的土层。如果各部分渗透系数相同，则应按先上方后下方，或先内圈后外圈，先无水孔后有水孔，先上游（地下水）后下游的顺序进行。

5. 压力控制

每孔注浆应利用止浆阀保持孔内压力直至浆液完全凝固为止。超前小导管注浆的孔口压力一般为 0.5~1.0 MPa，最高压力应严格控制在允许范围内，以防压裂开挖面。

6. 结束条件

注浆结束条件应根据注浆压力和单孔注浆量两个指标来判断确定。

单孔结束条件：注浆压力达到设计终压；浆液注入量已达到计算值的 80 % 以上；若孔口压力已达到规定压力值，但注入量仍不足，亦应停止注浆。在强渗透地层条件下，若注浆压力接近或达到设计压力，但浆液注入量超过设计值的 3 倍时，则应停止注浆。可考虑改用水泥砂浆或细石混凝土作为胶结材料，并添加早强剂。

全段结束条件：所有注浆孔均已符合单孔结束条件，无漏注。注浆结束后，必须对注浆效果进行检查，如未达到设计要求，应进行补充钻孔注浆。

注浆结束后，应立即拔出注浆管并进行清洗。

7. 注浆检查

注浆前，应进行钻孔质量检查、材料质量检查、注浆设备工作状态检查，并应进行现场试验运转。注浆过程中，应密切注意注浆压力的变化。如采用双液注浆时，应经常测试混合浆液的凝固时间，若发现凝固时间不符合设计要求时，应立即采取相应的处理措施。注浆后应利用声波探测仪对注浆效果进行检查，如未达到要求时，应进行补注浆。

8. 开挖时间

注浆后，应视浆液种类.待胶结材料完全凝固后方可开挖。一般条件下，水泥－水玻璃浆须等待 4 h，而水泥浆则须等待 8 h 后才可开挖。

9. 保留止浆墙

每循环注浆后可进行多个循环的开挖，可开挖的长度，是由注浆长度和应保留的止浆墙长度决定的。但尤其应当注意的是，开挖应保证留有一定长度的止浆墙，即保证开挖后剩余的止浆墙长度应不短于设计要求的最短长度（超前量），并在开挖后及时进行下一循环的注浆加固。若注浆工作在正洞以外进行，则超前量和超前时间比较容易得到保证。

二、内层衬砌

(一) 内层衬砌的施作时机及施工方法

1. 内层衬砌的施作时机

就模筑混凝土衬砌的施工技术和工艺而言，采用新奥法施工的内层衬砌，与采用传统的矿山法施工的单层衬砌相比较，没有什么区别。但是内层衬砌是复合衬砌的一部分，它在整个隧道结构力学体系中的作用以及施作时机，与单层衬砌有着显著的不同。

按照传统的松弛荷载理论设计和传统矿山法施作的单层衬砌，是主要的承载结构，需要尽早施作。但是按照现代隧道工程理论设计和新奥法施作的内层衬砌，却主要是提供安全储备，承受后期围岩压力，围岩或围岩加初期支护是承载的主体，因此，可以在围岩或围岩加初期支护稳定后的适当时机施作内层衬砌。

公路（铁路）隧道施工规范规定：当各测试项目表明围岩无明显的流变，且位移有较明显的减缓趋势；水平收敛小于 0.2 mm/天，拱顶下沉小于 0.15 mm/天，而且位移值占总位移值的 80%～90% 时，即可施作内层衬砌。

值得注意的是，这一规定只适用于无明显流变性质的围岩条件。根据我国金家岩隧道、乌鞘岭隧道等强流变围岩条件的工程实际，常规的初期支护参数已很难达成。仅依靠初期支护来获得围岩的基本稳定，就需要大幅度加大支护参数（已突破规范规定）。这说明：在强流变围岩条件下，初期支护的约束能力不足时，一味地加大初期支护参数所获得的效用很低，也是不经济的，而且初期支护尤其是锚杆（锚索）的耐久性还没有可靠的证明。在此条件下，需要及时采用刚度更大的混凝土或钢筋混凝土内层衬砌，来更为有效地阻止围岩变形，保证围岩的稳定和安全。

另外，在强流变等特殊地层中，当初期支护的有效性降低时，出于经济的考虑，可以提前调用内层衬砌，让内层衬砌尽早承载，避免发生后期坍塌，保证施工要全。因此，有业主在规范没有明确规定的条件下，要求施工单位保证内层衬砌离掌子面的距离不得超过 260 m。

2. 内层衬砌的施工方法

复合式衬砌施工的基本程序，一般是先施作初期支护，在初期支护施作完成，隧道已成型，并且达到隧道的基本稳定后，再就地模筑或现场拼装混凝土或钢筋混凝土内层衬砌。在隧道纵深方向，内层衬砌需要分段施作。上部拱墙施工，通常采用整体模板台车配混凝土输送泵分段灌注。下部仰拱、填充和底板，则只需配备挡头板就可进行灌注。

在现代隧道工程中，由于施作初期支护以后，就可以获得洞室的基本稳定，因此，现代隧道工程理论及新奥法均要求：内层衬砌，应尽可能地采用完全顺作法施工，即先施作下部仰拱、填充和底板，后施作上部拱墙，由下到上顺序施工。完全顺作法具有施工程序简化、无逆作施工缝、施工安全等优点，可以避免结构受力状态的转换，保证内层衬砌的整体性和受力状态良好。

我国浙江省余杭区安吉县天荒坪抽水蓄能电站工程中，在其输水隧道为斜井、倾角 58°、直径 7 m，已采用整体滑动模板，将整圈衬砌一次模筑完成，成为完全顺作的成功案例。

二、仰拱、填充和底板

仰拱是为改善上部支护结构受力条件而设置在隧道底部的反向拱形结构，是隧道结构的主要组成部分之一，它不仅要将隧道上部的地层压力通过隧道边墙结构或将路面上的荷载有效地传递到地下，而且还有效地抵抗隧道下部地层传来的反力。仰拱与二次衬砌构成隧道整体，增加结构稳定性，并有防水作用。

隧道仰拱、填充和底板的施工，需要占用洞内运输道路，对隧道内出渣运输、进料运输等作业造成一定程度的干扰。因此，应对仰拱、填充和底板的施作时间，以及分段（或分块）施作顺序进行合理安排，以减少与运输的相互干扰。

1. 仰拱栈桥施工技术

隧道仰拱、填充和底板，通常是按纵向分段、横向分幅施作的。横向分幅施工，导致仰拱、填充和底板存在纵向施工缝，其完整性降低。因此，我国《高速铁路隧道施工技术指南》明确规定：模筑混凝土内层衬砌必须采用完全顺作法施工，仰拱、填充和底板只能纵向分段施作，不得左右分带煎作，仰拱和隧底填充应分开施作，不得一次灌注。因此，仰拱栈桥施工技术应运而生。

仰拱栈桥是专用于仰拱、填充和底板的简易桥梁。仰拱栈桥施工技术可以遍免因横向分幅施作破坏结构完整性的问题，既能保证隧道内运输道路的畅通，又能保证栈桥下面底板、仰拱和填充作业的正常进行。我国高速铁路隧道的内层衬砌已要求严格采用仰拱栈桥施工技术，并按照顺作法进行仰拱、充填和底板施工，但在普通铁路隧道和高速公路隧道施工中还没有推行。

我国高速铁路隧道中使用的仰拱栈桥多为简易单跨组合钢梁桥，采用旧钢轨或工字钢扣放连接单片梁，两片梁连接组成临时栈桥。梁的长度通常为 12 m，有效跨度为 8 m，桥下可一次施作 8 m 长的仰拱。钢轨或工字钢的根数和规格，应根据重车荷载及支数跨度来确定，一般用 4H250×2 片。仰拱栈桥架设必须保证整桥的稳定和行车安全，而且要拆卸组装和拖拉移位方便快捷。

2. 仰拱施工、仰拱填充和底板施工

在围岩稳定性较好时，一般仅设计有底板（铁路）或调平层，在围岩稳定性较差时才设计有仰拱、填充。仰拱、填充和底板施工若没有采用仰拱栈桥施工技术，而是

采用左右分带施工，就应该注意安排好纵向分段长度，以及左右幅交替施工的周期，以减少与洞内其他作业之间的相互干扰。

设计有仰拱时，分段长度一般不应超过18 m，以免墙脚暴露过长，致使上部支护变形过大，甚至造成边墙挤入或坍塌。设计为底板时，分段长度可长一些，但仍应注意观察上部拱墙的稳定。此外，还应注意施工缝、伸缩缝、沉降缝及衬砌形式变化之处。

（三）拱墙衬砌模板类型

常用的拱墙模板类型有：整体移动式模板台车、穿越式分体移动模板台车、拼装式拱架模板。

1. 整体移动式模板台车

整体移动式模板台车是将台架、大块钢模板、轨道走行机构、振捣机构（背附式）、脱模机构（机械或液压）集装成整体的混凝土模筑设备，它已经成为隧道工程中常规的混凝土施工设备。

目前常用的模板台车的长度为9～12 m，一次浇筑混凝土量通常在80-120 m，，并配套使用混凝土输送泵联合作业。模板台车的长度即一次模筑段长度，是根据施工进度要求、混凝土生产能力和浇筑技术要求以及曲线隧道的曲线半径等条件来确定的。考虑到一次连续浇筑混凝土的体积太大时，很可能因大体积混凝土的收缩而致使衬砌产生裂缝，因此，当隧道断面较大时，模板台车的长度不宜太长，一般以不超过隧道跨度为宜。

整体移动式模板台车走行方便、就位快捷，墙拱连续浇筑一次成型，施工速度快，衬砌表面质量光洁美观。但一次性设备投资较大，其长度和断面尺寸固定，不能适用于多种断面尺寸，当应用于不同断面形状和尺寸的隧道时，则需要换装模板。

2. 穿越式分体移动模板台车

这种台车是将走行机构与整体模板分离，因此一套走行机构可以解决几套模板的移动问题，既提高了走行机构的利用率，又可以多段衬砌同时施作，因需要铺设较长的走行轨道，故实际工程中应用的不多，只在长隧道中可考虑采用。

3. 拼装式拱架模板

拼装式拱架模板就是采用型钢或钢筋加工成模板架，然后在其上铺设模板，形成模板仓，目前在铁路、公路隧道工程中已很少使用。

拼装式拱架模板既适用于顺作，也适用于逆作，灵活性大，适应性强，尤其适用于曲线地段。但因其拼装、拆模费用较高，生产能力较模板台车低，现在已很少使用。传统的施工方法中，因受开挖方法及支护条件的限制，其衬砌施作多采用拼装式拱架模板。

拼装式拱架模板的一次模筑长度，应与围岩地质条件、施工进度要求、混凝土生产能力，以及开挖后围岩的动态等情况相适应。一般分段长度为 2～9 m，松软地段最长不超过 6 m，拱架间距应视未凝混凝土荷载大小及隧道断面大小而定，拼装式拱架可设置锚杆作为拱架的稳定措施，避免设置过河撑，以免影响车辆在洞内通行。

对于拼装式拱架模板，为便于安装和运输，常将整榀拱架分解为 2～4 节，进行现场组装，其组装连接方式有夹板连接和端板连接两种形式。为减少安装和拆卸工作量，可以做成简易移动式拱架，即将几榀拱架连成整体，并安设简易滑移轨道。

第六章　特殊地质地段的隧道施工

第一节　特殊地质地段隧道施工概述

一、概述

（一）不良和特殊地质地段的概念

（1）不良地质地段

不良地质地段是指滑坡、崩塌、岩堆、偏压地层、岩溶、高应力、高强度地层、松散地层、软土地段等不利于隧道工程的不良地质环境。

（2）特殊地质地段

特殊地质地段是指膨胀地层、软弱黄土地层、含水未固结围岩、溶洞、断层、岩爆、流沙等地段以及瓦斯溢出地层等。

（二）不良和特殊地质地段隧道施工的一般原则

充分利用各种手段和方法，尽可能准确掌握不良地质情况。

根据掌握的不良地质情况，制订相应的施工方案及处理措施。

随着施工揭露地质，并根据施工安全性和支护措施的效果，及时修正设计，保证施工安全和隧道质量。

（三）不良和特殊地质地段隧道施工注意事项

（1）编制施工计划注意的事项

在充分调查研究的基础上，根据围岩级别结合施工单位的具体情况，综合考虑各方面的因素，拟定施工方案。

（2）选择施工方法注意事项

特殊地质地段隧道施工，以"先治水、短开挖、弱爆破、强支护、早衬砌、勤检查、稳步前进"为指导原则。

隧道选择施工方法（包括开挖及支护）时，应以安全及工程质量为前提，综合考虑隧道工程地质及水文地质条件、断面形式、尺寸、埋置深度、施工机械装备、工期要求、经济和技术的可行性等因素而定。同时应考虑围岩变化时施工方法的适应性及其变更的可能性，以免造成工程失误和增加投资。

（3）加强监控和量测工作

①采用新奥法施工的隧道，为掌握施工中围岩和支护的力学动态及稳定程度，以及确定施工工序，保证施工安全及工程质量，应实施现场量测，充分利用监控量测指导施工。

②对软岩浅埋地段隧道，须进行地表下沉观测，以及对开挖面的地质素描及对围岩和支护的应力、应变测试等，这些对及时预报洞体稳定程度和力学动态，及时修正支护设计参数和改变施工方法，采取针对性技术措施都是十分重要的。

（4）使用喷锚技术注意事项

①爆破后如开挖工作面有坍塌可能时，应在清除危石后及时喷射混凝土护面。

②锚喷支护后仍不能提供足够的支护能力时，应及早装设钢拱架支撑加强支护。

（5）采用临时支护时注意事项

不宜采用锚喷支护的特殊地质地段，应用构件支撑作临时支护，并应符合下列要求：

①支撑要有足够的强度和刚度，能承受开挖后的围岩压力。

②围岩出现底部压力，产生底膨现象或可能产生沉陷时应加设底梁。

③当围岩极为松软破碎时，应采用先护后挖，暴露面应用支撑封闭严密。

④根据现场条件，可结合管棚或超前锚杆等支护，形成联合支撑。

⑤支护作业应迅速、及时，以充分发挥构件支撑的作用。

（6）选用掘进方法时注意事项

特殊地质地段隧道施工时，不宜采用全断面开挖。应视地质、环境、安全、工程质量等条件合理选用。

（7）掘进时遇有围岩压力过大时注意事项

拱部扩挖前发现顶部下沉，应先挑顶后扩挖。当扩挖后发现顶部下沉，应立好拱架和模板先灌筑满足设计断面部分的拱圈，待混凝土达到所需强度并加强拱架支撑后，再行挑顶灌筑其余部分。挑顶作业宜先护后挖，暴露面应用支撑封闭严密。

（8）遇有松散、自稳差的围岩掘进时注意事项

采用压注水泥砂浆或化学浆液加固围岩的方法，以提高其自稳性。（9）衬砌出现开裂或下沉时注意事项当拱脚、墙基松软时，灌筑混凝土前应采取措施加固基底。

（10）发现设计与实际情况不符合时注意事项

特殊地质地段隧道施工方案，应由设计，施工主管技术负责人共同研究确定。在监控、量测过程中，发现设计与实际情况不符合时，或地质变异时，施工单位应会同有关方面，如设计、监理、业主等共同研究做出必要合理的修改。

二、一般规定

当隧道通过膨胀土层、软弱黄土层、含水未固结围岩、溶洞、破碎带、岩爆、流沙以及瓦斯溢出地层时，宜采用辅助方法施工。

施工中应经常观察围岩和地下水的变异情况，量测支护、衬砌的受力情况，注意地形、地貌的变化，防止突然事故的发生。如有险情，应立即分析情况并采取措施，迅速处理。

特殊地质隧道，除大面积淋水地段、流沙地段外，均可采取锚喷支护施工。施工时应符合下列要求：

当开挖面自稳性很差，难以开挖成形时，应在清除危石后尽快在开挖面上喷射厚度不小于 5 cm 的混凝土护面，必要时，可在开挖轮廓线处和开挖面上打设超前锚杆，超前锚杆长度宜大于开挖进尺的 3 倍。

锚喷支护完成后仍不能提供足够的支护能力时，应及时设置钢架支撑，加强支护。不宜采用锚喷支护的地段，应采用构件支撑，并符合下列要求：

支撑应有足够的强度和刚度，能承受开挖后的围岩压力。支撑基础应铺设垫板。当支撑出现变形、断裂时，应立即加固或部分撤换。

围岩出现底部压力，产生底鼓现象或可能产生沉陷时，应加设底梁。当围岩极为松软破碎时，必须先护后挖，暴露面应采用支撑封闭。根据现场条件，可结合管棚或超前锚杆等支护，形成联合支护。

支撑作业应迅速、及时。

特殊地质地段施工时，不宜采取全断面开挖。钻爆设计时，应严格控制炮眼数量、深度和装药量。

围岩压力过大，支撑下沉可能侵入衬砌设计断面时，必须挑顶，并按以下方法进

行处理：

拱部扩挖前发现顶部下沉，应先挑顶后扩挖。

当扩挖后发现顶部下沉，应立好拱架和模板先灌筑满足设计断面部分的拱圈，该混凝土达到所需强度并加强拱架支撑后，再行挑顶灌筑其余部分。

挑顶作业宜先护后挖。

自稳性极差的围岩宜采取压注水泥砂浆或化学浆液加固。

模筑衬砌施工应遵守本规范第8章的有关规定，并符合下列要求：

当拱脚、墙基松软时，灌筑混凝土前应排净基底积水，并采取措施加固基底。衬砌混凝土应掺早强剂等，提高衬砌的早期承载能力。

仰拱施工，应在边墙完成后抓紧进行，使结构尽快封闭成环。

特殊地质地段施工方案应由设计、施工主管技术负责人共同研究确定。施工过程中发现设计与实际情况不符时，施工单位应会同有关方面共同研究，做出必要的修改。

三、富水断层破碎围岩

（一）概述

在隧道施工中，往往会遇到断层破碎带、富水软岩及大量涌水地段，这些地段往往不是单独出现，不少情况是同时存在的。因此三者之间既有联系，又各有特点，其施工措施也是既有共性，又各有侧重。

（1）断层破碎带

断层破碎带是常见的不良地质段，断层带内岩体破碎，呈块石、破碎或角砾状，甚至呈断层泥，岩体强度低，围岩自稳能力差，施工困难。其施工难度取决于断层的性质、断层破碎带的宽度、填充物、含水性和断层本身的活动性以及隧道轴线和断层构造线方向的组合关系等因素。

隧道轴线接近于垂直构造线方向时，断层规模较小，破碎带不宽，且含水量较小时，条件比较有利可随挖随撑。当隧道轴线斜交或者平行于构造方向时，则隧道穿过破碎带的长度增大，施工难度大。

（2）富水软岩

富水软岩是指各类土质、软岩、极严重的风化的各种岩层、极软弱破碎的断层带以及堆积、坡积层，在富含地下水的情况下，岩体强度很低，自稳能力极差的围岩。施工难度极大，俗称"烂洞子"。

（3）大量涌水

大量涌水也是常见的不良地质现象。在雨量充沛和地下水丰富的地区，隧道穿过断层破碎带、裂隙密集带、不同岩层接触带或岩溶发育地段时，施工中往往会发生地下水和承压水大量涌出的现象。典型隧道：渝怀线圆梁山隧道、兰武线乌鞘岭隧道。

（二）超前地质预报

对于富水软弱破碎围岩隧道，设计一般根据地表探测和少量的地质钻孔，来推断地下深处的隧道地质条件，往往与实际地质条件存在差异。因此，准确预报施工掌子面前方的地质条件就非常必要，应把地质超前预报作为一个工序纳入生产过程。

地质预报方法主要有：钻孔超前探测；超前地质导坑；地震波、声波、地质雷达等物理探测。

重点预报内容有：开挖面前方的地质情况；围岩整体性、断层、软弱破碎带在前方的位置和对施工的影响；地下水活动情况等。

（三）注浆堵水并加固围岩

地下水处理原则：以堵截为主，排引为辅。

堵截地下水方法：一类是整个富水段注浆止水，加固围岩，相当于提高围岩等级；如深孔劈裂、挤压注浆。一类沿隧道开挖轮廓线以外进行环形注浆，形成止水帷幕，防止或减少地下水进入开挖面；如浅孔注浆、管棚注浆、小导管注浆等。

排水辅助措施：导坑、钻孔；目的是排水降压。

（四）开挖及支护

虽地层经注浆加固，为确保施工安全，一般在开挖前采用超前支护，如超前锚杆、超前小导管等；地下水较大的隧道，开挖前采取排水降压措施，排水主要采用钻孔，钻孔深度应超出注浆范围。

开挖方法视围岩稳定情况，有台阶法、正台阶预留核心土开挖法、双侧壁导坑法。

开挖手段有两种：一是非爆破开挖，如十字镐、风镐或小型挖装机开挖；二是控制爆破，如松动爆破、微振动爆破。目的是尽可能减少开挖对围岩的扰动。

第二节　膨胀土围岩地段隧道施工

一、膨胀性围岩特性

在隧道施工中，常常遇到膨胀性围岩，开挖后不久即产生强大的膨胀地压。这种膨胀性地压是由于岩石风化土质复原后的容积变化、原始荷重的解压或岩石的真正膨胀，使得设置在膨胀围岩中的隧道洞壁发生位移，导致围岩失稳、衬砌破坏。这些现象的发生，反映了膨胀围岩的极端复杂性。

膨胀围岩的特性，归纳起来主要表现在以下三个方面。

1. 超固结土体的应力特性

由于膨胀土体大多具有原始地层的超固结持性，使土体中储存有许多的初始应力。当隧道或地下洞室开挖后，引起围岩应力释放，强度降低，产生卸载膨胀。因此，膨胀围岩常常具有明显的塑性流变特征，开挖后将产生较大的塑性流变。

隧道穿过破碎的岩层，不含或只含少量的活性矿物成分，也不受水的影响，但围岩开挖后产生强大膨胀地压。这种情况的产生，可以认为是当岩层受到强烈的构造作用而发生较大范围的挤压和破碎，在这种破碎带往往聚集了潜在的压力，隧道开挖后，由于潜在应力的释放而产生强大的膨胀地压。

2. 多裂隙土体的力学特性

膨胀土隧道围岩，实际上是土块与各种裂隙和结构面相互组合成的集合体。膨胀土体的结构力学特征，主要表现为具有明显的非均质性和不连续性，以及围岩强度与变形的各向异性和随时间的衰减性。

土质岩层，干燥时岩质坚硬，易脆裂，具有明显的垂直和水平的张开裂隙，裂隙的发育和宽度随深度减少以致消失，被浸湿后，裂隙收缩变窄闭合。当岩层破碎，节理、裂隙中如含有活性强的矿物成分的粘土充填物时，往往暴露后即行膨胀，吸收水分后，膨胀明显。

3. 胀缩效应的力学特性

膨胀围岩吸水而膨胀，失水而收缩，土体干湿循环产生膨胀效应。一是土体结构变化，导致围岩压力增大；二是围岩应力变化，特别是膨胀围岩产生的膨胀压力将对增大围岩压力起叠加作用。围岩产生胀缩变形的程度及其膨胀压力的大小，主要在于膨胀土类型与湿度条件。

当岩层粘土颗粒含量较多，塑性指数较大，土的结构强度较高，化学成分以 SiO_2 和 Al_2O_3、Fe_2O_3 为主，或当矿物成分中含有大量蒙脱石、伊利石和多水高岭土时，就具有较强的水结合能力和吸水膨胀的性能。

二、膨胀围岩隧道施工

1. 开挖方法

在膨胀性围岩中开挖隧洞，一般在顶部、侧部和底部同时产生很大的膨胀力，为了不使掌子面及其前方的围岩松弛，避免岩体内应力的反复重新分布和应力集中，应尽可能地减少围岩暴露的时间，尽早使支护、衬砌全断面闭合。开挖时一般采用短台阶法或中央导坑法，在特殊情况下考虑使用侧壁导坑法。

采用短台阶法开挖，能较早地使支护结构形成闭合断面，有利于控制隧道内空变位速度和变位量，有利于控制地表下沉量。同时这种开挖方式可使用一般机械，对地层的适应范围广，从硬质围岩到土砂质围岩以及膨胀性围岩都可以采用。再者短台阶法开挖易于转成小台阶开挖，当需要更快地使支护结构形成闭合断面时，可以随时由短台阶法改为小台阶法。

采用侧壁导坑法开挖时，可以根据围岩的膨胀程度选用单侧壁导坑法或双侧壁导坑法，同时要注意选用侧壁导坑的断面形状。

侧壁导坑法用于新奥法，与用于传统的施工法有较大差别，其导坑形状如下：

先开挖侧壁导坑，一般用于台阶法分两次开挖，即先挖上部锚喷后再挖下部。整个导坑断面挖出后，立即进行支护，其外侧是隧道的初期支护，内侧是施工的临时支护。两个侧壁导坑将成为两个闭合管体，由于管体承载力高，即使在软弱围岩中，也能承受较大荷载；管体与围岩接触紧密，抗侧压能力大。侧壁导坑建成后，开挖部，并对该部的顶部周边进行初期支护。再依次开挖。对底部进行初期支护，使整个隧道断面闭合。根据量测，围岩变形收敛后进行二次衬砌。

根据施工经验，在相同的岩质条件下，采用新奥法侧壁导坑法开挖隧道引起的地表下沉量是采用短台阶法开挖方式的一半，因为倒壁导坑法把隧道断面分成侧壁导坑、上、下半断面、仰拱等几个部分分部进行开挖，各部分开挖之后都可以随时形成一个临时闭合断面，因此这种开挖可以使内空变位量和地表下沉量减少。

但采用侧壁导坑法开挖时，由于全断面衬砌闭合时间较长，上半断面开挖或仰拱开挖时，灌注好的边墙混凝土或初期支护容易内挤变形，甚至失败。同时由于侧壁导坑以相距不远的间距平行施工，相互间干扰的可能性较大，因此采用该法施工进度慢，费用高。除了非采用该法不能满足施工要求外，一般不予采用。

2. 支护方法

（1）全封闭式整体衬砌

在膨胀围岩中，拱部衬砌与侧墙宜同时施工，仰拱应尽早完成，形成封闭式整体支护结构。仰拱与侧墙连接处应尽可能做成圆弧状，衬砌围岩应密贴。仰拱的形式：最普通的是用混凝土预制块砌成，特点是承压快，施工简便；另一种形式是由钢筋混凝土预制构件拼装而成，也能很快承压；再一种形式是现浇混凝土或钢筋混凝土，但需养护才能承压。在施工过程中当围岩压力极大，其变形速率难以收敛时，应在上台阶或中央导坑的底部先修筑临时仰拱，以形成临时封闭式整体衬砌，待变形基本收敛后，开挖下部台阶，拆除临时仰拱，并尽快浇筑永久衬砌和仰拱，形成封闭式整体衬砌。

（2）刚柔结合的复合式支护结构

膨胀性围岩自稳能力差，支护必须尽早封闭以保护围岩，防止围岩风化，吸水松解。

开挖后应尽快紧跟着对围岩施加约束，一般地采用初期支护与二次衬砌相结合的复合式支护结构。

一般地，初期支护要求起到及时封闭围岩的作用，同时也要有一定的支护作用，并具有相同的柔度，可用锚喷及钢架或格栅联合支护，膨胀压力很大时，可在隧道底部打设锚杆，亦可在隧道顶部一定范围内打入斜向超前锚杆或小导管，形成闭合环，以提高喷层的抗拉和抗剪能力。喷射混凝土薄层可以采用钢纤维混凝土，确保支护结构卸压作用和施工安全。

二次衬砌应有一定的刚度和强度，并根据量测结果来确定二次衬砌的浇筑时间。一般地，当围岩已基本稳定或位移速率已明显下降时便可确定为二次衬砌的合理时间。

此外，膨胀岩中支护变形相当一部分是由于应力集中而受偏压引起的，而壁后充填不密实是引起偏压的最常见原因，因此必须重视衬砌间隙的密实充填。不密实地带在拱墙浇筑完毕后要及时向衬砌背后压注水泥砂浆或水泥浆，确保密实。

另外，在膨胀围岩施工中要预留围岩开挖后的变形沉降量，分段施设沉降缝。同时要特别注意排水工作，避免水浸流，拱脚及墙脚应采取措施防排水，确保不积水。

第三节　黄土地段隧道施工

一、黄土

黄土主要分布在我国北方地区，范围广、地质强度低。

由于黄土围岩地质强度低、山体松弛，因此隧道施工前应详细调查黄土中构造节理的产状与分布状况，特别是构造斜节理，一般为土体的软弱结构面，一旦受到开挖切割，在洞周形成不稳定体，极易坍塌，危及洞体稳定。在施工中对因构造节理切割而形成的不稳定部位应加强支护。

黄土围岩隧道施工要严格遵循"短开挖、少扰动、强支护、早密贴、勤量测"的原则。

黄土隧道开挖可采用短台阶法或分部开挖法，这有利于开挖工作面的稳定，便于拱部支护和处理异常事故，为机械施工创造条件。

由于黄土塑性变形快，开挖后暴露时间过长，围岩周壁风化至内部，岩体松弛加快，极易产生坍方，因此开挖后初期支护应紧跟开挖面施作，以抑制变形，防止土体结构松散。即开挖后及时施作喷射混凝土，同时打入锚杆，辅之钢筋网和钢支撑，必要时加设超前锚杆、管棚支撑加固围岩，以形成严密的支护体系。

实践表明，在以钢筋网喷射混凝土作初期支护时，由于喷射混凝土收缩及强度变化，往往导致喷层开裂，破坏了衬砌的整体性，产生病害。因此，要注意环向伸缩缝的设备，以限制裂缝的发展。

黄土遇水后，围岩强度显著下降，变形量加大，严重时完全失去自稳能力，直接影响洞体稳定，因此要做好地表水的截排工作，使雨水不得漫陷于洞口仰坡和边坡面；同时要完善洞内施工排水设施，洞内施工排水沟的设置应与开挖等作业同步进行，不能滞后，以保持洞内干燥。当地下水量较大时，应采取降水措施避免使水渗入土中。

二、溶洞

溶洞是岩溶现象的一种，是含碳酸的水在一定条件下，对一些能被溶解的岩石特别是石灰岩、白云岩、石膏等溶蚀的结果。

隧道碰上溶洞时，常产生坍方、不均匀沉陷、涌水等危害。

有填充物的溶洞，隧道开挖碰上填充物时，可能造成坍方。

隧道旁穿溶洞，如衬砌一部分位于基岩上，一部分位于填充物上，可能造成不均匀沉降而损毁衬砌。

岩溶地区地下水一般比较发育，开挖时溶洞水可能突然涌出。

我国石灰岩分布极广，施工时常会遇到溶洞，因此必须引起重视。要根据设计文件有关资料，进一步查明溶洞分布范围、类型、岩层的完整稳定程度、充填物和地下水流情况等，以确定施工方法和处理措施。对尚在发育或穿越暗河、水囊等地区条件极其复杂的岩溶区，要查明情况，慎重选定施工方案。

（一）溶洞处理原则

1. 引排水

溶洞是由水溶蚀而成的，除已停止发育的干洞穴外，一般在溶洞地区施工时都会有地下水。当遇到暗河或溶洞有水流时，宜排不宜堵，因此用"引排水"来处理溶洞水。即在查明水源流向及其与隧道位置的关系后，用暗管、涵洞、小桥等设施渲泄水流或开凿泄水洞将水排除洞外。当岩溶水流的位置在隧道顶部或高于隧道顶部时，应在适当距离处，开凿引水斜洞（或引水槽）将水位降低至隧底标高以下，再行引排。当隧道设有平行导坑时，可将水引入平行导坑排出。

溶洞水有时突然涌出，对施工造成极大危害。在这种地区施工，可采用地质雷达或超前钻孔探测，以防造成严重事故。

引排溶洞水时，要注意岩溶地区生活、生产用水不能受到影响，因此要认真作好调查，妥善安排。对于有长期补给来源的地下水，不应破坏其循环规律，应根据水量大小设置排水工程，将水导入地下水流的出水通道。

2. 堵填

堵填就是堵塞封闭。对已停止发育，跨径较小、无水、小量填充物易于清除的小溶洞，根据其位置及充填情况，用浆砌片石、干砌片石、石渣等予以填实处理，必要时用混凝土回填或压浆处理。

当隧道拱顶部有空溶洞时，根据溶洞的岩石破碎程度及充填情况在溶洞顶部采用喷混凝土，打锚杆，设置钢筋护拱，布设钢筋网，复喷混凝土等措施加固洞壁，对二次衬砌以外的溶洞空穴回填密实。

3. 跨越

对于规模较大较深，不宜作堵塞处理的大溶洞，或因溶洞充填物松软，或因线路穿越溶洞中暗河时不能承截隧道基础，或因堵塞所需土亏工工程量过大，不经济时，可选用跨越的方法。

跨越的方法一般是用梁或拱跨越溶洞，当溶洞很大、地质情况复杂时，隧道衬砌可采用拉杆拱、边墙梁、底板梁或整体式"管梁"结构跨越，有条件时可采用全长未胶结的自由受力锚索对溶洞与隧道连接处进行加固。但跨越的梁端或拱座必须置于稳固的基岩上。

4. 绕行

在工程施工遇到一时难以处理或处理起来费工费时的溶洞时，为不使工程陷于停顿，用迂回导坑的办法绕避溶洞，继续进行隧道前方的施工，并同时处理溶洞，以节省时间，加快施工进度，不致贻误工期。但必须注意迂回导坑不再遇到溶洞，同时在绕行开挖过程中，要防止洞壁失稳。

在施工中遇到特大溶洞或地质十分复杂的溶洞，处理非常困难时，经过对安全、技术、经济等方面作综合全面比较后，也可考虑局部改线以绕避溶洞。

（二）溶洞地段施工应注意的问题

在溶洞地段施工，可用地质雷达超前探测溶洞，当判断有岩溶水时，应利用超前的炮眼孔或预打的超前探水钻孔作涌水预报。探明开挖面前方几米到几十米的水情，防止突水事件的发生，同时也要防止在一次爆破后溶洞内填充物突然大量涌入隧道，以免造成严重损失。当反坡施工遇溶洞时，应准备足够数量的排水设备，确保施工安全。

开挖时若发现岩层硬度变化，钻头钻进速度忽快时，即可能遇上溶洞，应引起注意。溶洞顶危石，根据情况或予清除，或予支护，必要时及时处理。当溶洞较高且顶部破碎时，应先喷射混凝土加固，再在靠近溶洞顶部附近打入锚杆，并设置钢筋网和支架，及时支护。

在溶洞充填体中开挖，当充填物较松软时，可用插板法（如工型钢或槽型钢等）施工，并注意预留沉降量。当充填物为石块堆积时，可在开挖前预压砂砾及水泥砂浆加固。

在岩溶地区爆破，应多打眼，打浅眼，并控制药量，从而做到"短进尺，弱爆破，强支护"。对于溶洞范围，要设置明显标志，并经常检查，以防事故发生。

第七章　隧道附属设施工程

第一节　紧急停车带和避车洞

为了使隧道能够正常使用，保证列车安全通过，除了主体建筑物以外，隧道内还要设置一些附属建筑物。

较长的公路隧道中，需要设置紧急停车带作为避让车道，避免抛锚车辆长时间占据行车道。在长大隧道中，如果是两洞并行，则还需要在两洞之间设置行人横洞和行车横洞，作为紧急疏散和救援通道。

铁路隧道的附属设施主要包括：安全避让设施（大小避车洞）、排水设施和电力及通信信号的安放设施等。还有一些专门的构造设备，如洞门的检查梯、仰坡的截水沟、洞内变压器洞库、电力牵引接触网的绝缘梯车间、无人值守增音室等。一般应按照具体需要予以布置。

1. 公路隧道紧急停车带

紧急停车带就是专供紧急停车使用的停车位置。在隧道中，尤其在长大隧道中，当行驶的车辆发生故障时，故障车必须尽快离开行车道，停放紧急停车带，以减少交通堵塞，避免发生交通事故。因此，高速公路、一级公路的特长隧道和长隧道，应根据需要设置紧急停车带。对于 10 km 以上的特长隧道，还应考虑设置方向转换场地（或称回车道设施），使车辆能在发生火灾时避难成退避。

在区段范围内，隧道横断面加大，围岩相对稳定性降低，施工时应注意选择适当的开挖方法。

2. 铁路隧道避车洞

为了保证在隧道内工作的检查、维修人员能避让行驶中的列车，并存放必要的备用材料和作放小型维修机具，应在隧道全长范围内按一定间距设置避车洞。避车洞分为小避车洞和大避车派两种。专供洞内作业人员待避的称为小避车洞；既供洞内作业人员待避，又供停放、堆放一些必要的材料和线路维修小型机具的称为大避车洞。《公路隧道设计规范》（JTG D70-2004）规定，大、小避车洞应在隧道全长范围内，在两侧边墙上交错设置。其间距以一侧计：碎石道每隔 300 m、整体道每隔 420 m 设大避车洞一处；不分道味种类，每隔 60 m 设小避车洞一处；小避车洞的净空尺寸为宽 2 m，凹入边墙深 1 m，上为拱形，中心高 2.2 m；大避车洞净空尺寸宽 4 m，凹入边墙深 2.5 m，上为拱形，中心高 2.8 m。

一般来说，隧道长度在 300 m 以下时，可以不设大避车洞。长度在 300 ～ 400 m 范围内，可在随道中央设一处大避车洞。如隧道邻近有农村市镇，或曲线半径不大、视距较短时，可以适当增加 4 避车洞。

由于避车洞的修建，使得衬砌构造变得复杂，所以，为保证避车洞部位隧道衬砌的整体性，便其受力良好，避车洞洞壁应采用同级混凝土与隧道衬砌同时浇筑。避车洞不宜设在衬砌的伸缩或沉降缝的断面上，也不宜设在衬砌断面变化的衔接处。避车洞应位于道床及侧道内易于寻找、得以迅速奔向最近的地方，且可不跨越线路，在避车洞内及其周边应用石灰浆刷成白色，并在两侧睡离为 10 m 处的边墙上各绘一个白色的指向箭头，保证使避车洞的这些标志在运营期间鲜明醒目。

第二节　隧道防排水设施

一、隧道防水系统

（一）隧道洞身衬砌防水

1. 防水混凝土

衬砌自身防水一般可通过对其采用防水混凝土实现。

公路隧道工程的混凝土结构应符合《地下工程防水技术规范》中对防水混凝土的有关规定。

当采用复合式衬砌时，二次衬砌应满足抗渗要求。寒冷地区有冻害地段和最冷月份平均气温低于 −15℃ 的地区，混凝土的抗渗等级不低于 S8，其余地区不宜低于 S6。

2. 衬砌防水层

（1）防水层构造

地下水非常丰富、水压较大的地段及不适宜采用排水措施的隧道，或投入使用后洞内防潮要求较高的隧道，应采用全封闭的防水衬砌结构，另设置衬砌防水层增强防水效果。

防水层可为涂料防水层或卷材防水层。其中涂料防水层通常刷于衬砌结构的内表面；卷材防水层一般用于复合式衬砌，设置在初期支护与二次衬砌之间，材料为土工布及防水板，要求同时设系统盲管（沟）。卷材防水层应在拱部和边墙全断面铺设，并须选用耐老化、耐细菌腐蚀、易操作及焊接时无毒气的高分子柔性防水卷材，且其特性必须符合《聚氯乙烯（PVC）防水卷材》中各项指标的要求。系统盲管（沟）按规范每隔一定距离设置，并互相连通，泄水可沿连通道流入隧道内的排水沟中。

初期支护表面的各种突出物和二次衬砌中预埋的各种构件不能凿穿防水层，并应采用"无钉铺设"工艺铺设。

土工布在施工中不仅能保护防水板，而且能起到毛细渗水作用，故广为采用。

（2）防水层铺设工艺

防水层的铺设固定施工应遵循下面的规定。

①钢筋等凸出部分，先切断后用锤铺平，抹砂浆素灰。

②锚杆有凸出部分时，螺头顶预留 5 mm，切断后用塑料帽处理。

③补充喷射混凝土，使其表面平整圆顺，凹凸量不超过 ±5 cm。

④铺设防水层时，采用手动专用熔结器热熔在衬垫上，两者黏结剥离强度应大于防水层的抗拉强度。

⑤防水层之间采用双焊缝热熔黏结工艺黏结，双焊缝结合部位宽度 215 mm。

3. 接缝防水

隧道二次衬砌的施工缝、沉降缝和伸缩缝也应采取可靠的防水措施。

对于地下水丰富、水压较大的地段，隧道衬砌结构施工缝宜选用外贴式止水带与中埋式膨胀性橡胶止水条组合形式的防水构造，沉降缝宜选用外贴式止水带与中埋式橡胶止水带组合形式的防水构造。

对于地下水量小、水压不大的地段，隧道衬砌结构的施工缝可选用中埋式缓膨胀性橡胶止水条形式的防水构造，沉降缝宜选用中埋式橡胶止水带形式的防水构造。

（二） 注浆防水

当隧道施工可能造成水土流失，影响当地居民生产生活环境时，应在查明地下水流性质的基础上，有针对性地采取注浆堵水措施，以便最大限度地保证当地居民正常生产生活用水。

在地下水丰富但无排水条件，或者排水设施造价太高以及不允许排水的情况下，可采用注浆堵水。当隧道埋深在 50 m 以内时，可考虑在地表进行预注浆；当隧道埋深超过 50 m 以上时，应改为在开挖掌子面上进行预注浆。

在围岩破碎地段、断层破碎带、裂隙较多且易发生涌水和易坍塌的地段，可压注水泥砂浆或单液水泥浆防止渗漏和加固围岩，但宜结合集排水设施进行施工，防止因压浆而堵塞衬砌背后的排水管道，以达到预期效果；而当局部地段水量较大时，可采用双液（水泥和水玻璃）注浆或灌注化学浆液，加快凝胶时间，防止浆液流散。但对于粉砂、细砂地层，则不宜采用水泥系浆液防水。

当隧道施工遇到发生高压涌水危及施工安全时，应先采用排水方法尽量降低地下水的压力，然后采用高压注浆进行封堵。

有侵蚀性地下水时，应针对侵蚀类型采用抗侵蚀混凝土、压注抗侵蚀浆液或铺设抗侵蚀防水层。

当隧道位于常水位以下又不宜大量排泄地下水时，隧道衬砌应采用抗水压衬砌结构。

（三） 地表及洞口段防水

1. 地表及洞口防水注意事项

应注意的事项及相关措施如下。

（1）填平地表

对洞顶存在易于积水的坑洼、洞穴的地段应填平地表，以防止积水和下渗。

（2）采取措施防止地表水下渗

隧道施工中，对滞水洼地和渗水通道应采取填充、铺砌、勾补、抹面等措施处理。对洞顶钻孔等均应采用防水材料充填密实、封闭；同时注意在隧道进、出口段一定范围内，必要时应对地表采用注浆措施加固围岩地层。

（3）采取措施防止天然沟谷渗水

当洞顶有沟谷通过，且沟底岩石节理裂隙发育，使地表水对隧道影响较大时，可采用浆砌片石铺砌沟底，铺砌厚度不小于 30 cm。当沟底岩石破碎和隧道埋深浅时，应结合隧道支护设计采用注浆措施加固围岩。

（4）灌溉渠通过隧道顶部时改道，或施作铺砌

改道可避免其对围岩渗流产生影响，施作铺砌可改变渗流条件，减小其对围岩渗

流产生的影响。

（5）防止水土流失，保护自然环境

洞顶及其附近有井、泉、池塘、水库、水田或耕地等时，应考虑因修建隧道而造成地表水位和地下水位降低、井泉干枯、水土流失、影响居民生活和农田灌溉的可能性，并应采取相应措施防止由水土流失对周围自然环境产生严重影响。

2. 明洞防水

明洞一般采用明挖回填法施工，洞顶覆盖层普遍存在渗水通道，故明洞防水构造的特点如下。

（1）明洞外缘防水应采用全断面铺设宽幅高分子柔性防水卷材进行防水。

（2）洞顶回填土石表面一般应铺设黏土隔水层，且应与边坡地表搭接良好，以利泄水和防止地表水渗入地层。

（3）黏土隔水层表面宜种植草皮保护，防止雨水冲刷。

二、隧道排水系统

隧道排水系统宜按地下水和运营清洗污水、消防污水分开排放的原则进行设计，设置完善的纵横向排水沟管。可根据公路等级并结合路面横坡的变化情况，在隧道内行车道边缘设置双侧或单侧排水沟，路面结构下设置中心排水沟。水沟的侧面应留有足够的泄水孔，同时排水系统应具有方便的维修疏通设施。

隧道内纵向排水沟管的坡度应与路线纵坡一致。隧道内排水沟管过水断面的面积应根据水力计算确定。排水沟管应设置沉砂井、检查井，并铺设盖板，其位置、结构构造应考虑便于检查、维修和疏通。

寒冷和严寒地区的隧道，最冷月平均温度在 −15 ～ −10℃时，应采用双侧保温水沟；最冷月平均温度在 −25 ～ −15℃时，应采用中心深埋保温水沟；当最冷月平均温度低于 −25℃时，在主洞隧道以下应采用防寒泄水洞，其埋深以从行车道边缘算起大于隧道所在地区的冻结深度为宜。隧道内应根据实际情况设置防寒环向、纵向盲沟，洞外应设暗沟、保温出水口等排水设施，使隧道内外形成一个通畅、便于维修的防寒排水系统。

（一）洞口段排水系统

1. 洞口地表排水

隧道洞口应根据地形、地质、气象等情况，结合环境保护进行全面规划和综合治理，因地制宜地设置疏水、截水和引水设施。

洞顶天沟应设于边仰坡坡顶以外，一般沿等高线走向在路线一侧或两侧排水。距离坡顶一般应大于 5 m，黄土地区应大于 10 m。坡度应根据地形设置，但应大于 0.5 %，以免淤积。当纵坡过陡时，应设置急流槽或跌水连接。一般地面自然坡度大于 1：1 时，水沟应做成阶梯式，以减少冲刷。土质地段水沟纵坡大于 20 ％或石质地段水沟纵坡大于 40 ％时，应设置抗滑基座，以确保其纵向稳定。断面尺寸应根据流入截水沟的汇水区流量确定，水沟深度应高出计算水位 20 cm。一般底宽和深度均应大于 60 cm。水沟一般采用浆砌片石铺砌，厚度大于 30 cm，断面形式以梯形为主，石质地段可采用矩形。长度应以满足使边仰坡坡面不受冲刷为宜，下游应将水引至适当地点排泄，避免冲刷山体。流量较大时，不宜将水引入路基排水边沟排泄，而应根据地形将水引至附近沟谷或涵洞排除。

2．明洞排水

明洞应在开挖边坡以外设置天沟。路堑对称型、路堑偏压型均应于洞顶设置纵向排水沟，其沟底坡度与路线一致，且大于 5 ％。条件允许时，可在山坡较低一侧拉槽排水。洞顶排水沟一般采用梯形断面，浆砌片石厚度大于 30 cm，以防冲刷。明洞防水层外侧应间隔 2 ～ 3 m 环向设置干砌片石排水盲沟，盲沟用土工布包裹，直接将水引入设置在墙脚外侧的纵向排水花管。

（二）洞内排水系统

隧道洞内排水系统应能保证排水畅通，避免洞内积水。当隧道左右洞涌水量差异较大时，左右洞的排水设施宜统一进行设计。

围岩裂隙水宜采用盲沟引排，通过盲沟将水直接排入二次衬砌边墙墙脚外侧的纵向排水花管。排水盲沟管材有波纹塑料半圆管、软式透水管及各种新型排水管材等，可因地制宜选用。一般每隔 3 ～ 5 m 设一道，突出遵循"有水则设，无水则防"的动态设计原则。二次衬砌环向施工缝、沉降缝、变形缝处均宜加设排水盲沟。

分离式隧道可沿全长在二次衬砌两侧边墙墙脚的外侧设置 PVC 纵向排水半花管，上半断面眼孔直径 6 ～ 8 mm，间距 10 cm。对其需采用 PVC 排水管横向连通至中心排水沟或排水边沟，PVC 排水管的管径需根据水力计算确定。

连拱隧道需沿全长在中隔墙顶部两侧拱脚和边墙墙脚附近各设一道 PVC 纵向排水半花管，并对其采用 PVC 排水管横向、竖向连通至中心排水沟或排水边沟。PVC 管径需根据水力计算确定。连拱隧道应尽可能采用夹心式中隔墙的形式，以便能有效地解决中隔墙的防排水问题。

隧道内宜根据公路等级在行车道边缘设置双侧或单侧排水边沟，用于排放清洗和消防用水；同时设置中心排水沟，用于排放地下水。边沟一般采用钢筋混凝土结构，中心排水沟通常采用上半断面打孔的双壁波纹塑料管或钢筋混凝土管，水沟的侧面应留有足够的泄水孔。

隧道内的路面基层可采用厚 15 ～ 20 cm 的水泥处治碎石，其配合比按《公路水

泥混凝土路面设计规范》规定，以达到减少路面冒水和排泄地下水的目的；也可采用
12 ~ 20 cm素混凝土，并在基层顶部或底部设置横向排水盲管。

为了便于对排水管定期采用管道疏通机及时疏通，通常在二次衬砌的墙脚纵向间
隔50 ~ 100 m对称布设检查维修孔。排水管流出的水经检查孔由横向PVC排水管与
中心排水沟管连通，由其排出洞外。隧道内行车道边缘排水沟每50 m设一处铁箅子泄
水检查孔，中心排水沟每200 ~ 250 m设一处沉砂检查井，并铺设钢筋混凝土盖板。
由此使排水系统形成便于维修、疏通、检查且"始终通畅无阻"的网络系统，确保隧
道正常运营。

（三） 洞内外排水衔接

洞外路基排水边沟以外大于2 m的范围内，除石质坚硬、不易风化者外，均应采
用浆砌片石铺砌。当隧道洞口为反坡排水时，应结合实际地形等情况，采用可靠的截
水措施，以免路面水流进入隧道影响行车安全。

在寒冷或严寒地区应设置保温水沟，出水口应采用保温出水口。洞口检查井与洞
外暗沟连接时，其连接暗沟应采用内径大于40 cm的预制钢筋混凝土圆管。为加大水
流速度并防止水流冻结，暗沟坡度大于1 %，沟身应设置在当地冻结线以下。

三、施工期间排水措施

隧道施工期间的地下水、施工废水需要及时排出洞外。

（一） 隧道线路为上坡方向时

可采取顺坡自然排水方式，排水沟坡度与线路纵坡一致。有平行导坑时，可将正
洞的水引入平行导坑排出洞外。

（二） 隧道线路向下坡方向开挖称为反坡施工

当隧道较短、坡度又不大时，则在反坡施工时可修筑与路线纵坡相反的水沟进行
排水。但在一般情况下是需要机械排水的，此时可采用下述两种方式：

1. 分段开挖反坡水沟（反坡不小于2 %）

反坡水沟最大深度不宜超过0.7 m，据此分段，分段处设集水坑，每个集水坑配备
一台抽水机，由抽水机把水抽至下一段反坡水沟中，直至排出洞外。此法不需水管，
但抽水机较多，适用于较短隧道。

2. 开挖面用辅助抽水机抽到近处集水坑

集水坑设主抽水机，洞内可隔较长距离设一集水坑，主抽水机将集水坑的水排至
其他集水坑（当洞内不止一个集水坑时）或直接排至洞外。此时，抽水机数量减少，

但需安装排水水管，抽水机需随开挖面而拆除前移。此方式适于长隧道及涌水量较大时采用。

第三节　压缩空气供应任务

修建隧道时，为配合开挖、出渣、初期支护及内层衬砌等基本作业而进行的其他作业，称为辅我作业。辅助作业内容主要有：压缩空气供应、施工用水供应、施工用电供应，以及施工通风与防尘。

在隧道施工中，常用的以压缩空气为动力的风动机械有凿岩机、混凝土喷射机、锻钎机、压聚机等。这些风动机具所需的压缩空气是由空气压缩机（以下简称空压机）生产，并通过高压风管输送给风动机械的。

风动机械需要在一定的风压和风量条件下才能正常工作。因此，应注意保证压缩空气具有足够的工作风量和工作风压，同时还应尽量减少管路损失，以节约能源、降低消耗。

一、空压机站的生产能力

压缩空气由空压机生产供应。空压机一般集中安设在洞口外附近的空压机站内。空压机聲的生产能力取决于耗风量的大小，并考虑一定的备用系数。耗风量应包括隧道内同时工作的各料风动机械的生产耗风量和由储气筒到风动机具沿途的损失。根据计算确定空压机站的生产能力后，可选择合适的空压机和适当容量的贮风筒。当一台空压机的排气量不满足供风需要时，可选择多台空压机组成空压机组。此时，为便于操作和维修，宜采用同类型的空压机，考虑到在施工中风量负荷的不均匀，为避免空压机的回风空转，可选择一台较小排气量（一般为其他空压机容量的一半）的空压机进行组合。

空压机一般分电力和内燃两类。一般短隧道宜采用内燃空压机，长隧道宜采用电动空压机。当施工初期电力缺乏时，长隧道也可采用内燃空压机过渡。空压机站应设在空气洁净，通风良好，地基稳固且便于设备搬运之处，并尽量靠近洞口，以缩短管路，减少管道漏风损耗。当有多个洞口需集中供风时，应选择在适当位置，使管路损耗尽量减少。

二、高压风管道的设置

1. 管径选择

压风管道的选择，应满足工作风压不小于 0.5 MPa 的要求。空压机生产的压缩空气的压力一般为 0.7 ~ 0.8 MPa，为保证工作风压，钢管终端的风压不得小于 0.6 MPa，通过胶皮管输送至风动机具的工作风压不得小于 0.5 MPa。

压缩空气在输送过程中，由于管壁摩擦、接头、阀门等产生阻力，其压力会减少，一般称压力损失。根据达西公式，钢管的风压损失可按下式进行计算：

以上计算的压力损失值若过大，则需要选用较大管径的风管，从而减少压力损失值，使钢管末端风压不得小于 0.6 MPa。

胶皮风管是连接钢管与风洞机具的，由于其压力损失较大，一般应尽量缩短其使用的长度，从而保证压缩空气的工作压力不小于 0.5 MPa。

2. 管道安装注意事项

（1）管道敷设要求平顺、接头密封、防止漏风；凡有裂纹、创伤、凹陷等现象的钢管不能使用。

（2）在洞外地段，风管长度超过 500 m、温度变化较大时，宜安装伸缩器；靠近空压机 150 m 以内，风管的法兰盘接头宜用耐热材料制成垫片，如石棉衬垫等。

（3）压风管道在总输出管道上，必须安装总闸阀，以便控制和维修管道；主管上每隔 300 ~ 500 m 应分装闸阀；按施工要求，在适当地段（一般每隔 60 m）加设一个三通接头备用；管道前端至开挖面距离宜保持在 30 m 左右，并用高压软管连接分风器；分部开挖法通往各工作面的软管长度不宜大于 50 m，与分风器联结的胶皮软管长度不宜大于 10 m。

（4）主管长度大于 1 000 m 时，应在管道最低处设置油水分离器，定期放出管中聚积的油水，以保持管内清洁与干燥。

（5）管道安装前，应对其进行检查，钢管内不得留有残杂物和其他脏物；各种闸阀在安装前应拆开清洗，并进行水压强度试验，合格者方能使用。

（6）管道在洞内应敷设在电缆、电线的另一侧，并与运输轨道有一定距离，管道高度一般不应超过运输轨道的轨面，若管径较大而超过轨面，应适当增大距离。如与水沟同侧，不应影响水沟排水。

（7）使用管道时，应有专人负责检查、养护。

第四节　施工供水与排水任务

由于凿岩、防尘、灌注衬砌及混凝土养护、洞外空压机冷却等工作都需要大量用水，施工人员的生活也需要用水，因此要设置相应的供水设施。施工供水主要应考虑水质要求、水量的大小、水压及供水设施等几个方面的问题。本部分将从上述几个方面来讲述有关施工供水的基本知识。

一、水质要求

凡无臭味、不含有害矿物质的洁净天然水，都可以作为施工用水，对饮用水的水质则要求更为新鲜清洁。无论生活用水还是施工用水，均应做好水质化验工作。

二、用水量估算

1. 施工用水

施工用水与工程规模、机械化程度、施工进度、人员数量和气候条件等有关，因而用水量的变化幅度较大，很难估计准确，一般根据经验估计。

2. 生活用水

随着隧道施工工地卫生要求的提高，生活设施（如洗衣机等）配置的增多，耗水量也相应增多。因而生活用水量也有一定的变化，但幅度不大，一般可按照下列参考指标估算：生产工人平均 $0.10 \sim 0.15 \ m^3/$ 天，非生产工人平均 $0.08—0.12 \ m^3/$ 天。

3. 消防用水

由于施工工地住房均为临时住房，相应标准较低，除按消防要求在设计、施工及临时房布置等方面做好防火工作外，还应按临时建房屋每 3 000 m，消耗水量（15 ~ 20）L/s，灭火时间为 0.5 ~ 1.0 h 计算消防用水贮备量，以防不测。

三、供水方式及供水设备

1. 供水方式

供水方式主要根据水源情况而定。常用水源有山上泉水、河水和钻井取水。上述水源通过自流引导或机械提升到贮水池中贮存，并通过管路送达使用地点。针对个别缺水地区，则用汽车运水或长距离管路供水。

2. 贮水池

贮水池一般修建在洞口附近山上，并应避免设在隧道顶上或其他可能危及隧道安全的部位，其高差能保证最高用水点的水压要求。当采用机械或部分机械提升时，应备有抽水机。

3. 水泵与泵房

（1）扬程 H 的计算：

根据扬程及选用的钢管直径可选择合适的水泵。常用水泵有单级悬臂式离心水泵和分段式多级离心水泵，其规格、性能可查阅有关手册。

（2）泵房

临时抽水泵房的要求，可按临时房屋的有关规定办理。在安装水泵前，应按图纸检查基础的位置，预留管道孔洞等各部分尺寸是否符合要求，水泵底座位置经校核后，方能灌注水泥砂浆并固定地脚螺栓。

四、供水管道布置

（1）管道敷设要求平顺、短直且弯头少，干路管径尽可能一致，接头严密不漏水。

（2）管道沿山顺坡敷设悬空跨距大时，应根据计算来设立支柱承托，支撑点与水管之间加木垫；严寒地区应采用埋置或包裹等防冻措施，以防水管冻裂。

（3）水池的输出管应设总闸阀，以便维修和控制管道，干路管道每个 300-500 m 应安装一个闸阀。管道闸阀布置还应考虑一旦发生管道故障（如断管），能够暂时由水池或水泵房供水的布置方案。

（4）给水管道不应安设在电线路的同一侧，并应不妨碍运输和行人。一般应设专人负责检查养护，可与压风管道共同组织一个养护维修工班。

（5）输水钢管一般送至距开挖面 30 m 处，并安装分水器。在分水器上安设多个直径 50 mm 的分水接头，以便于连接高压软管，将水送至凿岩机。也要在输水管道中间适当位置预留分水接头，以便于中间其他工作用。中间分水接头管一般用卵 3 mm 球形阀门，间距不宜超过 50 m。

（6）如利用高山水池，其自然压头超过所需水压时，应进行减压。一般是在管路中段设中间水池作过渡站，也可直接利用减压阀来降低管道中水流的压力。

五、施工排水

施工期间的排水包括洞外排水和洞内排水两部分。

1. 洞外排水

施工期间的洞外排水，主要是做好洞口的防洪和排水设施，防止雨季到来时山洪或地面水倒流入洞。对于斜井、竖井尤其应多加注意。其次是将与地下水有补给关系的洼地、沟缝用黏土回填密实，并施作截水沟截流导排。

2. 洞内排水

洞内水主要来源于地下水和施工用水。对于有污染性的施工用水，应该按环境保护要求经净化处理后排入河流。

根据掘进方向与路线坡度之间的关系，施工期间的洞内排水可分为顺坡排水和反坡排水两种方式。

（1）顺坡排水。即进洞上坡，一般只需按路线设计坡度（不小于 0.5 %），在坑道一侧挖出纵向排水沟，水即可以沿沟顺坡排出洞外。若利用平行导坑排水时，则平导应较正洞低 0.2 ~ 0.6 m，使横通道也有一个顺坡，以利于排水。应当注意的是，一般将施工排水沟挖在结构排水沟的位置上。

（2）反坡排水。即进洞下坡，此时水向工作面汇集，需用抽水机排水。反坡排水有两种方式：分段开挖反坡侧沟和隔较长距离开挖集水坑。

应当注意的是，进洞下坡施工的速度，应配备足够的排水设施即留一定的备用抽水机。必要时，应在开挖面上钻深眼探水，防止突然遇到地下水囊、暗河等淹没坑道造成事故。

第五节　供电及照明

随着隧道施工机械化程度的提高，隧道施工的耗电量也越来越大，且负荷集中。同时，为保讯施工质量和施工安全，对隧道施工供电的可靠性要求也越来越高，因而施工供电显得越来越重要。

一、电缆槽

照明、通信、信号以及电力等各种电缆穿过隧道时，必须有一定的保护措施，以防止因潮湿、膺烂以及人为破坏而出现的漏电、触电等事故。电缆槽就是沿着衬砌边墙下方设置的用于放置和保护各种电缆的沟槽。电缆槽一般设置在排水沟的外侧紧邻边墙角的位置。电缆槽槽身为混凝土现浇，盖板则是钢筋混凝土板，盖板起防护作用。

电缆槽又分为通信电缆槽和电力电缆槽，二者必须分开设置。通信电缆或公路、铁路信号电缆可以放在同一个电缆槽内细砂垫层面上，也可以搁置在槽内支架上，但电缆间距应不小于 100 mm。电力电缆必须单独放置在另外的电力电缆槽内，并且必须搁置在槽内支架上，支架的间隔按设计要求安装。此外，由于电缆转弯和维修接续，电缆槽每隔一定长度还应设置电缆余长腔，且转弯半径不允许小于 1.2 m，以免弯曲折断。

二、施工总用电量估算

在施工现场，首先要确定总用电量。以便选择适合的发动机、变压器、各类开关设备和线路导线，做到安全、可靠地供电，减少投资，节约开支。确定现场供电负荷的大小时，不能简单地将所有用电设备的容量相加。因为在实际生产中，并非所有设备都同时工作，另外，处于工作状态的用电设备也并非处于额定工作状态。

三、供电方式

隧道施工供电方式有自设发电站供电和地方电网供电两种。一般应尽量采用地方电网供电，只有在地方供电不能满足施工用电需要或距离地方电网太远时，才自设发电站。此外，自发电可作为备用，当地方电网供电不稳定时采用。在有些重要施工场所，还应设置双回路供电网，以保证供电的稳定性。

第六节　通风与防尘

一、隧道施工作业环境

隧道通风可分为施工期间的通风和运营期间的通风。施工期间的通风是临时性的，隧道施工中，由于炸药爆炸、内燃机械的使用、开挖时地层中放出有害气体，以及施工人员呼吸等因素，使狷内空气十分污浊，对人体的影响较为严重。通风可以有效地降低有害气体的浓度，供给足够的菘鲜空气，稀释并排除有害气体和降低粉尘浓度，降低洞内温度、湿度，改善劳动条件，保障作业人员的身体健康。隧道运营期间的通风则应满足铁路或公路隧道运营通风设计规范的相应要求。

实际隧道施工中，最常使用的是采用轴流式风机配软管压入式通风，较少采用自然通风。按照有关规定，隧道施工作业环境必须符合下列卫生标准：

（1）坑道中氧气含量：按体积计，不得低于 20%。

（2）粉尘允许浓度：每立方米空气中含 10% 以上游离二氧化硅的粉尘为 2 mg；含 10% 以下源离二氧化硅的水泥粉尘为 4 mg；二氧化硅含量在 10% 以下，不含有毒物质的矿物性和动植物性由粉尘为 10 mg。

二、通风方式

施工通风方式应根据隧道的长度、掘进坑道的断面大小、施工方法和设备条件等诸多因素来确定。在施工中，有自然通风和强制机械通风两类，其中自然通风是利用洞室内外的温差或风压差来实现通风的一种方式，一般仅限于短直隧道，且受洞外气候条件的影响极大，因而完全依赖于自然通风是较少的，绝大多数隧道均应采用强制机械通风。

1. 机械通风方式的种类

机械通风方式可分为管道通风和巷道通风两种。

（1）管道通风根据隧道内空气流向的不同又可分为压入式、吸出式和混合式三种，这些方式，根据通风机（以下简称风机）的台数及其设置位置、风管的连接方法的不同又分为集中式和串联（或分散）式；根据风管内的压力不同还可分为正压型和负压型。

（2）巷道式通风方式是利用隧道本身（包括成洞、导坑及扩大地段）和辅助坑道（如平行导坑）组成主风流和局部风流两个系统，二者相互配合以达到通风目的。下面以设有平行导坑的隧道为例来说明一个风流循环系统的组成：在平行导坑的侧面开挖一个通风洞，在通风洞口安装主通风机，在平导洞口设置两道风门，除将最里面一个横通道作为风流通道外，其余横通道全部设风门或砌筑堵塞。

当主通风机向外抽风时，平导内产生负压，洞外新鲜空气向洞内补充，由于平导口及横通道全部风门关闭或砌堵。新鲜空气只得由正洞进入，直至最前端横通道，带动污浊气体经平导进入通风洞排出洞外，形成循环风流，以达到通风目的。

另外，巷道通风尚有风墙式、通风竖井、通风斜井、横洞等。但随着目前我国巷道式通风独头掘进技术的提高，开挖断面的增大，通风方式更趋向于采用大功率、大管径的压入式通风。

2. 通风方式的选择原则

通风方式的选择应针对污染源的特性，尽量避免成洞地段的二次污染，且应有利于快速施工。因而在选择时应遵循以下原则：

（1）自然通风因其影响因素较多，通风效果不稳定且不易控制，故除短直隧道外，应尽量避免采用。

（2）压入式通风又称为射流纵向式通风，它能将新鲜空气直接输送至工作面，有利于工作面施工，但污浊空气将流经整个坑道。若采用大功率、大管径，其适用范围较广。

（3）吸出式通风的风流方向与压入式相反，但其排烟速度慢，且易在工作面形成炮烟停滞区，故一般很少单独使用。

（4）混合式通风机集压入式和吸出式的优点于一身，但管路、风机等设施较多，在管径较小时可采用，若有大管径、大功率风机时，其经济性不如压入式。

（5）利用平行导坑做巷道通风，是解决长隧道施工通风的方案之一，其通风效果主要取决于通风管理的好坏。若无平行导坑，如断面较大，可采用风墙式通风。

（6）选择通风方式时，一定要选用合适的通风机和风管等设备，同时要解决好风管的连接，尽量减少漏风率。

（7）做好施工中的通风管理工作，对设备要定期检查，及时维修.加强环境监测，使通风效果更加经济合理。

三、防尘措施

在隧道施工中，由于钻眼、爆破、装渣、喷混凝土等原因，在洞内空气中飘浮着大量的粉尘；这些粉尘对施工人员的身体健康危害极大，特别是粒径小于 10 ｐ m 的粉尘，极易被人吸入，沉积于支气管或肺泡表面。隧道施工人员常见的矽肺病就是因此而形成的，此病极难治愈，病情严重时会使肺功能完全丧失而死亡。因而，防尘工作是十分重要的。

目前，在隧道施工中采取湿式凿岩、机械通风、喷雾洒水和个人防护结合的综合性防尘措施。

1. 湿式凿岩

湿式凿岩，就是在钻眼过程中利用高压水湿润粉尘，使其成为岩浆流出炮眼，防止了岩粉的飞扬。根据现场测定，这种方式可降低 80 % 粉尘量。目前，我国生产并使用的各类风钻都有给水装置，使用方便。

对于缺水、易冻害或岩石不适于湿式钻眼的地区，可采用干式岩凿孔口捕尘，其效果也较好。

2. 机械通风

机械通风可以稀释隧道内的有害气体浓度，给施工人员提供足够的新鲜空气，同时也是防尘的基本方法。因此，除爆破后需要通风外，还应保持通风的经常性，这对于消除装渣运输中产生的粉尘是十分必要的。

3. 喷雾洒水

喷雾一般是爆破时实施的，主要是防止爆破中产生粉尘浓度过大。喷雾器分两大类，一种是风水混合喷雾器，另一种是单一水力作用喷雾器。前者是利用高压风将流入喷雾器中的水吹散而形成雾粒，更适合于爆破作业时使用；后者则无需高压风，只需一定的水压即可喷雾，且这种喷雾器便于安装，使用方便，可安装于装渣机上，故适合于装渣作业时使用。

洒水是降低粉尘浓度的简单而有效的措施，即使在通风较好的情况下，洒水降尘也仍然需要。因为单纯加强通风，还会吹干湿润的粉尘而重新飞扬。对渣堆洒水必须分层洒透，一般每吨岩石洒水为 $10 \sim 20\,\mathrm{L}$，如果岩石湿度较大，水量可适当减少。

4. 个人防护

对于防尘而言，个人防护主要是指佩戴防护口罩，在凿岩、喷混凝土等作业时还要佩戴防噪声的耳塞和防护眼镜等。

第八章　隧道施工安全风险管理

第一节　隧道施工人员安全教育

一、安全生产的方针

施工安全生产必须坚持"安全第一、预防为主"的方针。"安全第一"是原则和目标，是从保护和发展生产力的角度，明确了生产与安全的关系，肯定了安全在建设工程生产活动中的重要地位。

"安全第一"的方针，就是要求所有参与工程建设的人员，包括管理者和从业人员以及对工程建设活动进行监督管理的人员都必须树立安全的观念，不能为了经济的发展而牺牲安全。当安全与生产发生矛盾时，必须先解决安全问题，在保证先解决安全的前提下从事生产活动。

"预防为主"的手段和途径，是指在生产活动中，根据生产活动的特点，对不同的生产要素采取相应的管理措施，有效地控制不安全因素的发展和扩大，把可能发生的事故消灭在萌芽状态，以保证生产活动中人的安全与健康。对于施工活动而言，"预防为主"就是必须预先分析危险点、危险源、危险场地等，预测和评估危害程度，发现和掌握危险出现的规律，制订事故应急预案，采取相应措施，将危险消灭在转化为事故之前。

总之，"安全第一、预防为主、综合治理"的方针体现了国家在建设工程安全生产过程中"以人为本"，保护劳动者权利、保护社会生产力、促进社会全面进步的指导思想，是建设工程安全生产的基本方针。

二、安全生产十大纪律

①项目员工必须遵守安全生产规章制度。

②进入施工现场，必须戴安全帽，高空作业必须系好安全带。

③酒后、带小孩者不准进入施工现场。

④严禁赤膊、赤脚、穿拖鞋上班。

⑤严禁在施工现场打闹。

⑥特种作业人员必须持证上岗，严禁无证人员独立顶岗作业。

⑦油库、防火禁区、木工厂不准吸烟或明火作业。

⑧高空作业不准往下或向上抛掷材料和工具等物体。

⑨各种电动机械设备，必须有可靠有效的安全措施和防护装置，方能开动使用。

⑩吊装设备未经检查（或试吊）不准吊装，吊装区域非操作人员严禁入内。

三、隧道施工企业安全规章制度

（一）杜绝"三违"现象

1. 违章指挥

单位负责人和有关管理人员指挥职工冒险蛮干，思想上存有侥幸心理，法制观念淡薄，缺乏安全知识，对国家、集体财产和职工的生命安全不负责任，劳动保护措施不落实，安全检查人员工作不扎实，事故隐患整改不及时等。

2. 违章作业

违章操作，无章可循。没有形成一套完善的安全管理制度和操作规程；有的把其他企业安全管理制度和操作规程拿来照搬照抄，其内容的针对性和适应性差。

3. 违反劳动纪律

在班时脱岗和串岗，班前酗酒、熬夜，上班时体力不支；职工碰到过节、农村大忙和婚丧喜事，在班期间精力不集中；闲杂人员进入施工区等。

（二）三不伤害

三不伤害就是"不伤害自己、不伤害别人、不被别人伤害。"自己不违章，只能保证不伤害自己，不伤害别人。要做到不被别人伤害，这就要求我们要及时制止他人违章。制止他人违章既保护了自己，也保护了他人。

（三）"五必须"

1. 必须遵守厂纪厂规。
2. 必须经安全生产培训考核合格后持证上岗作业。
3. 必须了解本岗位的危险危害因素。
4. 必须正确佩戴和使用劳动防护用品。
5. 必须严格遵守危险性作业的安全要求。

（四）"五严禁"

1. 严禁在禁火区域吸烟、动火。
2. 严禁在上岗前和工作时间饮酒。
3. 严禁擅自移动或拆除安全装置和安全标志。
4. 严禁擅自触摸与己无关的设备、设施。
5. 严禁在工作时间串岗、离岗、睡岗或嬉戏打闹。

（五）"四有四必"

1. 有台必有拦。
2. 有洞必有盖。
3. 有轴必有套。
4. 有轮必有罩。

（六）开工前完工后的安全检查

1. 开工前

了解生产任务、作业要求和安全事项。

2. 工作中

检查劳动防护用品穿戴、机械设备运转安全装置是否完好。

3. 完工后

（1）应将阀门、开关关好：气阀、水阀、煤气、电气开关等。
（2）整理好用具和工组箱，放在指定地点。
（3）危险物品应存放在指定场所，填写使用记录，关门上锁。

（七）从业人员的权利和义务

1.“八大权利”

（1）知情权。

（2）建议权。

（3）批评、检举、控告权。

（4）拒绝权。

（5）紧急避险权。

（6）获得赔偿权。

（7）获得教育培训权。

（8）获得劳防用品权。

2. 三项义务

（1）遵章守纪，服从管理义务。

（2）学习安全知识，掌握安全技能义务。

（3）险情报告义务。

四、几种通用作业的安全要求

（一）用电安全基本要求

车间内的电气设备不要随便乱动，发生故障不能带病运转，应立即请电工检修。经常接触使用的配电箱、闸刀开关、按钮开关、插座以及导线等，必须保持完好。

需要移动电气设备时，必须先切断电源，导线不得在地面上拖来拖去，以免磨损，导线被压时不要硬拉，防止拉断。

打扫卫生、擦拭电气设备时，严禁用水冲洗或用湿抹布擦拭，以防发生触电事故。停电检修时，应将带电部分遮拦起来，悬挂安全警示标志牌。

（二）防火安全要求

1. 燃烧的原理

火种 + 可燃物 + 助燃物 = 火。

2. 可能诱发火灾的情况

（1）电气设备超负荷、短路、接触不良以及雷击、静电火花等，可能使可燃气体或可燃物燃烧。

（2）靠近火炉或言道的木板、积聚在蒸汽管道上的可燃粉尘、纤维等。

（3）某些物质接触，可能引起自燃。

3. 扑救火灾的原则

（1）边报警，边扑救。

（2）先控制，后灭火。

（3）先救人，后救物。

（4）防中毒，防窒息。

（5）听指挥，莫惊慌。

（三）煤气使用安全要求

不得私自安装、移动和改装煤气设备。

不得在煤气管道附近堆放易燃易爆物品。

严格遵守先点火、后开气的"火等气"的操作步骤。

发现煤气泄漏，应立即关闭煤气阀门并通风，不要吸烟、开灯或关灯、打手机、起动电气设备。

定期检查煤气管道接口的橡胶软管，发现送动、压扁、老化等要及时更换。

下班前要进行安全检查，关闭阀门。

预防滑倒及摔倒安全措施液体溢出，迅速擦干净。

保持地面清洁和干燥。

在瓷砖等光滑面上应小心行走。

要走动，不要跑动。

（四）人员防护用品

1. 安全帽

进入施工场地的施工人员必须戴符合国家标准的合格安全帽。

项目部统一要求：所有管理人员佩戴白色安全帽，工人佩戴黄色的安全帽，特种工种佩戴蓝色安全帽。

2. 安全眼镜

进行可能对眼部有伤害的工作时，如：敲凿地面，施工人员必须佩戴安全防护眼镜，防护眼镜的材质要求耐冲击而不易碎，必须有侧面防护（如巴固防护眼）。

3. 安全鞋

进入施工场地的施工人员必须穿安全鞋，禁止穿拖鞋上岗。

安全鞋的主要要求：

（1）应装有防砸内包头。

（2）鞋底防穿刺。

（3）鞋底应有防滑齿或防滑花纹。

4. 工作服

进入现场的施工人员必须穿统一工作服。

5. 安全带

进行高空作业必须带符合国家标准的双绳安全带，必须束腰绑腿。

正确使用安全带的方法：

（1）使用前检查安全带各部分是否安好无损。

（2）两根保险绳使用中分别高挂，避免相互钩挂。

（3）移动中应保证有一根保险绳高挂在安全可靠的物体上。

（4）使用后将安全带束起，存放在干燥、通风处。

6. 防护面罩

进行特殊工种作业时应佩戴相应的防护面罩。

（1）无齿切割、打磨时必须佩戴全面型护面罩。

（2）进行焊接时必须佩戴头戴式焊接防护面罩。

7. 耳塞

进行锤凿、切割等具有较大噪音的工作时，操作人及周边人员必须佩戴耳塞。

8. 手套

（1）进行电焊、气割时必须佩戴专业手套。

（2）操作某些电动工具时应佩戴高压绝缘手套，如：电动打夯机、电动振动棒等。

（3）进行搬运、拆除等容易伤及手部的工作时应佩戴橡胶涂层手套。

9. 口罩

对于某些灰尘较多或具有刺激性气味的工作（如喷锚）必须佩戴口罩。

（五）高空作业

凡在坠落高度基准面 2 m 以上（包含 2 m）有可能坠落的高处进行作业，都称为高空作业。

1. 使用梯子进行高空作业

使用梯子进行高空作业时应注意：

（1）使用前先检查。

（2）上下梯子时，手上不要拿任何物体，要使用绳索吊运物体。

（3）在梯子上工作时要面对梯子，并使用双绳安全带。

（4）任何时候只能一人在梯子上工作。

（5）电焊，接近任何电线或电器维修时，不可使用金属梯。

2. 使用脚手架的高空作业脚手架安全措施：

（1）搭设脚手架时基础必须坚实。

（2）钢管底部使用木板或铁板作为垫木。

（3）脚手架立管要垂直，横管要水平，各自间距必须符合规范要求。

（4）所使用的钢管不能有裂缝，弯曲变形。

（5）脚手架工作平台必须有齐腰高的两道护栏，必须满铺跳板，必须有踢脚板。

（6）脚手架必须有上下爬梯，不能捆绑木梯使用。

（7）脚手架上工作人员必须佩戴双绳安全带。

（8）对于可以移动式脚手架必须有制动装置，移动时所有人员必须下来。

（六）动火作业

1. 无齿切割

使用电动无齿切割机或手持式切割机进行切割作业时，必须注意以下几方面：

（1）检查设备是否处于良好的工作状态，各部分是否完好无损。

（2）工作时要清理工作区域的易燃物品。

（3）要设置一定数量的合格灭火器。

（4）操作人员必须戴全面型防护面罩，戴手套及耳塞。

（5）工作时防火员必须在场。

（6）工作完毕后，要仔细检查工作区域，确认无隐患后方可离去。

2. 电焊

进行焊接作业时，必须注意以下几方面：

（1）检查焊机是否处于良好的工作状态，焊机的所有外露带电部分，必须有完好的隔离防护装置，焊机的接线柱、极板和接线端应有防护罩，电源线、焊把线、地线接头处不能有裸露现象，电焊机必须安设保护性接地。焊把必须完好，地线必须使用专用钳子。

（2）工作区域必须进行围护，将易燃物品清理。

（3）设置一定数量的合格灭火器。

（4）操作人员必须持证上岗，必须戴头戴式焊接面罩，戴专用焊接手套。

（5）工作地点潮湿时，地面应铺有橡胶板或其他绝缘性材料。

（6）工作时防火员必须在场。

（7）焊接完毕后要仔细检查工作区域，确认无隐患后方可离去。

3. 气割

进行气割作业时，必须注意以下几方面：

（1）工作时氧气、乙炔气瓶必须直立放置并固定在稳定的物体上，同时两个气瓶要分开 5 m 左右放置并远离其他动火作业，移动气瓶时必须使用专用小车。

（2）乙炔气瓶必须有回火装置。

（3）表盘必须处于正常的工作状态。

（4）管子不能有破损，连接处要使用专用卡箍，不能用铁丝或其他东西捆绑。

（5）工作前清理工作区域内的易燃物品，并对工作区域进行围护。

（6）设置一定数量合格的灭火器。

（7）操作人员必须持证上岗，必须戴专用防护眼镜、专用工作手套。

（8）工作时防火员必须在场。

（9）工作完毕后，必须仔细检查工作区域，确认无隐患后方可离去。

（七）施工临时用电

1. 配电箱

（1）总配电箱应设置在靠近电源的地点，分配电箱应设置在用电设备或负载相对集中的地方。

（2）配电箱必须防雨、防尘，箱门必须配锁。

（3）配电箱内的电器设备必须完好可靠，不准使用破损、不合格的电器，空气开关及漏电保护器必须按规范进行安装和使用。

（4）配电箱必须有接地线，必须实行"一机一闸一箱一漏"制，严禁同一个开关电器直接控制二台及二台以上用电设备。

（5）所有配电箱必须每月进行检查和维修，检查和维修人员必须是专业电工。

2. 临时线

施工现场所使用的临时线缆必须完好，不能有破皮、裸露现象，所有线缆必须架空，架空高度 2 m 以上。

（八）安全色

安全色是表示安全信息含义的颜色，表示禁止、警告、指令、提示等。安全色规定为：红、蓝、黄、绿四种颜色。

1. 红色

表示禁止、停止，主要用于禁止标志，停止信号。

2. 蓝色

表示指令必须遵守的规定，主要用于指令标志，如：必须佩戴个人防护用具。

3. 黄色

表示警告、注意，主要用于警告标志。

4. 绿色

表示提示安全状态，主要用于提示标志、安全通道等。

（九）红色警示带

用红色警示带进行围护的区域表示该区域危险，禁止进入或穿越（主要用于爆破作业区域隔离）。

（十）黄色警示带

用黄色警示带进行围护的区域表示该区域危险，提示注意安全。

（十一）施工现场防火

施工现场明火作业，需经工区批准，做好防护措施并派专人看火（监护）后，方可操作。

每日作业完毕或焊工离开现场时，必须确认用火已熄灭，周围无隐患，电闸已拉下，门已锁好，确认无误后，方可离开。

焊、割作业不准与油漆、防水、木料加工等易燃、易爆作业同时上下交叉作业。

高处焊接下方设专人监护，中间应有防护隔板。

进入施工现场作业区，特别是在易燃、日爆物周围，严禁吸烟。

施工现场电气发生火情时，应先切断电源，再用沙土，二氧化碳、"1211"或干粉灭火器进行灭火。不要用水及泡沫灭火器进行灭火，以防止发生触电事故。

施工现场放置消防器材处，应设明显标志，夜间设红色警示灯，消防器材需垫高放置，周围 3 m 内不得存放任何物品。

当现场有火险发生时，不要惊慌，应立即取出灭火器或接通水源扑救。当火势较大，现场无力扑时，立即拨打 119 报警，讲清火警发生的地点、情况、报告人及单位等。

（十二）钻眼规定

钻眼前，应首先检查工作面是否处于安全状态，灯光照明是否良好，支护、顶板及两帮是否牢固，有无松动的岩石，如有松动的岩石应及时支护或清除；检查加固操作平台，确定钻眼作业不变形不垮塌。

钻孔台车、风钻、电钻钻眼前应对设备工具作下列检查，不合格的须立即修理或更换。其中风钻：

1. 机身、螺栓、卡套、弹簧、支架是否牢固。

2. 管路是否良好，连接是否牢固。

3. 钻杆有无不直、带伤以及钎孔是否有堵塞塌孔现象。

使用支架的风钻钻眼时，应将支架安置稳妥。站在碴堆上钻眼时，应注意石碴的稳定，防止操作中滑塌伤人。

严禁在残眼中继续钻眼。

不应在工作面拆卸修理风钻。

进洞施工人员必须戴安全帽、防护手套、穿工作服；电工和电钻工还应穿绝缘鞋和戴绝缘手套。

（十三）　装渣作业规定

装渣前及过程中，要随时注意围岩的稳定情况，发现有松动征兆时必须处理后装渣。

装载机工作时严禁在其范围内有人员通过。

装渣过程中发现有残留的炸药雷管，应立即处理。

辅助人员应随时留心机械的运行情况，防止挤碰。

（十四）　运渣规定

运渣为机动车牵引运输，非值班司机不得驾驶。

司机不得擅离岗位，当离开时，应切断电源，拉紧车闸，开两车灯。

（十五）　支护规定

在渣堆上作业时，应避免踩踏活动的岩块。

在梯架上作业时，安置应稳妥，应有专人监护。

清除开挖面上的松动岩体。

施工期间，应对支护的状态进行检查，发现变形或损坏时立即休整加固。

洞内水平坑道与辅助坑道（横洞平行导坑）连接处，应加强支护或及早进行永久衬砌。

当发现以喷锚区段的围岩有较大变形或锚杆失效时，应立即会同技术人员分析研究并采取有效措施。

当发现围岩有变化时，立即采取应急措施，或通知施工人员暂撤离危险地段。

在不良地质隧道中喷锚支护应有钢架支撑备品，以应急需。

应把喷层的异常裂缝作为主要安全检查内容之一，经常进行观察与检查，并作为施工危险信号引起警惕，尤其是全断面开挖的拱圈、拱顶部分不得因高、难而省略检查。

支撑抽换、拆除时应"先顶后拆"，先设辅助支撑将横梁托稳后再进行，以防围岩松动坍塌。

喷锚地段的危石应及时处理完毕，脚手架、防护栏杆、照明设施应符合安全要求。工作中应严格执行下列规定：

1. 喷射混凝土时，喷射手应佩带防护面罩、防水披肩、防护眼睛、防护口罩、乳胶手套。

2. 喷射机械必须定机、定人、定岗，认真执行安全操作规程，坚持交接班，并作好书面记录。

3. 向锚杆孔压注砂浆，压力应不大于 0.2 mpa，注浆管喷嘴，严禁对人放置，在未打开风阀前不得搬运或关启封盖。

4. 钢支撑支护时，应按高空作业计划。根据作业环境和作业程度，对构件倒塌、歪曲、落石掉块、人员坠落、表层岩坍落、混凝土硬化不充分产生剥落和由于不正确姿势作业造成跌落和坠落等，要有超前的预防措施。

（十六）仰拱规定

仰拱施工时，仰拱距离掌子面安全距离不得超过：Ⅲ级不应大于 70 m，Ⅳ级、Ⅴ级不应大于 35 m。

仰拱开挖后，必须设置明显的警示标识。

（十七）混凝土班组规定

离地面 2 米以上浇灌时，不准站在搭头上操作，如无可靠的安全设备时，必须戴好安全带，并扣好保险钩。

使用振动机前应先检查电源电压，输电必须安装漏电开关，保护电源线路是否良好。

电源线不得有接头，机械运转应正常。振动机移动时不能硬拉电线，更不能在钢筋和其他锐利物上拖拉，防止割破、拉断电线而造成触电伤亡事故。

使用振动机的工人应手戴绝缘手套，脚穿绝缘橡胶鞋。

严禁酒后上班。

严禁安全帽放在一边不佩戴。

所有的工人都不得从高处向下扔掷模板、工具等物体。

严禁操作人员在酒后进入施工现场作业。

（十八）钢筋班组规定

钢材、半成品等应按规格、品种分别堆放整齐。制作场地要平整，操作台要稳固，照明灯具必须加网罩。

拉直钢筋，卡头要卡牢，地锚要结实牢固，拉筋沿线 2 m 区域内禁止行人。人工绞磨拉直，禁止用胸、肚接触推杆；并缓慢松解，不得一次松开。

展开圆盘钢筋要一头卡牢，防止回弹，切断时要先用脚踩牢。

在高空、深坑绑扎钢筋和安装骨架，须搭设脚手架和马道。

焊接钢筋时，焊机应设在干燥的地方；焊机要有防护罩并放置平稳牢固，电源通过漏电保护器，导线绝缘良好。

电焊时应戴防护眼镜和手套，并站在胶木板或木板上。电焊前应先清除易燃易爆物品，停工时，确认无火源后，方准离开现场。

钢筋切断机应机械运转正常，方准断料。手与刀口距离不得少于 15 cm。电源通过漏电保护器，导线绝缘良好。

电机外壳必须做好接地，一机一闸，严禁把闸刀放在地面上，应挂 1.5 m 高的地方，并有防雨棚。

严禁操作人员在酒后进入施工现场作业。

每个工人进入施工现场都必须头戴安全帽。

（十九）电工

电工作业必须经专业安全技术培训，考试合格，持《特种作业操作证》方准上岗独立操作。非电工严禁进行电气作业。

电工作业时，必须穿绝缘鞋、戴绝缘手套，酒后不准操作。

所有绝缘、检测工具应妥善保管，严禁他用，并应定期检查、校验。保证正确可靠接地或接零。所有接地或接零处，必须保证可靠电气连接。保护线 PE 必须采用绿/黄双色线，严格与相线、工作零线相区别，不得混用。

电气设备的设置、安装、防护、使用、维修必须符合《施工现场临时用电安全技术规范》（JGJ46—88）（以下简称《规范》）的要求。

在施工现场专用的中性点直接接地的电力系统中，必须采用 TN-S 接零保护。

电气设备不带电的金属外壳、框架、部件、管道、金属操作台和移动式碘钨灯的金属柱等，均应做保护接零。

定期和不定期对临时用电线路的接地、设备绝缘和漏电保护开关进行检测、维修，发现隐患及时消除，并建立检测维修记录。

工程竣工后，临时用电线路拆除，应按顺序先断电源后拆除。不得留有隐患。

施工现场照明应采用高光效、长寿命的照明光源。工作场所不得只装设局部照明，对于需要大面积的照明场所，应采用高压汞灯、高压钠灯或碘钨灯，灯头与易燃物的净距离不小于 0.3 m。流动性碘钨灯采用金属支架安装时，支架应稳固，灯具与金属支架之间必须用不小于 0.2 m 的绝缘材料隔离。

室内照明灯具距地面不得低于 2.4 m。每路照明支线上灯具和插座数不宜超过 25个，额定电流不得大于 15 A，并用熔断器或自动开关保护。

一般施工场所宜选用额定电压为 220 V 的照明灯具，不得使用带开关的灯头，应选用螺口灯头。相线接在与中心触头相连的一端，零线接在与螺纹口相连的一端。灯头的绝缘外壳不得有损伤和漏电，照明灯具的金属外壳必须做保护接零。单项回路的照明开关箱内必须装设漏电保护开关。

照明线路不得拴在金属脚手架、塔吊和龙门架上，严禁在地面上乱拉、乱拖。灯具需要安装在金属脚手架、塔吊和龙门架上时，线路和灯具必须用绝缘物与其隔离开，且距离工作面高度在 3 m 以上。控制闸刀开关应配有熔断器和防雨措施。

施工现场的照明灯具应采用分组控制或单灯控制。

架空线路的干线架设（380/220V）应采用铁横担、瓷瓶水平架设，挡距不大于 35 m，线间距离不小于 0.3 m。

架空线路必须采用绝缘导线。架空绝缘铜芯导线截面积不小于 10 mm^2 在跨越管道的挡距内，铜芯导线截面积不小于 16 mm^2 导线不得有接头。

架空线路距地面一般不低于 4 m，过路线的最下一层不低于 6 m。多层排列时，上、下层的间距不小于 0.6 m。高压线在上方，低压线在下方。

电缆干线应采用埋地或架空敷设，严禁沿地面明敷设，并应避免机械损伤和介质腐蚀。

有接头的电缆不准埋在地下，接头处应露出地面，并配有电缆接线盒（箱）。电缆接线盒（箱）应防雨、防尘、防机械损伤，并远离易燃、易爆、易腐蚀场所。

电缆穿越构造物、道路、易受机械损伤的场所及引出地面从 2 m 高度至地下 0.2 m 处，必须加设防护套管。

（二十）电焊工班组规定

必须遵守焊、割设备一般安全规定及电焊机安全操作规程。

电焊机外壳，必须接地良好，其电源的装拆应由电工进行。

电焊机要设单独的开关，开关应放在防雨的闸箱内，拉合时应戴手套侧向操作。

焊钳与把线必须绝缘良好，连接牢固，更换焊条应戴手套，在潮湿地点工作，应站在绝缘胶板或木板上。

严禁在带电和带压力的容器上或管道上施焊，焊接带电的设备必须先切断电源。

焊接贮存过易燃、易爆、有毒物品的容器或管道，必须清除干净，并将所有孔口打开。

焊接预热工件时，应有石棉布或挡板等隔热措施。

把线、地线禁止与钢丝绳接触，更不得用钢丝绳索或机电设备代替零线，所有地线接头，必须连接牢固。

更换场地移动把线时，应切断电源并不得手持把线爬梯登高。

清除焊渣或采用电弧气刨清根时，应戴好防护眼镜或面罩，防止铁渣飞溅伤人。

多台焊机在一起集中施焊时，焊接平台或焊件必须接地，并应有隔光板。

雷雨时，应停止露天焊接作业。

施焊场地周围应清除易燃易爆物品，或进行覆盖、隔离。

必须在易燃易爆气体或液体扩散区施焊时，应经有关部门检试许可后，方可施焊。

工作结束应切断焊机电源，并检查工作地点，确认无起火危险后，方可离开。

（二十一）　气焊班组规定

施焊地有易燃、易爆物，必须清除、覆盖、隔离。

乙炔瓶、氧气瓶应有防震圈，旋紧安全帽，防止暴晒。

乙炔发生器必须设有防止回火的安全装置，保险链。

高、中压乙炔发生器，应可靠接地，压力表及安全阀应定期检查。

乙炔发生器不得放置在电线正下方，与氧气瓶不得同放一处，距易燃、易爆物和明火的距离不得少于 10 m。

不得持连接胶管的焊枪爬高。

点火时，焊枪口不准对人，正在燃烧的焊枪不得施放在物件或地面上。

严禁在带压的容器或管道上焊割，带电设备应先切断电源。

在储存易燃、易爆及有毒品的容器或管道上焊接时，应先清除干净，并将所有的孔口打开。

工作完毕后，应将气瓶气阀关好，拧上安全罩，并将胶管、焊枪，仪表收拾干净。

检查操作地点是否可以引起火灾，确认无起火危险后，方可离去。

（二十二）　爆破班组规定

装药与钻孔不宜平行作业。

爆破作业和爆破器材加工人员严禁穿着化纤衣物。

爆破器材加工应设在洞口 50 m 以外的安全地方。严禁在加工房以外的地点改制和加工爆破器材。

进行爆破作业时，所有人员应撤离现场，其安全距离为：

①独立巷、道不少于 200 m。

②相邻的上下坑道内不少于 100 m。

③相邻的平行坑道，横通道及横洞间不少于 500 m。

④全断面开挖进行深孔爆破（孔深 3～5 m）时，不少于 500 m。

洞内每天放炮次数应根据围岩类别有明确规定，装药离放炮时间不得过久。

洞内爆破不得使用黑火药。

装药前应检查爆破工作面附近的支护是否牢固，炮眼内的泥浆，石粉应吹洗干净，刚打好的炮眼温度过高，不得立即装药。如果遇有照明不足，发现流沙、流泥未经妥善处理或可能有大量溶洞涌水时，严禁装药爆破。

火花起爆时严禁明火点炮，其导火索的长度应保证点火后，人员能撤离至安全地点，但不得短于 1.2 m。一个爆破一次点燃的根数宜超过 5 根，如一人点炮超过 5 根或多人点炮时，应先点燃计时导火索，计时导火索的长度不得超过该次被点燃完与否，所有爆破工必须撤离工作面。

为防止点炮时发生照明中断，爆破工应随身携带手电筒。严禁用明火照明。

采用电雷管爆破时，必须按国家现行的《爆破安全规程》（GB6722-86）的有关规定进行，并应加强洞内电源的管理，防止漏电引爆。装药时可用投光灯、矿灯照明。起爆主导线宜悬空架设，距各种电体的间距必须大于 1 m。

爆破后必须经过 15 min 通风排烟后，检查人员方可进入工作面，检查有无瞎炮及可疑现象。有残余炸药或雷管；顶板两帮有松动石块，支护有损坏与变形。在妥善处理确认无误后，其他人员才可进入工作面。

当发现瞎炮时，必须由原爆破人员按规定处理。

装炮时应用木质炮棍装药，严禁火种。无关人员与机具等均应撤至安全地点。

两工作面接近贯通时，两端应加强联系与统一指挥。两工作面接近 15 m 时一端装药放炮时，另一端撤离到安全地点。导坑以打通的隧道，两端施工应协调爆破时间。加强联系和警戒，严防人员误入危险区。

五、各工种安全技术操作规程

（一）钢筋工

钢筋在运输和储存时，必须保留标牌，并按批分别堆放整齐，避免锈蚀和污染。

起吊钢筋或钢筋骨架时，下方禁止站人，待钢筋骨架降落至离地面或安装标高 1 m 以内人员方准靠近操作，待就位放稳或支撑好后，方可摘钩。

机械垂直吊运钢筋时，应捆扎牢固，吊点应设置在钢筋束的两端。有困难时，才在该束钢筋的重心处设吊点，钢筋要平稳上升，不得超重起吊。

人工垂直传递钢筋时，送料人应站立在牢固平整的地面或临时构筑物上，接料人应有护身栏杆或防止前倾的牢固物体，必要时挂好安全带。

人工搬运钢筋时，步伐要一致。当上下坡或转弯时，要前后呼应，步伐稳慢。注意钢筋头尾摆动，防止碰撞物体或打击人身，特别防止碰挂周围和上下的电线。上肩或卸料时要互相打招呼，注意安全。

张拉钢筋，两端应设置防护挡板，钢筋张拉后要加以防护，禁止压重物或在上行走。

钢筋绑扎过程中，注意热缩套管和绝缘垫片的安装和操作，绝缘垫片要单独存放，周围严禁有火源，热缩套管只能热缩多少，从存放场所拿多少，严禁在热缩场所存放大量热缩套管或绝缘垫片。

热缩套管附近必须配备灭火器。

钢筋网片的吊装，必须由专人操作桁吊，在起吊工作中，起吊设备的下面严禁人员通过或站立。

在把钢筋网片安装在模具内的施工中，工作人员要注意安全，因为，钢筋加工人员在钢筋加工作业区，相对比较安全，不太注意安全，来到轨道板生产区，设备比较多，安全隐患多，员工不注意安全，容易引发安全事故，钢筋加工人员来到轨道板生产区安装钢筋网片时，要注意空中桁吊，布料机、坑洞等安全注意事项。

（二）电焊工

电焊机外壳，必须有良好的接零或接地保护，其电源的装拆应由电工进行。电焊机的一次与二次绕组之间，绕组与铁芯之间，绕组、引线与外壳之间，绝缘电阻均不得低于 0.5 兆欧。

电焊机应放在防雨和通风良好的地方，焊接现场不准堆放易燃、易爆物品，使用电焊机必须按规定穿戴防护用品。

交流弧焊机一次电源线长度应不大于 5 m，电焊机二次线电缆长度应不大于 30 m。

焊钳与把线必须绝缘良好、连接牢固，更换焊条应戴手套。在潮湿地点工作。应站在绝缘胶板或木板上。

严禁在带压力的容器或管道上施焊，焊接带电的设备必须先切断电源。

焊接贮存过易燃、易爆、有毒物品的容器或管道，必须先清除干净，并将所有孔口打开。

焊接预热工件时，应有石棉布或挡板等隔热措施。

把线、地线，禁止与钢丝织接触，更不得用钢丝绳或机电设备代替零线。所有地线接头，必须连接牢固。

更换场地移动把线时，应切断电源，并不得手持把线爬梯登高。

清除焊渣，采用电弧气刨清根时，应戴防护眼镜或面罩，防止铁渣飞溅伤人。

多台焊机在一起集中施焊时，焊接平台或焊件必须接地，并应有隔光板。所有接地（零）线不得串联接人接地体或零线干线。

镀钨极要放置在密闭铅盒内，磨销镀钨极时，必须戴手套、口罩，并将粉尘及时排除。

附近堆有易燃易爆品，在未彻底清理或采取有效的安全措施前，不能施焊。电焊时应按现场防火制度申请动火审批手续和监护措施。

电焊着火时，应先切断焊机电源，再用二氧化碳、1211 于粉等灭火器灭火，禁止使用泡沫灭火器。

雷雨时，应停止露天焊接作业。

工作结束，应切断焊机电源，并检查操作地点，确认无起火危险后方可离开。设备应维修保养，做好十字作业（清洁、润滑、调整、紧固、防腐）。

（三）气焊（割）工

操作人员，必须经过安监部门专业培训，考核合格后，持证上岗。工作前，必须穿戴防护用品。

施焊（割）场地周围应清除易燃易爆物品或进行覆盖，隔离。必须在易燃易爆气体或液体扩散区施焊时，应经有关部门检试许可后，方可进行。

氧气瓶，氧气表及焊割工具上，严禁沾染油脂。

乙炔瓶不得放置在电线的正下方，与氧气瓶不得同放一处距离不得小于 5 m，与热源的距离不得小于 10 m。乙炔表面温度一般不得超过 40℃。检查是否漏气，要用肥皂水，严禁用明火。

乙炔瓶在使用和储存时，必须直立，并必须采取防止倾斜的措施，不得横放，以防丙酮流出，引起燃烧或爆炸。

氧气瓶应有防震胶圈，旋紧安全帽，避免碰撞和剧烈震动；并防止曝晒，冻结应用热水加热，不准用火烤。

点火时，焊（割）枪口不准对人，正在燃烧的焊（割）枪不得放在工件或地面上，带有乙炔和氧气时，不准放在金属容器内，以防气体逸出，发生燃烧。

在储存过易燃、易爆及有毒物品的容器或管道上焊、割时，应先清除干净，并将所有的孔、口打开。

工作完毕应将氧气瓶、乙炔瓶气阀关好，拧上安全罩，检查操作场的，确认无着火危险，方可离开。

（四）混凝土工

浇筑混凝土前，应检查模板、支架的稳定状况，且钢筋经验收合格，并形成文件后方可浇筑混凝土。

浇筑混凝土应按施工设计规定的程序进行，不得擅自变更。

浇筑混凝土时，应设模板工监护，发现模板和支架、支撑出现位移、变形和异常声响，必须立即停止浇筑，布料机操作人员必须熟悉布料机的安全操作规程，在布料过程中操作人员在操作布料机前后、左右行走作业中，要密切注意布料机的行走路线下是否有人处在危险状态下，如有应立即停止布料机的行走，在人员撤离到安全处后，再开始工作；在布料机周围从事布料辅助工作的员工，在布料机布料施工中，要随时注意自己的安全，严禁在布料机的行走路线上，严禁人员进入。在布料机料口上面从事卸料的工作人员，在布料机布料施工中，在上面要站好、抓牢，防止跌落、滑到。

现场电气接线与拆卸必须由电工负责，混凝土浇筑过程中，应设电工值班。

夜间浇筑混凝土时，应有足够的照明设备。

（五）起重机司机

起重机司机必须经过培训，经有关部门考核合格取得操作证，方可操作机械。

起重机司机必须有良好的视力和听力，并了解所操作机械的构造和性能，熟悉操作规程，保养方法和安全要求知识。

操作中要听从指挥人员的信号，当信号不明或不清对，或可能引起事故时，应暂停操作，不得盲目开车或起吊。

钢丝绳在卷筒上必须排列整齐，尾部卡牢，工作中最少保留三圈以上。

吊装工作场所应有足够的空间，要注意周围及上空有无障碍物。吊车不得在架空输电线路下工作，在架空输电线路一侧工作时，应保持安全距离。在雨雾天工作时，安全距离应适当加大。

在易燃易爆附近，一般不应进行起吊作业。特别不应使易燃物靠近排气管。吊车加油时，严禁吸烟和接近明火。

吊车吊装应站在平坦坚实并与沟槽、基坑保持适当距离的地面上。若地面松软或不平时，应夯实整平，并且道木垫实。

重物提升，应先吊离地面100～300 mm进行试吊，无问题后方可起吊。起吊重物严禁自由下落，应用手刹或脚刹控制缓慢下降。

起吊物件应拉溜绳，速度要均匀，作反向操作时，必须待吊车停稳后再换向运转，禁止突然制动和变换方向，平移应高出障碍物0.5 m以上，下落时应低速轻放，防止倾倒。

不许横拖和斜吊。严禁吊拔埋在地下的情况不明的物件或凝结在地面、冻在冰上的物件。

吊车吊着重物回转时，应慢速进行，速度不应超过规定值。禁止在斜坡处吊重物回转。

满负荷或接近满负荷吊重时，严禁降落臂杆或同时进行两个吊装动作。一般情况吊重时，不得进行伸臂及缩臂，若必要时，应符合起重图表的安全要求方可操作。

两机或多抬吊时，必须有统一指挥，动作配合协调，吊重应分配合理，不得超过单机允许起重量的80%。

吊物件上禁止站人，不准把吊车作为运送人员使用。起吊时不准在吊臂或吊起的重物下站人。

负荷运行时，吊钩与地面间距不得少于2 m；带负荷运行时，重物必须高于运行路线上最高障碍物0.5 m以上。

停止工作时，必须刹住制动器。工作完毕，吊钩和吊杆应放在规定的妥当位置。有控制手柄应放到零位，关门上锁。

（六）电工

所有绝缘、检查工具应妥善保管，严禁它用，并定期检查、校验。

现场施工用高、低电压设备及线路，应按照施工设计有关电气安全技术规程安装和架设。

线路上禁止带负荷接电，并禁止带电操作。

有人触电，立即切断电源，进行急救；电气着火，立即将有关电源切断，并使用干粉灭火器或干砂灭火。

安装高压油开关、自动空气开关等有返回弹簧的开关设备时应将开关置于断开位置。

多台配电箱并列安装，手指不得放在两盘的结合处，不得摸、连、拉、接螺孔。

用摇表测定绝缘电阻，应防止有人触及正在测电的线路或设备。测定容性或感性设备、材料后，必须放电。雷电时禁止测定线路绝缘。

电流互感器禁止开路，电压互感器禁止短路或升压方式运行。

电气材料或设备需放电时，应穿戴绝缘防护用品，用绝缘棒安全放电。

现场配电高压设备，不论带电与否，单人值班不准超越遮栏和从事修理工作。

电缆盘上的电缆端头，应绑扎牢固。放线架、千斤顶应设置平稳，线盘应缓慢转动，防止脱杆或倾倒。电缆敷设至拐弯处，应站在外侧操作。木盘上钉子应拔掉或打弯。

变配电室内外高压部分及线路，停电工作时：

1.切断所有电源，操作手柄应上锁或挂标示牌。

2.验电时应戴绝缘手套，按电压等级使用验电器，在设备两侧各相或线路各相分别验电。

3.验明设备或线路确认无电后，即将检修设备或线路做短路接地。

4.装设接地线，应由二人进行，先接接地端，后接导体端，拆除时顺序相反。拆、接时均应穿戴绝缘防护用品。

5.接地线应使用截面不小于25的多股软裸铜线和专用线夹。严禁用缠绕的方法，进行接地和短路。

6.设备或线路检修完毕，应全面检查无误后方可拆除临时短路接地线。

用绝缘棒或传动机械拉、合高压开关，应戴绝缘手套。雨天室外操作时，除穿戴绝缘防护用品以外，绝缘棒应有防雨罩，并有人监护。严禁带负荷拉、合开关。

电气设备的金属外壳，必须接地或接零。同一设备可做接地和接零。同一供电网不允许有的接地有的接零。

施工现场夜间临时照明电线及灯具，高度应不低于2.5 m。易燃、易爆场所，应用防爆灯具。

照明开关、灯口及插座等，应正确接入火线及零线。

（七）机修工

工作环境应干燥整洁，不得堵塞通道。

多人操作的工作台，中间应设防护网，对面方向朝着时应错开。

清洗用油、润滑油脂及废油渣及废油、棉纱不得随地乱丢，必须在指定地点存放。

扁铲、冲子等尾部不准淬火；出现卷边裂纹时应及时处理；剔铲工件时应防止铁屑飞溅伤人；活动扳手不准反向使用；打大锤不准戴手套；大锤甩转方向不准有人。

用台钳夹工作，应夹紧夹牢，所夹工件不得超出钳口最大行程三分之二。机械解体要用支架，架稳垫实，有回转机构的要卡牢。

修理机械应选择平坦坚实地点，支撑牢固。使用千斤顶时，须用直立垫稳。

不准在发动着的车辆下面操作。架空试车，不准在车辆下面工作或检查，不准在车辆前方站立。

检修机械前必须先切断电源，锁好开关箱，应挂有"正在修理，禁止合闸开动"标志。非检修人员，一律不准发动或转动。检修时，不准将手伸进齿轮箱或用手指找正对孔。

严禁未拉闸断电，擅自检修机械设备或机具。

设备检修后应先接零接地，后接电源，未接零接地前，禁止送电试机。

试车时应随时注意各种仪表、声响等，发现不正常情况，应立即停车。

（八）装载机司机

作业前应对装载机进行检查，轮胎气压、各液压管接头液压控制阀是否正常，各润滑部位是否缺机油等，确认正常后方可启动。

严格遵守行车路线，不开快车致使扬尘。

装载机不得带泥在厂内道路行驶。严禁碰撞、挤压料仓隔墙、料斗、围墙、遮挡篷/棚立柱和其他设施。

作业时应时刻注意周围人的情况，尤其是在倒车时，更应注意身后有无行人。作业过程中，严禁任何人上下机械，传递物件，以及在铲斗内或机架上坐立。

夜间工作时，现场照明应齐全完好。

在坡道上不得进行保修作业，在陡坡上严禁转弯、倒车和停车，在坡上熄火时应将铲斗落地，制动牢靠后，再行启动。

在不平的场地上行驶及转弯时，严禁将铲运斗提升到最高位置。

作业完毕后将装载机停放在平坦地面上，并将铲斗落在地面上，液压操纵的应将液压缸缩回，将操作杆放在中间位置，进行清洁，润滑后关好门窗。

冬季作业后，应将水箱等容器中的积水排尽。

六、机械设备安全操作规程

（一）气瓶

氧气橡胶软管应为红色，工作压力应位 1500 Kpa；乙炔橡胶软管应为黑色，工作压力应位 300 Kpa。新橡胶软管应经压力试验。未经压力试验或采用品及变质、老化、脆裂、漏气及沾上有值得胶管均不得使用。

不得将橡胶软管放在高温管道和电线上，或将重物及热的物件压在软管上，且不得将软管与电焊用的导线敷设在一起。软管经过车行道时，应加护套或盖板。

氧气瓶应与其他易燃气瓶、油脂和其他易燃、易爆物品分别存放，且不得同车运输，氧气瓶应有防震圈和安全帽；不得倒置；不得在强烈日光下嗓晒。不得用行车或吊车吊运氧气瓶。

开启氧气瓶阀门时，应采用专用工具，动作应缓慢，不得面对减压器，压力表指针应灵敏正常。氧气瓶中的氧气不得全部用尽，应留 49Kpa 以上的剩余压力。

未安装减压器的氧气瓶严禁使用。

安装减压器时，应先检查氧气瓶阀门接头，不得有油脂，并略开氧气瓶阀门吹除污垢，然后安装减压器，操作者不得正对氧气阀门出气口，关闭氧气瓶阀门时，应先松开减压器的活门螺丝。

点燃焊（割）炬时，应先开乙炔阀电火，再开氧气阀调整火焰。关闭时，应先关闭乙炔阀，再关氧气阀。

在作业中,如发现氧气瓶阀门失灵或损坏不能关闭时,应让瓶内的氧气自动放尽后,再进行拆卸修理。

发现乙炔瓶因漏气着火燃烧时，应立即用黄沙扑灭火种。

乙炔软管、氧气软管不得错装。使用中氧气软管着火时，不得折弯软管断气，应迅速关闭氧气阀门，停止供氧。乙炔软管着火时，应先关熄炬火，可用弯折前面一段软管的办法来将火熄灭。

冬季在露天施工，如软管和回火防止器冻结时，可用热水、蒸气或在暖气设备下化冻。严禁用火焰烘烤。

不得将橡胶软管背在背上操作。当焊（割）枪内带有乙炔、氧气时不得放在金属管、槽、缸、箱内。

氢氧并用时,应先开乙炔气,再开氢气,最后开氧气,再点燃,熄灭时,应先关氧气,再关氢气，最后关乙炔气。

作业后，应卸下减压器，拧上气瓶安全帽，将软管卷起捆好，挂在室内干燥处。

（二）电焊机

焊接操作及配合人员必须按规定穿戴劳动防护用品。并必须采取防止触电、高空坠落、瓦斯中毒火灾等事故的安全措施。

现场使用的电焊机，应设有防雨、防潮、防晒的机棚，并应装设相应的消防器材。

焊接现场 10 m 范围内，不得堆放油类、木材、氧气瓶、乙炔发生器等易燃、易爆物品。

使用前，应检查并确认初、次级线接线正确，输入电压符合电焊机的铭牌规定。接通电源后，严禁接触初级线路的带电部分。初、次级接线处必须装有防护罩。

次级抽头联接铜板应压紧，接线柱应有垫圈。合闸前，应详细检查接线螺帽、螺栓及其他部件并确认完好齐全、无松动或损坏。接线柱处均有保护罩。

多台电焊机集中使用时，应分接在三相电源网络上，使三相负载平衡。多台焊机的接地装置，应分别由接地极处引接，不得串联。

移动电焊机时，应切断电源，不得用拖拉电缆的方法移动焊机。当焊接中突然停电时，应立即切断电源。

严禁在运行中的压力管道、装有易燃易爆物的容器和受力构件上进行焊接。高空焊接时，必须挂好安全带，焊件周围和下方应采取防火措施并有专人监护。

电焊线通过道路时，必须架高或穿入防护管内埋设在地下，如通过轨道时，必须从轨道下面穿过。

接地线及手把线都不得搭在易燃、易爆和带有热源的物品上，接地线不得接在管道、机床设备和建筑物金属构架或铁轨上，绝缘应良好，机壳接地电阻不大于 4Ω。

雨天不得露天电焊。在潮湿地带工作时，操作人员应站在铺有绝缘物品的地方并穿好绝缘鞋。

长期停电用的电焊机，使用时，须用摇表检查其绝缘电阻不得低于 0.5 mΩ。

（三）起重机械"十不吊"原则

1. 超过额定负荷不吊。

2. 指挥信号不明、重量不明、光线暗淡不吊。

3. 吊索和附件捆绑不牢，不符合安全要求不吊。

4. 行车吊挂重物直接进行加工时不吊。

5. 歪拉斜挂不吊。

6. 工件上站人或工件上浮放有活动物件的不吊。

7. 氧气瓶、乙炔发生器等器具有爆炸性物品不吊。

8. 带棱角快口物件尚未垫好（防止钢丝绳磨损或割断）不吊。

9. 埋在地下的物体未采取措施不拨吊。

10. 违章指挥不吊。

（四）混凝土搅拌站

作业前应进行检查，确认安全保护装置齐全有效。

1. 站结构部件联结必须紧固可靠，限位装置及制动器灵敏可靠。
2. 电气、气动称量装置的控制系统安全有效，保险装置可靠。
3. 控制室保护接地，主楼避雷装置完好。
4. 输料装置的提升斗、钢丝绳和输送皮带无损伤。
5. 进出料闸门开关灵活、到位。
6. 空气压缩机和供气系统运行正常，无异响和漏气现象，压力应保持在规定范围内。
7. 操作区、储料区和作业区必须设置明显安全标志。

搅拌系统后，应先进行空运转，检查机械运转情况，确认搅拌系统正常后，方可自动循环生产，严禁带负荷启动。

作业应精神集中，注意观察各个仪表、指示器、皮带机、配料器的输料系统，发现有大块石料和异物时应及时清除；发现异常情况应立即停止生产；遇紧急情况应立即切断电源，并向有关人员报告。

作业员必须按规定的程序操作，微机出现故障时，必须由专业人员维修。

作业时严禁非作业人员进入生产区域。

作业中严禁打开安全罩和搅拌盖检查、润滑，严禁将工具、棍棒伸入搅拌桶内扒料或清理。料斗提升时，严禁在其下方作业或穿行。

在高空维护养护时，必须2人以上作业，并系好安全带，采取必要的安全保护。遇大风、下雨、下雪等天气，不得在高空进行维护保养作业。

在操作台下作业的人员必须戴安全帽。

维护、修理搅拌机顶层转料桶、清理搅拌机内衬板及搅拌刀片时，必须切断电源，并在电闸箱处设明显"严禁合闸"标志，设专人监护。在搅拌机内清理作业时，机内必须打开，并在门外设专人监护。

清除上料斗底部的物料时，必须把料斗提升到适当位置，将安全销插入轨道中；清除料斗底部的残料时，必须切断电源且设专人监护。

交接班时，必须交清当班情况，并作记录。

作业后应切断电源，锁上操作室。

（五）手持电动工具

为了保证安全，应尽量使用Ⅱ类（或Ⅲ类）电动工具，当时用Ⅰ类工具时，必须采取其他安全保护措施，如加装漏电保护器、安全隔离变压器等。条件未具备时，应有牢固可靠的保护接地装置，同时使用者必须戴绝缘手套，穿绝缘鞋或站在绝缘垫板上。

使用前应先检查电源电压是否和电动工具铭牌上所规定的额定电压相符。长期搁置未用的电动工具，使用前还必须用 500 V 兆欧表测定绕组与机壳之间的绝缘电阻值，应不得小于 7 m^2 否则必须进行干燥处理。

　　操作人员应了解所用电动工具的性能和主要结构，操作时要思想集中，站稳，使身体保持平衡，并不得穿宽大的衣服，不戴棉纱手套，以免卷入工具的旋转部分。

　　使用电动工具时，操作者所使用的压力不能超过电动工具所允许的限度，切忌单纯求快而用力过大，致使电机因超负荷运转而损坏，电动工具连续使用的时间也不宜过长，否则微型电机容易过热损坏，甚至烧毁，一般电动工具在使用 2H 左右即需停止操作，待其自然冷却后再行使用。

　　电动工具在使用中不得任意调换插头，更不能用插头，而将导线直接插入插座内。当电动工具不用或需调换工作头时，应及时拔下插头，但不能拉着电源线拔下插头。插插头时，开关应断开位置，以防突然起动。

　　使用过程中要经常检查，如发现绝缘损坏，电源线或电缆护套破裂，接地线脱落，插头插座开裂，接触不良以及断续运转等故障时，应即修理，否则不得使用。移动电动工具时，必须握持工具的手柄，不能用拖拉橡皮软线来搬运工具，并随时注意防止橡皮软线擦破、割断和压坏现象，以免造成人身事故。

　　电动工具不适宜在含有易燃、易爆或腐蚀性气体及潮湿等特殊环境中使用，并应存放于干燥、清洁和没有腐蚀性气体的环境中。对于非金属壳体的电机、电器，在存放和使用时应避免与汽油等溶剂接触。

第二节　隧道安全监理实施

一、安全监理保证体系

（一）安全管理组织机构

　　项目监理部成立安全生产领导小组，项目总监为组长，隧道专监为副组长，总监办其他监理人员为组员，负责隧道安全监查和日常工作。安全管理组织机构见下图。

（二）安全管理保证体系

　　建立强有力的安全管理保证体系，既注重安全思想宣传教育和安全技能培训，又注重日常安全生产工作的检查、落实。

项目监理理部由安全领导小组牵头，对参与施工人员经常进行安全和专业技术教育，强化安全意识，增强预防能力。

安全领导小组组长定期主持召开施工安全例会，分析安全情况，总结评比前期情况，预想后期施工安全隐患并拟定解决方案；安全领导小组定期组织检查，安检人员不定期检查，检查过程中安全质量监督人员发现违章作业、安全措施不落实、质量不合格及施工隐患，应责令施工队立即纠正。

二、安全管理制度

（一）安全责任制

实行岗位责任制，把安全生产纳入竞争机制，纳入承包内容，督促逐级签订包保责任状。明确分工，责任到人，做到齐抓共管，抓管理、抓制度、抓队伍素质，盯住现场，跟班作业，抓住关键，超前预防。

（二）安全教育培训制度

项目监理理部督促施工单位开工前必须进行岗前培训，对安全基本知识和技能教育，遵章守纪和标准化作业的教育，并认真学习相关工程施工技术安全规则，以及施工安全标准，经考试合格持证上岗。

施工中监理部必须定期组织职工学习安全知识，进行安全教育，在思想上消灭安全隐患。

施工中监理人员应经常检查工地，对现场施工人员进行安全讲解，制止违章施工。

（三）安全事故申报和奖惩制度

发生事故，要按照"三不放过"的原则进行联合调查，认真分析，查找原因，对事故责任者进行严肃处理，追究其经济、行政、法律责任。

对保证施工安全做出贡献的单位、人员，要给予表彰和奖励。

对造成安全事故的人员和单位要进行相应的处罚。

（四）安全交底制

安全交底工作是确保安全施工的一项重要工作内容，交底采用书面安全交底和现场安全交底相结合的方式。监理部应列出重点安全监控项目及要点，制订详细的施工安全规划。

施工前安全监理工程师应根据施工方案结合现场制订切实可行的安全措施，并下发到施工队。

实行项目安全工程师给施工队交底，施工队安全员给领工员、工班长、施工人员进行二次交底的二级负责制。

（五）安全检查制

在施工过程中加强安全检查，及时发现安全隐患，提出安全整改意见和措施，并督促落实，确保施工安全。安全检查流程见《安全检查流程图》。

督促班组安全员、防护员将每天施工现场安全情况总结汇报给队安全员，队安全员整理后汇报给项目安全监理工程师。

项目安全监理工程师和隧道安全员每周进行一次安全检查、评比，查找问题，杜绝事故。

三、保证施工安全、人身安全措施

（一）施工安全保证措施

编制本工程的安全技术措施和施工现场临时用电方案，并对危险性较大的分部分项工程编制专项施工方案，同时附上安全验算结果，经总监理工程师签字后实施，由专职安全生产管理人员进行现场监督。对于合同中涉及的地下暗挖工程等专项施工方案，组织专家进行论证和审查。

在动力设备、输电线路、地下管道、密封防震车间、易燃易爆地段等施工时，在施工前应制订出安全防护措施方案，经总监认可后实施。

爆破器材的运输和保管符合当地公安部门的有关规定，并接受当地公安部门定期或不定期的安全检查。

（二）爆破作业施工安全措施

对所有参加爆破作业人员，必须依照《爆破安全操作规程》的有关规定进行培训，经考核合格后才允许从事作业。

加强爆破器材的运输、入库存发放管理，定期进行账务核对，严禁爆破器材的流失。

爆破器材的专用加工位置要按有关规定慎重选择，存储量严格控制，不可超过当班用量，同时设有通信设备、报警装置和防火、防雷设施，确保安全。

爆破器材的加工和使用应严格按有关安全操作规程实施，确保加工及使用过程的安全。

爆破作业要统一指挥，设立警戒线，及时撤离机械和人员，加强爆破后的安全检查，由爆破人员负责瞎炮的处理，避免事故；严格按爆破设计装药联线并检查，消除不安全因素。

（三）临时用电及照明安全措施

要经常对电线、电气设备进行检查维修，严防漏电、短路等事故的发生；非专职电气人员，不得操作电气设备；操作高压电气主回路时，必须戴绝缘手套，穿绝缘鞋，并站在绝缘板上；低压电气设备应加装触电、漏电保护器；电气设备外露的转动和传动部分，必须加装遮拦式防护装置；检修、搬迁电气设备时，应切断电源，并悬挂"有人工作，不准送电"的警示牌；带电作业时，必须制订出安全措施，在专职安全员的监护下进行，此外还需使用绝缘可靠的保护工具；对机器和设备进行检查维修时，如指定进行电器绝缘，首先检查被绝缘的装置有无电压，然后短路接地，同时绝缘邻近带电的部件；带电作业时，应启动应急停电装置或启动主断路器，并在作业区设置安全警告标志；在高压元件上作业时，必须绝缘后将输电线接地，将元件短路。

（四）机械车辆作业施工安全措施

操作人员必须持证上岗，严禁将机械交给无证人员和不熟悉机械设备性能的人员操作。

施工作业前，操作人员必须认真听取施工技术人员的现场交底及有关安全注意事项，并对机械作详细检查，作业中集中精力，不得擅自离开工作岗位。

施工运输车辆应建立定期检修和保养制度，使车辆保持在良好状态，车辆驾驶员必须熟悉所驾车辆性能、保养程序及操作方法。使用挖掘机、装载机装料时，汽车就位后应拉紧手刹，关好车门，严禁超载。凡带升降翻斗的运输（自卸）车，严禁翻斗升起运行或边起边落以及在行驶时操作车箱举升装置。

（五）防水与防火安全保证措施

（1）洞内防水措施

督促施工单位配备足够的抽水设备，保证能够及时抽排洞内涌水。在断层富水地段，首先超前探孔，预测涌水量情况，必要时采用帷幕注浆止水，遵循"以堵为主，限量排放"原则。

（2）防汛措施

加强与气象部门、水文部门联系，掌握雨情水情，按当地政府和建设方的防汛要求，组织好防汛队伍，备足防汛物资和器材，安排专人24小时防汛值班，确保通讯联络畅通。

施工中注意保护好防汛设施，不损坏沿线排水系统，不因施工而削弱河流、堤坝的抗汛能力，不因施工引起雨水冲刷路基或引起既有排水设施的淤塞，并注意疏通河道沟渠，确保水流畅通。

（3）防火措施

严格执行《消防法》中的有关要求，在库房及临时房屋集中的地方，配备各种消防器材并定期检查。加强对职工的防火教育，建立严格的防火管理制度，在施工现场设立防火警示牌，并设专人巡查监督。

（六）隧洞施工的安全保证措施

（1）掘进作业安全措施

加强隧洞的综合地质预报，及早修建洞门和洞口排水设施，确保洞口段的稳定。软弱围岩段遵循短开挖、弱爆破、快支护、勤量测、早衬砌的原则。加强监控量测，密切注意支护和围岩变化情况，及时反馈围岩变形信息，做好变形预报，一旦情况异常，立即采取措施，防止坍塌。

（2）洞内爆破作业安全措施

爆破采用导爆管非电毫秒延期雷管分段引爆，起爆药包的装配在洞口 50 m 以外加工房进行，并由爆破工送进洞。

进行爆破时所有人员撤至不受有害气体、振动及飞石伤害地点。

每日放炮的时间、次数根据施工条件有明确规定，放炮的信号统一，并让隧道作业人员都清楚。

爆破后必须经过通风排烟后，才准检查人员进入工作面，经检查和妥善处理后，其他工作人员才准许进入工作面。

（3）喷锚作业的安全措施

喷混凝土时，禁止施工人员站在料管接头附近，特别是输料管前端，严禁将喷嘴对准施工人员。

接触速凝剂时戴橡胶手套，当喷头被堵，疏通管路时防止管中有压混凝土喷出伤人；若喷混凝土中的外加剂液不慎溅到皮肤上，要及时用水冲洗，严重时送医院治疗。

采用的混凝土喷射机器人具有检测和自动排除堵泵功能，大大提高了喷锚作业的安全性。

（4）通风与除尘的安全措施

通风系统有足够的能力保证隧洞开挖过程中的空气流速及提供给每人每分钟 4 m³ 的新鲜空气，并防止施工环境温度过高。

洞内通风系统设有专职人员管理，风机管路吊挂牢固，漏风处及时修补，保证通风效果良好。

做好以下防尘措施：一是密封尘源，使粉尘与操作人员隔离；二是喷雾洒水；三是搞好个人防护，如佩戴防尘口罩等。

（5）出渣运输安全措施

装渣过程中，卸渣机的转动漏斗要调整好位置，防止岩渣掉落车外伤人。

车辆进出隧洞要亮灯和不断鸣笛，保证刹车良好。

（6）地质灾害防治安全措施

隧道在通过断层破碎带时，因隧道埋深大、地应力较高、岩层结构相对疏松、自身强度低、自稳能力差、抵抗外力破坏的性能差等因素，施工时容易发生坍塌等围岩失稳现象。为防治围岩失稳，将采取 TSP-203 地震波法和超前钻孔的超前预测预报手段和使用超前小导管注浆加固、弱爆破、短进尺、强支护、仰拱超前、尽早衬砌的方法，确保施工安全。

隧道在通过各断层破碎带时，由于构造裂隙水较发育，地下水循环较快，施工中可能产生突然涌水现象；在通过断层泥砾带、含泥质地层时可能产生突然涌泥现象。为此，除在施工中加强超前地质预报外，在临近可能产生突然涌水、涌泥现象的地段，首先超前钻 15 ~ 20 m 探水孔，如发现富水就在开挖面适当位置加钻 3 ~ 5 个深 5 ~ 6 m 的孔，提前放水减压，或采用帷幕注浆止水，并加强支护。

（七）人员安全保证措施

开工前对职工进行岗前培训，进行安全基本知识和技能教育，进行遵章守纪和标准化作业的教育，经考试合格持证上岗。

对施工地段建立日常巡查制度，对重点施工地段实施安全员跟班监督制度，并接受安全监理人员的监督检查。

根据季节变化，夏季配齐防暑降温用品，抓好食品卫生，注意劳逸结合；冬季配齐保暖设施，备足取暖的材料和室外劳保用品，并注意防止煤气中毒，做好后勤医疗保障工作；针对驻地情况进行流行性疾病的防治工作。

第三节　隧道施工安全风险管理

一、风险概述

（一）风险的定义

"风险"一词最早来源于西班牙的航海术语，是指航海时遇上大风或触礁等危机事件，反映了航海中的不确定因素。当前，风险的基本含义是指未来结果的不确定性，也可以理解为实际结果与预期结果的偏离。由于各个领域对风险关注的重点不同，所以关于风险的定义也各不相同，其中比较常用的定义有：风险是损失的可能性；风险是损失的概率；风险是导致损失产生的不确定性；风险是潜在损失；风险是财产损失和人员伤亡；风险是潜在损失的变化范围和幅度；风险是实际与预期结果的偏离等。虽然各个领域风险的定义不统一，但均具有两个基本特征，即不确定性和损失性。

（二）风险的构成要素及其相互关系

风险的构成要素包括风险因素、风险事件及风险损失三个方面。风险因素是指促使风险事件发生概率（频率）和（或）损失幅度增加的因素，它是风险事件发生的潜在原因，是造成损失的间接的和内在的原因，通常分为实质性风险因素、道德风险因素及心理风险因素。风险事件也称风险事故，是指酿成事故和损失的直接原因和条件，风险一般只是一种潜在的危险，而风险事件的发生使潜在的危险转化成为现实的损失，

从这个意义上来说风险事件是损失的媒介。风险损失是指非预期的不利后果，包括人员伤亡、环境破坏、财产损失及工期延误等直接或间接损失。

风险因素、风险事件和风险损失三者之间是密切相关的，风险因素引发风险事件，风险事件导致损失，造成实际结果与预期结果的差异，三者构成了风险存在与否的基本条件。

二、风险管理基本内容

（一）风险管理的定义

风险管理是人类在发展过程中，结合历史经验和科学技术，研究风险发生规律和风险控制技术的一门管理学科。孙星将风险管理定义为：风险管理是一种应对纯粹风险的科学方法，它通过预测可能的损失，设计并实施一些流程去最小化这些损失发生的可能，而对确实发生的损失，最小化这些损失的经济影响。通俗而言，风险管理就是面对不确定的风险，采取相应的方法对风险进行预测和分析，制订、执行相应的控制措施，以获取最好的结果。

（二）风险管理的目标及特征

风险管理的目标是在损失发生之前保证经济利润的实现，而在损失发生之后能采取措施使之最大可能地复原。也就是说，损失是不可避免的，而风险就是这种损失的不确定性，所以我们应采取科学的方法将这种不确定的损失尽量转化为确定的、我们能够接受的损失。风险管理的特征包括：

它融合了各类学科的管理方法和过程。

它是全方位的管理。

风险管理方法多，对风险的不同解读会产生不同的方法。

风险管理适用范围广。

(三) 风险管理的过程阶段

风险管理主要包括以下五个方面的工作：风险计划、风险识别、风险估计、风险评价及风险控制。根据风险管理涉及的内容，可将风险管理技术部分概括为风险分析、风险评估及风险控制三个阶段。

风险计划是风险管理的第一步，主要包括以下内容：

确定风险管理目标、原则和策略。

规定有关报告的内容和样式。

提出各阶段工作目标、范围、评估方法及标准。

明确各方的职责。

组织开展各方自身及相互之间的风险管理和协调工作。

风险识别是指风险主体对所面临的风险以及潜在风险加以判断、归类和鉴定性质的过程。风险识别可分为不确定性客观存在的确认、风险清单的建立及风险分析三个阶段。风险识别是风险评估的基础，也是风险分析中重要的步骤，其目标是了解并寻找所有可能的风险因素，特别是各种潜在的风险，要进行正确、有效的风险识别，应具有丰富的经验并采用正确的识别方法。

风险估计是在充分、系统地考虑风险识别后的所有不确定风险要素的基础上，确定事件中各种风险发生的可能性及发生之后的损失程度。风险估计也就是对识别出来的风险尽可能量化，估算风险事件发生的概率，估计风险后果，确定各风险因素的大小，对风险出现的时间和影响范围进行确认，简而言之，风险估计是对风险因素及其影响进行量化并以此为基础形成风险清单等数据资料。

风险评价是针对风险估计的结果，应用各种风险评价技术来判定风险影响大小、危害程度高低的过程。风险评价的目标是为了科学合理地评估风险可能发生的概率及可能产生的损失，科学的风险接受标准，是风险评价必不可少的。风险接受标准各国各行业各不相同，但通常均遵循最低合理可行原则，最低合理可行原则指在不可能通过预防措施彻底消除风险时，在系统的风险水平与成本之间做出平衡，使得风险等级的划分和风险对策的制订尽可能合理可行，风险成本尽可能低。ALARP 准则是最低合理可行原则的典型代表，其含义是任何工程活动都有风险，不可能通过预防措施来彻底消除风险，必须在风险水平与利益之间做出平衡。

风险控制包括风险处理及风险监控两个方面。风险处理是在明确了所有的风险，并估计和评价了风险损失之后，而采取一定的风险处置对策来避免风险的发生或减少风险造成的损失。处置风险主要有三大类方法，即风险回避、风险自留和风险转移。风险监控就是对风险管理过程中新的风险因素进行跟踪监控，及时对风险管理计划及措施进行修改和完善，形成前后连贯的动态管理过程。

三、隧道工程施工安全风险管理

（一）隧道工程风险管理定义

在隧道工程中，风险是指事故发生的可能性及其损失的组合。事故，是指可能造成工程发生人员伤亡、伤害、职业病、设备或财产损失、环境影响、经济损失等不利事件。损失，是指工程建设中任何潜在的或外在的负面影响或不利的后果，包括人员伤亡、财产损失、环境影响、社会影响等。

隧道工程风险管理是指工程建设参与各方通过风险计划、风险识别、风险估计、风险评价、风险处理及风险监控等，优化组合各种风险管理技术，对工程实施有效的风险控制和妥善的跟踪处理，以减少风险的影响，达到以较低合理的成本获得最大安全保障的管理行为。

（二）隧道工程施工安全风险发生机理

隧道工程与其他工程相比具有隐蔽性、施工复杂性、地层条件和周围环境的不确定性的突出特点，从而加大了施工技术的难度和建设的风险性。隧道工程的风险因素包括地质条件和工程建设周边环境的复杂性导致的自然风险和环境风险、建设中的机械设备、技术人员和技术方案的复杂性引起的施工风险、工程决策、管理和组织方案的复杂性引起的管理风险等。隧道工程施工安全风险发生的机理是某种或多种致险因子通过孕险环境作用于特定的承险体而产生风险事故。

（三）隧道工程施工安全风险管理基本流程

隧道工程施工安全风险管理内容及过程主要包括：风险计划、风险识别、风险估计、风险评价及风险控制五个方面，其技术部分也可以归纳为风险分析、风险评估及风险控制三大阶段。隧道工程施工因内外环境、目标变化及实施过程中不断受到不确定因素的影响，所以隧道施工风险管理应是实时、连续、动态的过程。

四、常用隧道施工安全风险评估研究方法综述

目前，常用的隧道施工安全风险评估研究方法有：核对表法、专家调查法、情景分析法、层次分析法、模糊综合评价法、风险指数矩阵法。接下来就对上述几种研究方法做简单介绍。

（一）核对表法

核对表法，是一种常用和有效的风险识别方法，它主要是用核对表来作为风险识别的工具，实质上就是把经历过的风险事件及其来源罗列出来，写成一张核对表。该

方法利用人们考虑问题的联想习惯，在过去经验的启示下，对未来可能发生的风险因素进行预测。该方法的优点在于使风险识别工作变得较为简单，容易掌握；缺点是没有揭示出风险来源之间的相互依赖关系，对指明重要风险的指导力度不够，且受制于某些项目的可比性，有时不够详尽，没有列入核对表上的风险容易发生遗漏，应设计出核对表典型样式。

（二）专家调查法

专家调查法包括德尔斐法，是在专家个人判断和专家会议方法的基础上发展起来的一种直观预测方法，特别适用于客观资料或数据缺乏情况下的长期预测，或其他方法难以进行的技术预测。专家调查法或称专家评估法，是以专家作为索取信息的对象，依靠专家的知识和经验，由专家通过调查研究对问题作出判断、评估和预测的一种方法。专家调查工作流程为：首先，通过对需求分析确定工作目标；在调查工作中，应注重专家评判基础、调查因子、专家组成等关键内容；对调查的信息与内容进行初步判定有效与否、反馈需求分析是否发生偏差、判断是否需要重新开展需求分析或是调查工作。专家调查法是比较科学的，其主要特点是：有助于专家发表独立的见解，不受其他相关因素的干扰；用数学手段分析所有调查对象的成果，综合归纳成集体思维成果。此方法在工程技术研究领域得到广泛的应用，尤其针对数据缺乏、新技术应用评估等工作，具有相当的优势，并且与其他调查方法配合使用，就能取得更好的效果。

（三）情景分析法

情景分析法是由美国 S11EL 公司的科研人员 Pier Wark 于 1972 年提出的。它是根据发展趋势的多样性，通过对系统内外相关问题的系统分析，设计出多种可能的未来前景，然后用类似于撰写电影剧本的手法，对系统发展态势做出自始至终的情景和画面的描述。当一个项目持续的时间较长时，往往要考虑各种技术、经济和社会因素的影响，可用情景分析法来预测和识别其关键风险因素及其影响程度。情景分析法对以下情况是特别有用的：提醒决策者注意某种措施或政策可能引起的风险或危机性的后果；建议需要进行监视的风险范围；研究某些关键性因素对未来过程的影响；提醒人们注意某种技术的发展会给人们带来哪些风险。情景分析法是一种适用于对可变因素较多的项目进行风险预测和识别的系统技术，它在假定关键影响因素有可能发生的基础上，构造出多重情景，提出多种未来的可能结果，以便采取适当措施防患于未然。

（四）层次分析法

层次分析法是一种定性与定量相结合的决策分析方法，它是一种将决策者对复杂系统的决策思维过程模型化、数量化的过程。运用这种方法，决策者通过将复杂问题分解为若干层次和若干因素，在各因素之间进行简单的比较和计算，就可以得出不同方案重要性程度的权重。运用层次分析法主要是通过分析复杂问题所包含的因素及其相互关系，将问题分解为不同的要素，并将这些要素归并为不同的层次，从而形成多层次结构；在每一层次按某一规定准则对该层元素进行逐对比较后建立判断矩阵，通过计算判断矩阵的最大特征值及对应的正交化特征向量，得出该层要素对于准则的权重；在此基础上计算出各层次要素对于总体目标的组合权重，以得到不同要素或评价对象的优劣权重值，为决策和评价提供依据。层析分析法常常被运用于多目标、多准则、多要素、多层次的非结构化的复杂地理决策问题，特别是战略决策问题，具有十分广泛的实用性。层次分析法的优点是将人们的思维过程数学化、系统化，以便于接受，应用这种方法时所需定量信息较少，但要求决策者对决策问题的本质、包含的要素及相互之间逻辑关系掌握十分透彻。

（五）模糊综合评价法

模糊综合评价法是模糊数学中最基本的方法之一，该方法是以隶属度来描述模糊界限的。由于评价因素的复杂性、评价对象的层次性、评价标准中存在的模糊性、部分定性评价指标难以定量化等一系列问题，使得人们在描述客观现实经常存在着"亦此亦彼"的模糊现象，其描述也多用自然语言来表达如"优、良、中、差""很好、好、一般、差、很差"等，自然语言最大的特点是它的模糊性。而这种模糊性很难用经典数学模型加以统一度量。因此，建立在模糊集合基础上的模糊综合评判方法，从多个指标对被评价事物隶属等级状况进行综合性评判，它把被评判事物的变化区间做出划分，一方面可以顾及对象的层次性，使得评价标准、影响因素的模糊性得以体现；另一方面在评价中又可以充分发挥人的经验，使评价结果更客观，符合实际情况。模糊综合评判可以做到定性和定量因素相结合，是系统评价中常用的方法，特别适用于多因素或多目标的系统。其优点是：数学模型简单，容易掌握，对多因素、多层次的复杂问题评判效果比较好，是别的数学分支和模型难以代替的方法。不足之处在于：在使用此方法之前，需要用其他方法确定评价指标的权重，因此通常和其他方法配合使用，运用比较复杂。

（六）风险指数矩阵法

风险指数矩阵法又称为 R=P×C 定级法，常用于定性的风险估算，该分析法是将决定危险事件的风险的两种因素，即危险事件的严重性和危险事件发生的可能性，按其特点相应地划分为不同等级，形成一种风险评价矩阵，并赋以一定的权值，以定性衡量风险的大小。该方法操作简单方便，能初步估算出危险事件的风险指数，并能进行风险分级。风险指数矩阵分析法的风险评估指数通常是主观确定的，定性指标有时没有实际意义，风险等级的划分具有随意性，有时不便于风险的决策。该方法只能定性不能定量评价，一般不单独使用，常和其他评价方法结合使用。

第四节　公路隧道施工安全风险管理应用

一、管理措施

（一）建立施工安全生产管理机构

雷山隧道周边环境复杂，作业环境艰苦，工期紧，技术要求高的特点决定了雷山隧道安全风险管理的复杂性和艰巨性，因此必须建立安全生产管理机构。依据公路隧道施工特点，这里从施工单位的角度构建了安全生产管理机构，根据工程特点制订实施细则，项目部设立单独的安全管理部门，配备专职安全管理人员，隧道施工作业班组配备兼职安全员。

（二）建立施工安全投入指标体系

施工安全管理应贯彻"安全第一，预防为主"的方针，从细节上加强管理，众多恶性安全事故的发生往往是因为忽略了小的安全风险。施工安全投入尤其重要，因其直接关系到施工单位的安全效益，专项资金单独列支，加强财务审计，确保专款专用，构建公路隧道施工安全投入指标体系。

（三）建立施工安全会议制度

召开安全管理会议，是做好安全管理工作的一种措施和办法，根据公路隧道不同施工阶段的特点以及工程建设项目任务和要求，设置多种安全管理会议，细化相关会议内容，明确会议制度与要求。

安全管理会议密切联系公路隧道施工特点，内容简洁且重点突出，针对具体问题以提高效率并取得实效。重要安全管理会议如全线安全管理会议和各级安全管理例会应有会议纪要，存档中还应包括会议照片和会议签到表。

（四）安全生产检查制度

1.开工前的安全检查：主要内容包括：施工组织设计是否有安全措施，施工机械设备是否配齐安全防护装置，安全防护设施是否符合要求，施工人员是否经过安全教育和培训，施工安全责任制是否建立，施工中潜在事故和紧急情况是否有应急预案等。

2.定期安全生产检查：每月组织安全生产大检查，积极配合上级进行专项和重点检查；施工班组每日进行自检、互检、交接班检查。

3.经常性的安全检查：安检工程师、安全员日常巡回安全检查。检查重点：石方爆破施工、炸药库设置及危爆物品管理、施工用电、机械设备、模板工程等。

4.专业性的安全检查：针对施工现场的重大危险源，对施工现场的特种作业安全、现场的施工技术安全、现场大中型设备的运用、运转、维修进行检查。

5.季节性、节假日安全生产专项检查：在季节变化和节假日安排专职安全检查员对各项生产设施和施工机械进行全面检查，对工程施工过程中的安全设施和安全隐患进行全面检查，同时对所有员工进行专项安全教育。

（五）确定施工安全考核奖惩办法

依据现场签订的《安全生产责任书》，安全管理小组定期对各标段单位和各相关人员进行考评，重点考查安全目标的完成情况和管理人员岗位责任的执行情况，考评成绩可与物质奖励挂钩。

1.评分标准：采用问卷测试、现场检查观摩和查看记录等方式，对施工单位进行日常安全生产考核，重点考核其作业规程掌握情况、安全生产应知应会掌握情况、按章操作和标准化操作、危险辨识控制能力、应急处理能力、班组安全活动、持证上岗等内容。检查评分结果直接由检查小组根据评分表计算得出，其中检查小组若有监理参加，则监理评分的平均值与建设单位评分的平均值各占一定比例。年度考核以日常考核的平均成绩为依据。

2.考核结果及处理措施：根据《安全生产检查评分表》，由检查人员综合评定各标段的分数，最后将各标段的评分汇总。建议考核起评分100分，考评90分以上（含90分）者为优秀；90 ~ 80（含80分）为良好；80 ~ 70（含70分）为达标；70分以下为不达标。每次评分排名情况将在全线内通报，并视情况抄送上级有关部门。

考核不达标的部门、不称职的安全生产责任人和责任区内存在重大事故隐患的被考核部门和被考核人，应于规定时间内制订整改措施报送安全办；对不称职的被考核人和部门进行经济处罚并不得参加当年度评先。

（六）建立施工安全教育和安全交底制度

1.安全教育的要求和形式：应充分保障安全教育培训所需人员、资金和设施，建立从业人员的安全教育培训档案，建立健全其安全教育培训制度。对所有进场人员进行安全教育学习和再教育学习活动，严格按照国家相关的法律法规、文件和行业标准要求执行。重视安全生产宣传工作，通过单位专栏、橱窗、局域网等多种渠道，营造浓厚的安全氛围，加强安全文化建设，提高员工的安全意识。

2.安全教育主要内容：行业相关规章制度和规范标准；安全施工管理与安全技术知识；事故防范、应急救援及事故调查处理方法；典型事故案例分析等。

3.安全教育效果评价：施工单位必须进行安全教育效果评价，组织有针对性的安全生产考核或开展安全知识竞赛等活动。安全生产考核可分为书面考核、现场提问考核和实际考核等。

4.施工安全交底制度：建立三级安全交底制度，一是由项目经理组织，总工进行对各工区，各部门，各施工队完成一级安全交底；二是由各一区组织，经理部安全管理部门参与监督，完成爆破作业、高空作业、雨季作业、临时用电等口前正施工的各分项目工程的二级安全技术交底落实到位；二是由现场安全员，施工人员和班组长到场组织进行三级安全交底，落实到现场侮一个作业人员，且要有签字手续，否则不得上岗作业。

（七）建立施工安全应急系统

成立重大事故"应急救援指挥领导小组"，由项目经理、工程部、安质部、物机部、调度、办公室等部门领导组成，下设应急救援办公室（调度室），日常工作由调度室兼管。发生重大事故时，以指挥领导小组为基础，即重大事故应急救援指挥组，负责项目部应急救援工作的组织和指挥。

应急救援领导小组职责：负责本单位应急预案的制订、修订；组建应急救援专业队伍，并组织实施和演练；检查督促做好重大事故预防和应急救援的各项准备工作。

1.组长：负责所有救援人员、机械、物资的协调和施救统一指挥工作，礁定救援方案，主持事故调查会议。

2.副组长：负责现场救援人员、机械、物资的协调和施救指挥工作，提出救援方案的建议，主持事故调查工作。

3.技术负责：负责协调总指挥开展施救指挥工作，负责救援方案和相关技术及机械技术施救工作，参与事故调查。

4.安全总监：协助组长做好事故报警、情况通报及事故处置工作。

5.安质部副部长：负责现场警戒、治安保卫、疏散群众和道路管制工作。

6.工程部部长：负责现场技术调查、技术处理、制订方案和防范措施。

7.物机部部长、调度室主任：负责现场工程抢险、抢修所需救援物资、设备的储备调用工作。

8.办公室主任：负责相关设备管理单位的联系和组织设备管理单位专业抢修工作；负责伤员抢救、转院、亲属的安顿以及生活必需品的供应工作；负责救援车辆的指挥和分派工作。

（八）火工品管理，爆破施工相关安全措施

火工品的购买、运输、储存、发放，回收、销毁均按照国家、行业相关法律法规办理，爆破员、安全员、押运员等管理人员按规定必须取得相关资质并依照作业规程进行现场安全控制。

1.民用爆炸物品管理工作实行"从严管理，依法监督，方便生产，保障安全"和"谁

主管，谁负责"的原则。项目经理对本单位的民用爆炸物品管理工作负总责；分管安全的负责人负组织实施、管理监督和协调责任；其他分管负责人对各自分管工作范围的民用爆炸物品管理工作负直接管理责任。

2.严格执行民用爆炸物品出入库检验登记制度和发放、领退、检查、看守等安全管理制度，并如实建立本单位购买、运输、储存、使用民用爆炸物品的品种、数量和流向台账，按规定时限输入公安机关民用爆炸物品信息管理系统，并定期上报上级单位。民用爆炸物品的购买、运输、储存、发放、领退和现场使用各环节必须经安质部安全审查、签认后，方能进行。

3.民用爆炸物品领退人员应由专人负责。领退民用爆炸物品时，领退人员要仔细核对所领、退民用爆炸物品型号、数量，是否与《民用爆炸物品使用申请单》《民用爆炸物品退库单》中的型号、数量一致，是否为合格产品。如果有误，应立即向库房保管人员提出并协助保管员重新核对并纠正，双方确认无误后，方能办理领、退库手续。

4.现场使用管理要求：在现场从事爆破作业的爆破员必须持有公安机关颁发的《爆破作业人员许可证》，并随身携带作业证原件或复印件备查。在爆破作业现场必须按规定配备爆破安全员，专职负责爆破作业现场安全管理和监督。运到作业面的民爆物品应有专人看管，并标以醒目的标志。炸药与雷管必须分开放置，并且保持一定的安全距离，且雷管应放置在专用的保险箱内。现场作业人员必须严格按照《爆破安全规程》和《爆破设计—方案》的要求使用民用爆炸物品，服从现场指挥员和安全员的安排和监督。

二、技术措施

（一）塌方安全风险控制

根据勘察与设计资料，综合考虑实际开挖所揭露的围岩条件，与勘察设计资料有出入的应及时调整施工方案和支护参数。严格控制隧道超、欠挖情况。在施工过程中做好超前探孔，坚持"预防为主"的原则，有准备地作好各种预防措施，加强围岩监控量测，及时反馈信息，保证施工安全。具体控制措施如下：

1.隧道围岩局部注浆：预注浆浆液全部采用水泥单液浆，水灰比为1∶1.注浆压力不得小于2.0 mpa。

2.塌方处理方案：隧道施工过程中，应加强地质超前预报和监控量测，密切注意围岩应力、应变状态，实时掌握掌子面前方一定范围内的地质情况，密切监控塌方发展情况，在保证安全的前提下采用喷射混凝土封闭塌渣、塌腔和掌子面，必要情况下，在塌方地段设置临时支撑，防止塌方进一步发展。

塌腔高度小于2 m的情况下，采用注浆小导管对塌腔周围5～10 m范围内岩体进行注浆加固处理，注浆浆液采用 1∶1 水泥浆，可添加适量水玻璃。

塌腔周围岩体加固处理完成后，对塌腔进行处理，在有条件的情况下，首先采用中空注浆锚杆、喷射混凝土、钢筋网对塌腔范围内岩体进行加固，然后分段挖出塌渣，快速分段设置初期支护，如塌方发生在上台阶开挖过程中，初衬应设置扩大拱脚，并预留泵送管和排气管。

快速施工二次衬砌，并在衬砌形成强度后，泵送混凝土回填塌腔；塌方处理完成后，继续进行前方掌子面开挖，并视具体情况在 5 ~ 10 m 范围内加强预支护、初衬、二衬支护参数。

（二）突水突泥安全风险控制

对断裂构造及节理裂隙密集带地下水赋存情况、富水段地质构造等情况进行深入调查，制订相应的应急预案。具体的建议如下：

1. 做好超前地质预报工作和超前支护工作，采用小进尺、弱爆破开挖，及时封闭开挖面。

2. 隧道浅埋段，由于地表水丰富，可以采用一定的降水措施，降低地层中的水平面。对于可能发生突水突泥事故的地段，主要是封堵裂缝，隔离水源，堵塞水点，以减少洞内涌水量，改善施工条件。

3. 突水突泥事故发生的地段，地质情况一般比较复杂，围岩在水的存在下一般都变得比较软弱，因此在施工中应必须加强支护措施，使用小进尺、弱爆破的开挖方法，开挖后及时封闭开挖断面，避免由于突水突泥而造成的更大的事故如塌方等。

4. 若隧道开挖后出现局部渗水，根据不同情况采取相应措施，地下水状态Ⅰ级（渗水量 < 10 L/min·10 m），可采用喷射混凝土封堵渗水。地下水状态Ⅱ，Ⅲ级（Ⅱ级，渗水量 10 ~ 25 L/min·10 m，Ⅲ级，渗水量 25 ~ 125 L/min·10 m），隧道采用径向注浆止水措施，长期观测附近居民区水井出露断面，确保工程施工安全。注浆堵水后，地下水状态应达到无水或小于地下水状态Ⅰ级（干燥或湿润：渗水量 < 3 L/min·10 m）方可施工防水板和二次衬砌。

注浆效果评价标准：检查孔数量不少于注浆孔总数的 10 %；渗水量不大于 0.25 L/孔·米·分钟；堵水率不小于 85 %。

（三）大变形和洞口安全风险控制

为避免风险事故的发生，确保安全施工，风险控制措施建议如下：

1. 在隧道洞口施工前，应先施工洞顶截（排）水沟，形成完善的洞口防排水系统，平整洞顶地表，以确保排水通畅和洞口施工安全。同时进行边仰坡防护和加固，必要时设置防护网等安全措施，以保证隧道洞口的施工安全。

2. 施工中加强监控量测，根据监测的情况和围岩应力特征，针对洞口较差的围岩，针对性的选取洞口支护加固方案，适当加大预留变形量、加长系统锚杆（必要时加密布置）、加强支护等来控制变形。

3. 加强洞口段超前支护和边仰坡设计，必要时采用大管棚十超前小导管支护。洞口按设计完成超前支护后，方可开始正洞的施工。

4. 隧道出口段处于岩层松散破碎带，施工中采用三台阶临时仰拱法，开挖循环进尺控制在 0.8 m，台阶长度 3 ~ 5 m，及时进行初期支护，保证围岩稳定。中、下台阶左右边墙侮次进尺不得超过 2 榀（1.6 m），且左右错开 3 ~ 5 m。

5. 开挖严格控制进尺，台阶长度、仰拱与掌子面距离、二衬与掌子面距离始终控制在国家标准内。开挖后立即封闭开挖暴露面，喷射混凝土采用高标号（可采用 C25 以上）早强混凝土。

6. 支护设置 I20b 型钢架，间距为 1 榀 /0.8 m，拱部设置 ×42 小导管超前支护，小导管环向间距 40 cm，长 4.0 m。必要时小导管加密，系统锚杆加长。

7. 及时施做隧底仰拱，严格控制各道工序和施工工艺，尽早闭合成环。仰拱落底开挖每次不得超过 4 m，已成环仰拱距离掌子面不得超过 30 m。为防止仰拱全幅开挖时边墙向内位移，必要时加设横梁顶紧。仰拱施作一次成型，严禁分幅施工，其施工缝和变形缝的防水处理工艺要求同衬砌拱墙的施工缝一致。施工中严格控制各道工序，加强监控量测。

8. 尽一早组装衬砌台车，进行二次衬砌，要求二衬距离掌子面不得超过 60 m，加强二次衬砌的结构厚度和钢筋布置。加强监控量测工作，及时调整支护衬砌参数和施工方法。发生挤压大变形时，必要时采用多重支护、分次施工来控制变形。

第九章 高速公路隧道安全运营管理技术

第一节 公路隧道分类管理技术

一、国内外公路隧道分类方法及分析

（一）中国《公路隧道设计规范》（JTG D70-2014）的隧道分类方法

中国在进行隧道土建设计时，根据隧道长度将隧道分为特长隧道、长隧道、中隧道、短隧道4个等级；隧道长度分为500，1000，3000 m三个等级，其具体划分情况见表3.2。其中，隧道长度指两端洞门墙墙面与路面的交线同路线中线交点间的距离。此种分类方法作为营运安全管理分类方法的不足是只考虑了隧道长度这一基础分界指标。

5）中国《公路隧道交通工程设计规范》（JTG/TD 71--2014）的隧道分类方法

中国在进行公路隧道交通工程设计时，根据隧道长度、车道数和隧道交通量3个因素将公路隧道划分为A+，A，B，C，D5个等级。此种分类方法作为营运安全管理分类方法的不足是未考虑长度小于100 m的隧道和交通量小于1 000辆的隧道情况。

二、公路隧道安全等级评价体系

（一）安全等级评价指标选取原则

一般来说，公路隧道安全等级评价指标范围越宽，指标数量就越多，则方案之间的差异就越明显，有利于判断和评价，但确定指标的大类和指标的重要程度也越困难，处理和建模过程也越复杂，因而歪曲方案的本质特性的可能性也越大。公路隧道安全等级评价指标体系要全面地反映所要评价的系统的各项目标要求，尽可能地做到科学、合理且符合实际情况，并基本上能为有关人员和部门所接受。为此，制订评价指标体系需在全面分析系统的基础上，首先拟订指标草案，经过广泛征求专家意见、反复交换信息、统计处理和综合归纳等，最后确定系统的评价指标体系。

建立公路隧道安全等级评价指标体系时，一般应遵循以下原则：

1. 目的性原则

对公路隧道安全等级评价的目的在于分析公路隧道整体及各子系统的安全性能，从而发现存在的问题与不足，有针对性地提出今后的发展方向与整改措施，最终达到降低隧道运营中的事故发生率、减少事故所造成的损失的目的。

2. 指标间的独立性

为了得到隧道的综合安全等级，需要将各专项指标加权求和；同样，为了得到隧道内某专项的安全性能，需要将影响该专项的各指标加权处理。因此，各指标间的独立性十分重要，指标间应尽量避免包容、耦合关系，对隐含的相关关系，应在评价中以适当的方法消除，否则就会给权重的确定带来不必要的困难，并可能造成综合评价的失真。

3. 指标的可测性原则

选取的指标必须满足可测量的要求，才能在指标体系建立之后有一个客观的测评依据。

4. 可操作性和实用性原则

评价指标应该含义明确，收集评价指标数据、资料方便，便于统计和量化计算。指标值能准确、快速获取且方法易于掌握。

5. 科学性和可掌性原则

评价标准和理论必须建立在科学的基础上，才能反映客观实际并对实践具有指导作用。评价指标必须可靠、起实际作用，才能构成评价标准的基础，如果指标本身很不可靠，那么评价标准就失去了意义。

6. 系统性原则

公路隧道系统是一个复杂的系统，涉及土建、机电、管理等诸多方面，在分析问题时要从全局出发，高屋建瓴，把评价对象当作一个整体或大系统来加以考虑。评价指标应广泛、系统，能充分反映评价对象的优劣水平，不仅要尽可能地考虑每一个要素，而且力求以最少的指标概括系统的全貌，克服片面性。

7. 定性指标和定量指标先后结合使用的原则

定量指标有利于进行准确、科学、合理的评价。对于有些难以量化的内容，采用定性的评价指标，既可用数学模型使评价具有客观性，又可弥补单纯定量评价的不足及数据资料本身存在的问题。

8. 评价指标具有可比性

建立评价体系时，应考虑隧道运营管理的发展过程，选取在一段时间内统计上通用的指标，同时指标尽量选用相对值，这样既便于同一隧道不同时期的指标进行比较，又便于同一时期不同的隧道进行比较。

9. 指标设置要有重点、有层次

重要指标可以设置的细密些，次要指标可以设置的稀疏些，以简化工作。指标的层次性为衡量方案的效果和确定指标的权重提供方便。指标个数的多少应以说明问题为准，同时保证指标的公正性。

（二）公路隧道重要度

1. 基本思想

综合考虑隧道在路网中的功能、地位与作用，考虑当地的地理与环境特征，采用等效安全度的理念，以隧道土建结构、交通特征及运营管理为参数，将隧道土建与隧道机电有机地联系起来，达到宏观上指导隧道建设与运营管理，实现投资高效、安全节能的目的。

2. 重要度的概念

可从用途、功能地理特征这3个方面来考察，其表示隧道在路网中的地位与作用，隐含着对建设规模与运营管理水平的要求。

第二节　公路隧道日常安全管理技术

一、公路隧道群车速管理

（一）隧道行车特点调查与结论分析

1. 调查情况简单介绍

为了更好地研究隧道群行车特点，便于制订高速公路隧道车速管理方案，对国内某典型隧道群进行了车速调查。调查内容包括隧道群同一时段不同位置的地点车速变化情况、不同车型车速情况。调查车型主要分为重型车与非重型车，车型分类标准见表3.3。选取的典型隧道群基本情况：隧道1为分离式上下行隧道，左洞长1 578 m，右洞长1 603 m；隧道2长300 m；隧道3长150 m。隧道1与隧道2之间的距离（桩号差）为804 m，隧道2与隧道3之间的距离（桩号差）为117 m。此典型隧道运营时间较短，交通量较小，约为53辆/h，可认为此隧道群的车速变化只受隧道群环境影响，不受其他车辆的速度干扰。隧道群限速80 km/h。

2. 调查结论

①重型车与非重型车在隧道群中的运行特性基本上符合"进隧道减速、出隧道加速"的规律。

②重型车与非重型车车速变化曲线基本相同。

③测点2到测点4存在减速和加速过程的原因是驾驶员在隧道中行驶，存在"暗适应"的作用，导致速度下降，经过一段时间的适应，驾驶员习惯了隧道亮度，有加速的趋势。

④测点5到测点6存在加速过程的原因是在出洞口时，由于"明适应"和驾驶员的"逃逸心理"，产生加速的趋势。

⑤测点8的车速高于测点1的车速，验证了前述所得结论即测点5到测点6有加速趋势。一般情况下，由于驾驶员的"逃逸心理"作用，隧道与隧道之间的路段的速度可认为是高于高速公路普通路段的车速。

⑥测点1到测点4的车速变化规律与测点9到测点10的车速变化规律的相似性，验证了隧道车速管理中可按照一个长隧道进行管理的结论的正确性。

（二）隧道有效限速措施研究

隧道群进行车速管理的主要目的是使隧道内的交通流达到均衡、同一的目的，为了实现这一目标，许多交通平抑措施应用于车速管理。

1. 驾驶员主观车速判断误差的讨论

隧道车速管理主要通过限速标志和震动带来达到在隧道洞口减速进洞的目的，但是通过实际调研发现，车辆进入隧道的速度明显大于隧道的限速值。这就有必要对隧道限速标志的效果进行探讨，以更好地使驾驶员车速控制在要求的标准车速之下。

车辆进入隧道速度大于隧道的限制值的原因除了限速值设置的不合理外，还与驾驶员对车速判断的方式有很大关系。在高速公路上行驶的驾驶员通常情况下对车速的判断并非基于车速表，而是根据驾驶员的主观经验和行车比较效仿来进行判断。在进入隧道区域前，驾驶员在高速公路上长时间行驶，往往对车速的判断不准，刘哲义曾对高速公路上行驶的驾驶员做过"车速减半试验"，试验过程简要叙述为首先要求驾驶员按照车速表指示为准，将车速提高到某一规定值，然后要求驾驶员按照一般看到减速标志时的操作方式将车速减少至规定值的一半。

当车速改变时，驾驶员主观感觉的车速差异总比客观速度差异大，随着速度的提高，对车速的判断误差也加大。

驾驶员对车速的判断除了与车速值相关外，还与车速的保持时间长短有着密切关系，杜坤等人曾经进行车速保持时间与车速判断误差关系试验，试验过程简要叙述为驾驶员以 100 km/h 行驶不同距离，通过车速表读取主观判断减速到 60 km/h 的实际车速值。

2. 隧道前有效限速措施的建议

基于以上分析，可以得出驾驶员主观车速误差判断与速度值的大小、速度值的保持时间长短有关。在限制的手段上可以考虑从以下两个方面提高限速效果、减少实际车速与限速标准值之间的绝对差，减少行驶车速的保持时间。组合限速措施可以描述为在隧道限速标志前设置减速震动带，提醒驾驶员减速行驶，隧道限速标志数量从 1 块提高到 3 块，分别在隧道前 500 m、1 km、2 km 前设置，达到限速的目的。

（三）隧道临时养护施工区段的速度管理技术研究

高速公路隧道养护，有时需要封闭部分车道进行维护作业，这种作业信息需要通过可变情报板予以显示，以起到诱导交通流的作用，这造成隧道行车信息量的突变，需要驾驶员减速通过养护区域。根据人机工程学的原理，驾驶员的视野范围为正前方左右各 60° 的范围，而正前方 10° 以外 20° 以内为驾驶员的交通信息瞬间识别视野。根据我国公路设计车辆尺寸及隧道的断面形式，可以计算出驾驶员的瞬间视野为 28.36 ~ 57.15 m，一般计算时取为 30 m。人的视觉信息处理速率为 2.7 ~ 7.5 bit/s，考虑驾驶员的行车安全性和隧道的特点，一般取值为 3 bit/s。

三、公路隧道分类等级划分

公路隧道安全等级划分的目的是可以按照隧道安全级别科学、合理地配备相应的安全设施、管理措施和事故预防措施，既能保证隧道运营安全性，又能节约建设成本和运营成本。初期，随着隧道安全设备经济投入的增加，隧道运营安全性会随之增加，当达到某一高度时，安全设备的经济投入就不会对隧道运营安全性有提高作用。

实际上，公路隧道安全等级划分标准不仅与隧道长度、交通量相关，还与隧道的防火规模、隧道内是否有主动灭火设施有关。同时隧道长度在安全等级划分中起到了与交通量大小同等重要的作用，为了说明隧道长度在安全等级划分中的作用，下面将引入隧道洞内"消防盲区"的概念。

众所周知，隧道洞内发生火灾后，由于有害废气物将快速充满隧道洞内各处角落，被困人员在洞内生存的有效时间仅有 6 min。在这仅有的"黄金 6 min"时间内，若隧道洞内无主动灭火设施，根据隧道长度情况，洞内可能存在"消防盲区"。

第三节　公路隧道应急管理体制

一、公路隧道应急管理思路

根据高速公路隧道应急管理思路，通过对管理层次——决策层、管理层、操作层的划分，全面分析高速公路隧道各类应急管理方式和各项任务及相关职能，包括决策责任、组织、执行和协助工作的分工，可以清楚地了解政府行为和非政府行为这一对二元因素的相互关系，确立其中的主要方面，并可以获得进行各方面要素整合优化的理想途径。

（一）隧道应急管理职能划分

高速公路隧道应急管理职能应包括决策指挥、组织协调、法规管理、监督管理、保险管理、救援管理信息管理、投资管理、科研咨询、宣传教育等，按照政府部门与非政府部门划分职能。

高速公路隧道应急管理任务包括物资管理、交通运行状态管理、重要决策及其执行过程管理、经济与社会效益管理、机构和部门管理、协调管理以及灾害信息管理、减灾科技成果管理等。

（二）隧道应急管理体制框架

高速公路隧道突发事件特别是重大突发事件，需要广泛动员各种组织和力量参与，需要统一指挥、统一行动，需要各个方面相互协作快速联动，需要有技术、物质、资金、舆论的支持和保障，需要有法律和政策的依据。高速公路隧道应急管理基本框架就是通过组织、资源、行动等应急管理要素整合而形成的体化系统。

二、基于应急全过程的公路隧道应急管理职能划分

高速公路隧道应急管理全过程由制订应急依据、完善预案计划、应对事件处置和恢复交通运营4个主要环节组成。应急管理层次可以划分为决策层、管理层（职能管理层和执行管理层）操作层。应急管理实施主体可分为政府行为和非政府行为。

（一）制订应急依据阶段的职能分析

制订应急依据的目的是实现预控。预控是指为消除高速公路隧道事故出现的机会或者减少事故造成的影响的一切活动。针对高速公路隧道的应急管理，应制订高速公路隧道应急处置依据（政府主管部门），并确定相应等级的实施措施（由运营单位实施），其出发点是使高速公路隧道应急管理工作有法可依、有利于管理工作的标准化。

（二）完善预案计划阶段的职能分析

作出计划，以确定在高速公路隧道事故出现时如何有效地应对。它包括应急预案的制订、资源（资金和设备）的分配和调度、队伍建设、组织协调与沟通的平台建设（通信保障）、宣教培训的实施。

充分准备是高速公路隧道安全管理的一项主要原则。其主要措施有：利用现代通信信息技术建立信息收集网络，加强信息分析整理，依靠专家、技术和知识提高风险信息分析能力，以争取早期预警和正确决策；组织制订应急预案，并根据情况变化随时对预案加以修改完善；就应急预案组织模拟演习和人员培训，设立风险类别和等级，建立预警系统；与政府部门、社会救援组织和医院等部门订立应急合作计划，以落实应急处置的设施使用、技术支持、物资设备供应救援人员等事项，为应对突发事件做好准备。

（三）应对事件处置阶段的职能分析

应对事件处置阶段是指高速公路隧道事故出现后，通过各种措施控制和降低事故损失的行为，包括许多重要环节，如事故评估、事故预警、安全诱导、紧急救援、应急处置、后勤保障媒体引导等。

及时应对是高速公路隧道应急管理的又一重要原则。其主要措施包括进行预警提

示、启动应急计划、提供紧急救援、紧急疏散车辆、评估事故程度。这是考验应急能力的关键阶段、实战阶段，尤其要解决好以下几个问题：一是要提高快速反应能力，反应快，意味着损失就少，经验表明建立统一的指挥系统有助于提高快速反应能力；二是要为一线应急人员配备必要的装备设施，以提高危险状态下的应急处置能力；三是要加强车流的诱导，因为人们在灾害和危机情况下通常会不听从指挥，不服从管理，如不顾一切地挤向出口和车行横洞，最终因交通堵塞而无法脱险。

（四）恢复交通运营阶段职能分析

恢复交通运营阶段是指通过各种措施，恢复正常的行车秩序。在高速公路隧道事故得到有效控制后，应积极开展各项善后工作以尽快恢复正常的状态和秩序。其主要措施包括启动恢复计划，修复或更换被毁设施，尽快恢复正常行车秩序，进行事故评估管理等。事后评估应分析应急管理的经验和教训，为今后应对类似事故奠定新的基础，也有助于制度和管理创新，化危机为契机。

三、公路隧道应急联动体系

高速公路隧道应急事件管理既然是在协同管理体制指导下建立的，隧道突发事件应急联动体系的建立需要政府有关主管部门]设置专门的或非常设行政机构，通过有效整合资源对隧道突发事件的预防和控制形成的一整套机制。其目的在于提高政府对隧道突发事件的指导和协调能力，提高隧道运营机构的预见能力与救助能力，及时而有效地处理隧道突发事件，快速恢复正常运营状态。隧道事件的复杂性与严重性，使隧道运营机构面临突发事件时，需要政府有关主管部门进行有效地协调与统一指挥，从而将事件的危害降到最低限度。

（一）隧道异常事件分类

收集整理近年来国内外公路隧道事故的情况，归纳分析得到隧道异常事件的类型主要有以下 4 种：

1.火灾。隧道内因为车辆追尾、易燃物品泄露、引擎过热甚至人为破坏等各种原因起火燃烧。

2.交通事故。车辆因为各种原因发生对撞追尾、擦撞、翻覆等事故，有人员伤亡或车辆受损现象。

3.危险品泄漏。危险品的种类繁多，若在隧道内发生火灾、爆炸、泄漏等重大事故，势必造成人员、财产、隧道结构、路面等极大的损害。

4.自然灾害事故。隧道所处区域地质环境复杂，有可能因为降雨等原因引发自然灾害，危及隧道的土建结构和正常运营。

（二）隧道异常事件等级划分

根据公路隧道各类运营事故的性质、危害程度和涉及范围，将公路隧道运营事故分为4个级别：Ⅰ级（特别重大）、Ⅱ级（重大）、Ⅲ级（较大）和Ⅳ级（一般）。

（三）基于隧道分类的预警启动条件

高速公路隧道及隧道群预警级别对应上面的异常事件分类级别也划分为4个级别：Ⅰ级（特别严重）、Ⅱ级（严重）、Ⅲ级（较重）和Ⅳ级（一般），依次用红色、橙色、黄色和蓝色表示，等级数越小，表示灾害危险性越大。

1.Ⅰ级预警启动条件

第一类公路隧道通过第一类、第二类、第三类、第四类危险品车辆时，实行Ⅰ级预警。

2.Ⅰ级预警启动条件

（1）第二类公路隧道通过第一类第一项，或第二类第一项，或第二类第三项，或第四类第一项，或第四类第二项危险品车辆。

（2）隧道结构属于B类破损或属于A类破损并将出现恶劣气候对隧道结构产生进一步破坏。

3.Ⅱ级预警启动条件

（1）第三类公路隧道通过第一类第二项或第一类第三项危险品车辆。

（2）隧道结构属于A类破损并将出现恶劣气候对隧道结构产生进一步破坏。

4.Ⅳ级预警启动条件

（1）交通量大于通行能力，隧道交通流为间断流。

（2）隧道交通流为自由流但隧道内已发生车辆故障或交通事故。

（四）隧道应急联动体系

1.构建原则

高速公路隧道应急联动体系的构建原则概括起来有以下几个重要原则：

（1）公共利益最大化原则。任何体系的活动和结构，都是为了实现特定的目标而服务的。应急联动体系也不例外，应急联动体系是以减少隧道事件损失，最大限度地维护国家和人民生命财产安全为根本目标，这一目标决定了组织结构形式。

（2）依法原则。其内涵可以阐述为两个方面：依法设立和依法行政。从依法设立的角度来讲，隧道应急联动体系必须通过政府权力机关立法或行政立法权的行政机关立法，通过立法，规定应急联动体系中的机构设置、权利与职责，实现统一管理，保证指令畅通，以便发挥逐级授权、依次分工、分级负责、充分发挥下级的能动性与创造性的功效。明晰的权责体系，有利于责任事故的追究，有利于绩效突出的单位和个人依法给予表彰。从依法行政的角度来讲，隧道应急联动体系在突发事件时，应急联动中枢决策系统拥有非常大的权限，必须使其联动机制主体、内容和程序合法，才能保证突发事件有条不紊地处置。

（3）有利于资源整合利用原则。正常情况下应由交通主管部门在隧道运营管理单位设立常设机构、隧道应急联动联络办公室，由隧道营运安全管理者代表负责，通过赋予其办公室的权威性对其他联动单位进行协调、指导、监督工作。

（4）有利于科学决策的原则。高效率的应急管理必须以高效率、高质量的决策为前提。为了科学决策，必须注重交通信息的收集与管理、相关部门的意见沟通与行动的协调。

（5）有利于现代信息技术应用的原则。现代信息技术使不同部门、机构的信息数据共享成为可能，从而大大提高信息传递的速度。只有充分利用现代信息技术，才能在第一时间内完成应急联动单位的组织与协调工作，提高事件的处置效率。

2. 功能分析

隧道异常事件的发生具有不确定性和复杂性，需要时时作好异常事件处置的准备。一般情况下，异常事件都具有一定的警兆，可将其处置过程划分为3个部分：预警期、异常事件处置期、交通运营恢复期。因此，应急联动体系的功能也可依次划分为三大功能。

（1）预控功能。其发挥依靠高效的隧道异常事件预警系统。预警系统主要包括信息监测系统、信息收集与处理系统、自我评估与判定系统、预警信息确认与通报系统。预警系统的功能发挥主要体现在以下两点：一是在异常事件发生前，灵敏而又准确地捕捉到与异常事件发生相关的、具有一定联系的信号，通过应急机制尽可能早地将其扼杀在播篮之中；二是当异常事件的发生已无法避免时，快速建立应急联动中枢决策系统，组织应急事件的处置，使事件的损失控制在最小范围内。

（2）应急处置功能。在异常事件的初期阶段，根据预警启动条件，应急联动体系的中枢决策系统就要迅速强制干预，利用其权威制定和执行带有强制性的决策。组织和协调有关联动单位进行现场救援，根据异常事件的复杂性和严重性，迅速找出问题的根源，把握目前状况和评估可能产生的后果，决策参与救援的单位部门、人数救援物资的调配，使事件的损失尽可能地控制在最小范围。同时加强交通诱导信息的发布，迅速掌控交通流。

（3）交通恢复功能。根据有关预案，进行隧道设施和结构的修复及作好交通恢复运营的准备，待准备工作结束后，由隧道营运机构安全管理者代表发布恢复交通运营指令，恢复正常交通。

3. 组织架构设计

按照隧道应急联动体系的构建原则和功能，运用系统组织学原理，适宜将隧道应急联动体系设计成网络式动态联动组织。它依托于从中央到地方按照行政区域设立的常设应急管理机构的基础上，以应急法律法规为结合点的动态连接体，以由政府交通安全主管部门授权的应急联动联络办公室负责统筹协调、组织与联动单位的救援行动，从而形成一个网络式组织结构，如图3.19所示。

4. 应急联动体系职责匹配

政府行政应急常设机构是行政区域内的突发公共事件的最高决策机构，是针对行政区域内可能突发的各种公共灾害事件特征而成立的针对性非常强的政府部门，机构内配有来自不同部门和研究机构的专家学者作为顾问，机构内的成员大多数来自权力部门] 或突发事件处置的对口部门，具有比较强的权威性和权力。其主要职责是：制定行政区域内预警应急管理部的行动指导方针，在比较大的范围内调拨物资、人力资源，处理大范围的协调工作，在工作中遵循"把握全局、制定战略、掌握资源、明确措施、强力监督"的原则。

联动单位的主要职责：常态下注意随时与本级或上级应急管理部门、应急联络单位保持信息沟通，参与本部门相关的预案制订，组织本部门参加预案的演练、评估、修订工作，非常态下接受本级或上级应急管理部门统一调配，在第 -- 时间进人现场进行紧急救援，如公安部门到达现场后，主要负责交通和运输管理，消防部门主要是与隧道运营单位有关人员一起扑灭火灾，控制火灾现场。

隧道应急联动联络办公室的主要职责：常态下密切关注本部门的安全运行状态，监督设备和结构的安全检查工作，制订本部门预案，进行预案的演练、评估、修订工作，组织和协调与联动单位的联合演练；在异常事件发生后，第一时间进行初期处置，并根据上报级别，向政府行政应急常设机构进行报告，组织现场救援管理工作。

5. 隧道管理者代表制度

英国2007年颁布的《The Road Tunnel Safety Regulations 2007》法案最突出的亮点是独立的安全专员制度：此专员要由每条隧道的管理者提名，负责防御和安全保障措施，以确保车辆和管理员的安全。此专员只负责公路隧道安全问题，独立于其他事务之外。在借鉴英国先进管理经验的基础上，提出有中国特色的隧道管理者代表制度。

管理者代表结合高速公路隧道及隧道群营运安全分类，由政府主管部门进行任命，管理者代表不等同于隧道运营机构的最高负责人，而是主要负责营运安全管理的具有政府工作人员性质的应急联动联络办公室最高负责人。具体任命规则如下：第一类公路隧道管理者代表由省交通主管部门任命并报交通运输部批准；第二类公路隧道和第三类公路隧道管理者代表由地（市）交通主管部门任命并报省交通主管部门批准；管理者代表应熟悉隧道运营管理业务，责任心强，身体健康。

管理者代表的职责根据隧道所处区域不同分别进行如下界定：非跨省区域隧道管理者代表，是隧道日常管理与应急管理的全权代表，对隧道的安全运营负有主要责任；跨省区域隧道管理者代表，是隧道日常管理的全权代表，对隧道设施的正常运营负有主要责任。需由隧道所跨区域协调指定另一应急管理者代表负责发生隧道运营灾害时的减灾与救援组织及协调。

四、防灾减灾救援预案

（一）防灾减灾救援保障体系

1. 组织机构

为了保障隧道发生突发异常事故时的应急处理能力，需建立高速公路隧道突发事件应急处置组织体系。隧道应急指挥部要按照"集中统一、政令畅通、指挥有力、条块结合、资源共享"的原则，认真负责地开展应急处置工作；各部门成员应服从领导，按照既定预案和现场机动处理的原则积极响应，确保在应对突发公共事件时形成紧密对接、上下贯通、高效有序的应急运作机制。

2. 工作机构及职责

高速公路管理单位和高速公路执法大队是高速公路隧道突发事件应急管理工作的领导机构，由执法大队成立高速公路隧道突发事件应急指挥部（以下简称"隧道应急指挥部"）。隧道应急指挥部全面负责高速公路隧道突发事件应急管理工作，指挥协调隧道突发事件应急处置工作。

（1）隧道应急指挥部指挥协调组。在隧道应急指挥部负责人或其授权应急指挥人员到达前负责隧道突发事件的初期处置，同时负责各类突发事件信息的收集、整理、报送和发布。积极做好现场处置人员与指挥部的联系沟通以及对外协调工作。

（2）隧道应急指挥部现场处置组。其分为交通组织疏散小组和应急救助抢险小组，在隧道应急指挥部的统一指挥下负责事故现场的交通组织及疏散、应急救助和在保障自身安全的前期下开展抢险工作。

（3）交通组织疏散小组。在隧道突发事件发生后，根据事故性质和影响范围立即制订交通管制方案并组织实施，划定警戒区域；当发生隧道火灾等严重事故时，应阻止洞外车辆进入洞内，组织疏散洞内的车辆驶离洞外，组织隧道内滞留人员有序疏散和撤离；指挥相关收费站适时关闭或开启车道实施交通管制措施，为各类应急救助抢险队伍顺利到达现场提供交通保障。

（4）隧道应急指挥部应急救助抢险小组。在隧道突发事件发生后，监控人员应迅速启动隧道机电系统联动控制方案，机电人员赶赴隧道现场配电室及机房，使隧道机电系统设施设备运行正常，为整个应急救助抢险工作提供保障；应急救助抢险小组应组织力量疏散滞留在隧道内的驾乘人员，同时调用水车、清障车隧道消防器材等应急资源，在保障自身安全的前提下开展救助抢险工作；在医疗、消防等专业救援抢险部门到达后为其提供技术支持和帮助，全力配合医疗、消防等部门专业救援抢险工作的开展。

3. 应急联动机制

发生隧道突发事件时，由隧道应急指挥部组织应急资源迅速作出应急联动响应，在当地政府或消防部门队伍到达前负责对隧道突发事件进行前期应急处置，同时动员消防、医疗、公安、环保等社会各方力量，迅速形成应急处置合力。

当地政府或公安消防部门到达后应将应急处置指挥权交由当地政府或消防部门现场总指挥，由隧道应急指挥部负责为抢险救援工作提供交通保障和技术支持，医疗机构为应急处置工作提供医疗救助保障，公安机关为应急处置工作提供治安保障，环保部广]为应急处置提供环保保障等，由消防部门1组织现场抢险救援工作，由当地政府统一组织隧道突发事件应急处置工作的开展。

4. 信息共享与处理

（1）隧道应急指挥部应充分利用隧道CCTV系统对事故现场进行监控，利用无线对讲机同频率通信建立快速、高效的指挥系统，确保隧道应急指挥部对隧道突发事件现场处置工作的有力指挥。

（2）信息处理。隧道监控中心作为隧道应急指挥部的信息中心，应按照信息监测运行机制的要求，及时收集处理各类信息，同时做好隧道突发事件信息的后续上报工作，不间断地报告处置现场的新进展，为上级决策提供信息保障。

（3）隧道监控中心要积极保持与应急处置联动单位的信息互通，将隧道现场的实时监控信息传递给现场处置单位指挥人员，同时收集现场处置的最新进展，保障现场处置工作的信息共享和畅通。

（4）在隧道应急指挥部的统一指挥下，隧道监控中心应及时、准确、对外统一口径地发布相关信息。

（二）防灾减灾救援分区

根据异常事故在隧道发生的位置不同，划分不同的防灾减灾救援分区。按照《公路隧道设计规范第一册土建工程》（JTG 3370.1—2018），对于长隧道、特长隧道（L>1 000 m），救援区分为3类：隧道入口段、中间段和出口段；中隧道（500 m<L ≤ 1 000 m），救援区分为两大类：隧道入口段和出口段；短隧道不划分救援分区。

（三）典型隧道事故防灾减灾救援预案制订

1. 火灾爆炸事故的防灾减灾预案

隧道火灾爆炸事故的防灾救灾预案可分为人员疏散、人员救治、交通控制、通风照明、消防灭火和交通恢复6个部分。

（1）通风照明。通风照明在隧道火灾爆炸事故救援过程中发挥着非常重要的作用，主要用来控制烟雾的扩散、排除和提供新鲜的空气。一般情况下，通风控制预案应满足以下要求：提供防止烟流逆流或向正常隧道扩散的最小风速；尽快排出隧道内的烟雾；为逃生提供新鲜空气；为消防人员灭火提供新鲜空气。

（2）人员疏散和人员救治。人员疏散是指在隧道火灾爆炸事故发生过程中如何引导隧道内司乘人员逃生。隧道管理站根据隧道报警、摄像机确认，根据火灾发生地点和性质，应启动交通控制、通风照明等措施，并在保证人员安全疏散的前提下，尽可能地疏散车辆。隧道使用人员如发现其他车辆起火，应打开警告灯，如可能应尽量将自己的车辆按照次序开出隧道；根据隧道车道控制标志引导通过车行横洞驶人隧道另一洞（如果隧道另一洞开辟为双向行驶），将车辆开到或推到紧急停车带或最外侧车道并关闭发动机（给消防、救援等车辆尽可能地让出内侧车道）；立即离开车辆；如果隧道管理人员没有采取措施，应立即采用隧道设施或手机报警；如果需要和可能，给受伤的人予以帮助；使用车辆自带的灭火器或隧道的设施扑灭火灾；如果火灾不能扑灭，应尽快根据疏散标志标志灯等引导离开火灾地点或隧道。隧道使用人员如发现隧道设施起火，将车停在远离火灾点的安全地带（一般指紧急停车带内），并通过隧道设备或手机报警；如果火灾较小，隧道使用人员可使用自带的或隧道内的灭火器灭火。

（3）交通控制。其措施主要包括在一般情况下保证隧道交通正常通行，火灾情况下尽快疏散社会车辆、并引导人员逃离、组织人员救援。交通控制应满足以下要求：根据火灾爆炸事故发生地点及隧道内设备配置情况来确定，由于隧道长短不一、设备配置不一、人行和车行横洞数量不一，针对不同的隧道有不同的交通控制措施。

隧道发生火灾后，首先应关闭所有隧道，并以有利于人员和车辆疏散为原则。交通控制措施中应考虑消防灭火人员以及救援人员的路线。对于隧道内人员的幸存来说，有效逃离是一个关键问题。着火以后在出现烟尘堵塞之前，靠近着火点的人员能够进行逃离的时间非常有限，逃生的黄金时间在 10 min 以内。因此，隧道内发生火灾，关键是让隧道内的人员逃离火灾现场，争取逃离时间。逃离时间也就是需要逃离隧道的时间，由两部分组成，即反映时间和移动时间，这就要求火灾检测时间尽可能地短。

（4）消防灭火。隧道消防灭火的基本思路是要考虑隧道特殊的环境特点，隧道内发生火灾时控制灾情的方法基本上有两种，即断氧窒息法和降温法。当隧道内发生火灾时，各种方法应相互配合使用，并结合隧道的防火分区进行考虑。断氧窒息法：一种方法是在发生火灾的区段两端用沙袋等难燃材料进行封堵，使燃烧区段的氧气失供，氧气耗尽后窒息灭火，这种方法不适于封堵困难的长大公路隧道，对于长大隧道一般采用与防火分区结合设置的水幕带或防火门，在火灾发生时该区段开启水幕带或关闭防火门；另一种方法是采用化学灭火材料，让这种灭火材料覆盖在燃烧物质表面，隔断可燃物与空气的接触，从而达到窒息灭火的目的。降温法就是在隧道发生火灾时采用水或空气进行降温。水的来源可以是自动洒水系统或者常规消火栓系统。空气主要是通过隧道的通风组织供给。由于水或空气的冷却作用，使得燃烧没有足够的热量加以维持，从而达到灭火的目的。

隧道发生火灾后，首先要封闭隧道进行交通管制，所有车辆只出不进；其次根据火灾发生的位置，对被围困人员进行疏解营救，同时按照公路隧道火灾模式下的通风组织原则，对风机实施控制。其中，风机控制顺序：先调整火灾隧道风机，再调整非火灾隧道风机；控制策略：调整射流风机（风机正反转，正常风机从运行一停止一反转需要 8 ~ 10 min，目前利用反转技术，从运行一停止一反转只需 30 s）；控制目标：以火灾区风速控制为主。

对于特长隧道，随着火灾发生在隧道内位置的不同，人员援救措施随之不同。当隧道发生火灾时，火区下游人员自行驾车由隧道出口快速撤离隧道；火区上游被围困人员需根据火灾区段划分选择逃离方式。对于特长隧道火灾发生的地点距离隧道上游进口较长的情况，可将火区上游划分为 3 个火灾区段：一是火区附近段，距离火灾发生地点 500 m 区域，在此区域被围困的司乘人员选择弃车逃生，通过人行横通道进入非火灾隧道撤离；二是火区较近段，距离火灾发生地点 500 ~ 1 000 m 区域，在此区域被围困的司乘人员选择弃车逃生和驾车逃生的混合逃生方式；三是火区较远段，距离火灾发生地点大于 1000 m 区域，在此区域被围困的司乘人员选择驾车逃生，通过邻近的车行横通道进入非火灾隧道撤离。

在具体的隧道火灾上游区段划分时，区域范围可根据人行横通道和车行横通道的位置进行适当调整，一般可将最邻近 500 m 和 1 000 m 处的人行横通道和车行横通道作为区段划分的分界点。

根据以上分析，下面对 3 种情况（火灾发生地点距上游隧道入口处的距离 500，1000 及 1000 m 以上）的隧道火灾通风和人员救援模式进行分析。

a.情景一（火灾发生地点距上游隧道入口 500 m）。

此时火灾发生的地点距离隧道上游出口较近。火灾发生后，为了尽量使有毒气体通过最短的途径排出，在起火阶段，隧道内风速应控制在 1 m/s 以下；在人员疏散阶段，隧道内风速应控制在 2 m/s 以下；在消防人员进入火灾现场灭火阶段，隧道内风速应控制在大于 2.5 m/s。

火灾发生地点下游车辆可正常驶离隧道，因为上游火灾影响区距离较短且离火灾发生地点较近，所以被围困人员疏散采用弃车逃生的策略，救援车辆通过对向内侧车道驶入火灾发生地点进行救援。同时对向车道进行交通控制，外侧车道车辆可以正常通行，开辟内侧车道为救援车辆和行人安全疏散通道。

b. 情景二（火灾发生地点距上游隧道入口 1 000 m）。

此时火灾发生的地点在隧道中部附近。在火灾发生起始阶段，隧道风速控制在 1 m/s 以下；在人员疏散阶段，隧道内风速应控制在 2 m/s 以下；在消防人员进入火灾现场灭火阶段，隧道风速应控制在大于 2.5 m/s。

火灾发生地点下游车辆可以正常驶离隧道。上游火灾影响区域内的被围困人员根据火灾分区分别进行不同的疏散策略，距离火灾发生地点 500 m 区域内，被围困的司乘人员选择弃车逃生，通过人行横通道进入非火灾隧道撤离；距离火灾发生地点 500～1 000 m 区域内，被围困的司乘人员选择弃车逃生和驾车逃生的混合逃生方式。救援车辆通过对向内侧车道驶入火灾发生地点进行救援，同时对向车道进行交通控制，外侧车道车辆可以正常通行，开辟内侧车道为逃生车辆和行人安全疏散混行通道。

c. 情景三（火灾发生地点距上游隧道入口 1 000 m 以上）。

此时火灾发生地点距离隧道下游出口较近。在起火阶段，隧道内风速控制在 1 m/s 以内；在人员疏散阶段隧道内风速应控制在 2 m/s 以下；在消防人员进入火灾现场灭火阶段，隧道内风速应控制在大于 2.5 m/s。

火灾发生地点下游车辆可正常驶离隧道。上游火灾影响区域内的被围困人员根据火灾分区分别进行不同的疏散策略，距离火灾发生地点 500 m 区域内，被围困的司乘人员选择弃车逃生，通过人行横通道进入非火灾隧道撤离；距离火灾发生地点 500～1 000 m 区域内，被围困的司乘人员选择弃车逃生和驾车逃生的混合逃生方式；距离火灾发生地点大于 1 000 m 区域，被围困的司乘人员选择驾车逃生，通过邻近的车行横通道进入非火灾隧道撤离。救援车辆通过对向内侧车道驶入火灾发生地点进行救援，同时对向车道进行交通控制，外侧车道车辆可正常通行，开辟内侧车道为逃生车辆和行人安全疏散混行通道。

2. 交通事故的防灾减灾预案

隧道交通事故发生后，在没有引发火灾的情况下，防灾救灾预案主要用于应急交通组织中管控通过隧道的车流，依据实际情况，选取可行方案的过程。紧急情况下交通组织方案应是救援路线与疏散路线的组合，交通事故的防灾救灾预案示意图如图 3.26 所示。

3. 危险品泄漏的防灾救灾预案

当危险品在隧道内发生泄漏时，应立即封闭泄露现场，对进出口隧道车流进行交通管制，对隧道内被困的司乘人员进行避难引导，同时通知防灾救援部门进行救援。

由于隧道危险品事故抢险救灾的困难性，许多国家都对危险品车辆能否通行隧道进行了专门规定。目前，我国尚未对危险品车辆隧道运输作出明确规定，但在相关法规中对危险品公路运输有一些规定。《危险货物道路运输规则》（JT/T617--2018）规定：

运输爆炸物品、易燃易爆化学物品，应事先报经当地公安部门批准，按指定路线、时间、速度行驶。《危险化学品安全管理条例》（国务院令第344号）规定：通行公路运输危险化学品的车辆，不得进入危险化学品运输车辆限制通行的区域。《中华人民共和国道路交通安全法》规定：机动车载运爆炸物品、易燃易爆化学物品及剧毒、放射性等危险物品，应当经公安机关批准后，按指定的时间、路线、速度行驶，悬挂警示标志并采取必要的安全措施。上海市政府在2017年1月颁发的《上海市危险化学物品安全管理办法》明确规定在夏季高温期间的上午10时至下午4时禁止危险化学品运输。

从保证隧道安全运营的角度考虑，应完全禁止危险品车辆通行隧道。由于经济活动的需要，又要求允许或减缓对危险品车辆的限制。虽然各国的相应措施有所差别，但都是带有限制性的允许通行。因此，考虑公路等级和隧道等级的划分情况，从经济、安全、社会等方面综合权衡，在兼顾可操作性的情况下，提出我国危险品运输车辆通行隧道的风险管理基本措施：允许通行、限时且由引导车护送通行（有隧道管理站时）和禁止通行。

五、应急救援管理程序

（一）应急救援管理流程

救援行动的开展是随着事件的发展动态进行的，因此，事故应急救援程序的拟定必须依据灾害发生的时间流程以及各救援单位的职责，以期使所有救灾单位都能发挥高效的应急处理能力。

（二）应急响应管理程序

应急响应程序是应急预案的核心内容，是检验应急救援综合能力的集中体现。结合我国应急救援单位的构成及其职责，将隧道突发事故的应急救援程序共分为7个阶段，每一阶段再细分为所需信息、决策过程、行动方案3个处置步骤，这3个处置步骤的目的是针对各救援单位在执行每一阶段任务时可能面临信息不足、无法立即决策等问题，提供必要的应变处理原则，以期使每一个救援单位在采取任何行动前都能掌握充分的信息。

应注意的是，隧道各类突发事件往往是相互交叉和关联的，某类突发事件可能和其他类别的事件同时发生，或引发次生、衍生事件，应具体分析，统筹应对。因此，现场指挥及管理单位的应急策略并非一成不变，应视现场灾害的演变而灵活运用，以有效地指挥调度救援行动。

第十章 高速公路隧道交通安全保障工程对策

第一节 公路隧道交通状态识别技术

一、公路隧道交通异常类型及特点

公路隧道交通异常可分为货物洒落、车辆故障、交通挤塞、交通事故、火灾和一氧化碳超标 6 种类型，每种异常的特点各不相同。

（一）货物洒落

从交通运输上讲可以预防，从隧道运营管理上讲难以预防（进入隧道前有装载品检查站，但无法对物品属性进行检查或装载规范性检查不仔细）或不可预防（进入隧道前无装载品检查站）。当装载物为易燃易爆有毒易污染物品时，无论交通量大小，都会造成严重危害；当装载物为非易燃易爆有毒易污染物品时，若交通量足够小，不会造成大的附带危害，当交通辆较大时，可能造成交通拥挤或交通事故。该异常无先兆但后果可通过闭路电视监视系统检测。

（二）车辆故障

车辆故障无先兆，可通过闭路电视监视系统检测。一般故障可将车拖到紧急停车带，花一段时间即可修理好，对交通不会造成太大的危害；严重故障需拖车拖走，在未离开行车道前，可能引发追尾，因此该异常后果可能造成交通拥挤或交通事故。

（三）交通挤塞

交通挤塞可分为周期性交通拥挤和偶发性交通拥挤。该异常有先兆，可通过反映交通流特性的参数（交通量、平均速度、占有率）检测拥挤、预测拥挤发生的时间，也可通过可变信息板、可变限速标志、匝道控制机、设在进入隧道前的交通信号灯等调节交通流，延缓拥挤发生的时间或避免严重拥挤的发生。在隧道内发生交通拥挤，后果比较严重，可能引发交通事故，同时使运营环境恶化，对通风不利，后果可通过闭路电视监视系统检测。

（四）交通事故

交通事故包括单车事故和多车事故。单车事故一般因为操作不当（如车速过快、照度不足看不清障碍物等）或机械故障造成；多车事故除具有单车事故的原因外，更重要的原因是对车辆间的侧向间距或纵向间距估计不足。无论单车事故或多车事故，都可能造成火灾或交通堵塞。机械故障造成的事故属于偶发事故，没有先兆，因为操作不当发生的事故有一定的先兆性，所以其后果可通过闭路电视监视系统检测。

（五）火灾

发生火灾的原因比较复杂，一般由交通事故引起，个别由机械故障引起，检测手段有闭路电视监视系统、火灾自动检测系统、手动火灾报警按钮、紧急电话等隧道报警设施和现场知情者报警，但一般没有先兆。

（六）一氧化碳超标

一氧化碳超标有先兆，可通过环境检测设施检测隧道内的环境质量，也可通过检测的交通信息推测氧化碳是否超标。该异常的后果严重程度取决于隧道长度和平均运营速度，对于较短的隧道，由于在隧道内的运行时间较短（不大于 20 min），一般不会造成严重后果，但对于特长隧道，则可能造成隧道使用者短时间内不适。

二、公路隧道交通信息采集技术

公路隧道交通信息的内容很广泛，包括交通流运行信息、车辆运行信息、交通设施运行信息、突发交通事件信息四大部分。从时间属性上说，交通信息又可分为历史信息、实时信息和预测信息三大类。在诸多交通信息中，交通速度和交通流量是实现交通控制和交通诱导的两种重要的基础交通信息，这两种交通信息的自动采集是实现交通系统智能化的关键，本节提到的交通信息主要指这两种交通信息（包括实时的、历史的和预测的信息）。

交通信息自动采集主要有车辆检测器技术、车辆定位检测技术、自动车辆识别技术等方法。

（一）车辆检测器技术

交通车辆检测器是交通管理系统的主要组成部分之一，是交通流信息的主要采集设备。我国大规模使用车辆检测器是近十多年的事情。车辆检测器的种类很多，分法各异。最具代表性的分法是按检测器的工作方式及工作时的电磁波波长范围，将检测器划分为三大类：磁性车辆检测器波谱车辆检测器和视频车辆检测器。

（二）车辆定位技术

自 20 世纪 50 年代由美国国防部建立罗兰 C（LoranC）系统以来，无线电定位技术得到了广泛的重视，特别是全球卫星定位系统（GPS/GLONAS）的出现，极大地促进了该技术的应用。从理论上讲，无论采用何种系统，如果某一终端能够同时接收多个来自已知位置的无线电信号，那么均可通过相对位置矢量的解算确定该终端的当前位置信息。

从目前发展情况来看，可用于移动车辆定位的主要方法有 GPS 定位、GLONASS 定位、GNSS 定位、组合定位（如 GPS/GLONASS，GPS/DRS，GPS/INS 等）、GSM 定位、北斗星卫星导航定位、地图四配（Map Matching）技术、信号杆 SP（Signal Pole）、无线电确定卫星服务 RDSS（Radio Deciding Star System）。

（三）自动车辆识别技术

自动车辆识别技术（Automatic Vehicle Identifcation，AVI）是将一种小的电子标签装置在车窗上，标签中有一个微型无线电发射器，它可发射出车辆自身特征信息码，在道路两侧装有高灵敏度的天线及终端识别器，终端识别器能识别车辆自身特征信息码，并将信息送人计算机进行处理后可得出流量、空间平均速度、行程时间和车辆分类。目前最主要的一种实现方式是利用射频（或微波）技术使车载电子标签和车道天线进行无接触双向数据交换。这种方式具有抗干扰能力强、不受天气影响、体积小、结构灵活、电子标签可读可写等优点。当然，采用视频检测车牌的方法也是一种 AVI 技术。

第二节　公路隧道安全预警技术

一、预警原理、目的、内容与系统框架

（一）预警原理与目的

公路隧道运营安全预警的原理是在系统非优理论中"非优思想"的指导下，研究系统中"非优"与"优"的演化规律，以及如何有效调控的预警预控方法，其是通过对现有系统信息的判读和分析来实现对其未来安全状况的预测与评估，并针对未来可能出现的不安全状况采取相应对策防止各种安全事故的发生，从而保证公路隧道的运营安全。在数据的采集与分析过程中，由于公路隧道运营安全的影响因素众多且关系错综复杂，所采集到的系统信息中不可避免地存在伪信息和信息噪声，因此将以信息论为基础，采用适当的方法来处理信息转化信息，把握信息运动的规律，滤除伪信息和信息中的噪声，使原始信息转化为可用于预警管理的有用信息。

公路隧道运营安全预警的最终目的是预控，因此控制是预警的落脚点。现有公路隧道运营安全管理体系中所采用的方法基本为控制论中的反馈控制法，如根据隧道运营环境的发展变化情况，对其安全管理对策进行相应调整。但单纯的反馈控制往往使隧道运营安全管理成为被动应战，要争取主动，就必须把控制论中的反馈控制与前馈控制结合起来，对公路隧道运营过程中的各类风险进行复合控制，以便及时把握机会，尽早化解风险。

（二）预警内容

预警是对灾害或危险状态的一种预先信息警报或警告。安全预警体系是对环境中的不安全状况进行监测识别，通过现状分析与评价分析警情、警源的变化，利用定量、定性结合的预警模型，确定其变化的趋势和速度，以形成对突发性或长期性警情的预报，从而达到防范安全事故的目的。预警从逻辑上一般包括 6 个阶段：明确警意、寻找警源、分析警素、研究警度、确定警限和探讨警级。

公路隧道运营安全预警管理理论将公路隧道运营中的交通事故、自然灾害、隧道病害等纳入研究框架，揭示隧道运营活动各种现象的发生机制，并讨论隧道运营安全事故的内在发展规律与预警预控对策。

（三）系统框架

公路隧道运营安全预警管理系统是根据公路隧道运营安全管理活动的状态，确定

隧道运营安全状态（分为安全、准安全、准危险危险4种），并由此作出相应对策的管理活动。它是对隧道运营安全状态进行监控，预测与警告，并在确认处于危险发生的状态下，采用规定的组织方法干涉和调控使之恢复正常状态的管理活动。

由于公路隧道运营管理过程中，针对不同指标的监测频率差别较大，如隧道结构病害的监测，其频率较小，一般1年监测1～2次；而针对交通指标和运营环境的监测，其频率很高，一般要求做到实时监测。因此，公路隧道运营安全预警管理体系应根据指标监测频率的不同，将预警指标分为长期预警指标（1个月～1年）、短期预警指标（1天～1周）和瞬时预警指标（0～1h）三类。从长期、短期和瞬时3个方面进行预警管理，其主要是综合考虑长期和短期预警信息来对隧道瞬时预警信息进行修正，然后针对所得到的瞬时预警信息来进行应急对策的决策分析，最后根据所得到的最终瞬时预警信息和决策分析结果来进行预警信息的发布。

二、公路隧道运营环境灾害预警

（一）预警内容

运营环境灾害的预警内容按交通运营工况分类，包括正常工况、阻塞工况、维修工况及火灾与毒气泄漏工况共4种情形的有害气体超标预警。

（二）预警原理

根据隧道交通量、交通构成与运行速度，预测废气排放量；根据隧道内的实时空气质量，预测隧道内未来的空气质量；根据相关标准要求及交通工况，进行隧道内空气质量预警。

三、公路隧道安全预警系统设计

（一）预警目标

公路隧道交通安全预警技术的研究目标是在对公路隧道交通安全状况进行预测和评价的基础上，分析预测和评价结果，从而得出该公路隧道交通安全所处的状态，为及时采取有效的预防措施提供理论依据。

从我国的公路隧道交通安全现状分析，国民经济的高速发展固然可能带来交通事故率的提高，但交通事故的发生、发展有其固有的规律，许多密切相关的内在因素是导致事故的根本原因。因此，根据我国交通安全的实际特点，分析其内在规律，研究制定道路交通安全对策，完善公路隧道交通安全预警系统，是遏制事故、改善交通安全的重要途径。

（二）预警参数

安全预警系统体系主要包括两大部分，即隧道交通安全预测和交通安全评价。通过预测可以发现在现有的交通基础条件下，未来的交通安全发展状况与趋势；而评价主要是对现有交通安全情况的一种分析。由此可见，预测和评价是安全预警系统的两大模块。

预警指标的构建在遵循一般原则的基础上，还应充分考虑以下五大原则：

1. 综合性原则

要求预警指标要有高度的概括性，能够及时准确、敏感地抓住道路交通状态的信息。

2. 独立性原则

要求预警指标之间既有一定的相关性，又要具有相互的独立性。根据具体情况对预警指标作相关性检验。

3. 因果性原则

在反映道路交通状态的本质要素被确定以后，指标体系的设计还应进一步研究各指标之间的逻辑关系。

4. 定量性原则

通过对指标之间的丽数关系的定量识别，力求使每一个指标能够以精确的数量来进行计算、表达和操作，对一些定性的指标进行规范化、权重化处理，使其定量化，从而大大增强指标体系的可操作性。

5. 阈值识别原则

构建一个完整的指标体系还要确定指标的差别原则，尤其要判别指标的初值、等分类原则临界阈值等，以达到对道路交通状态等级进行划分的要求。

预警系统的构建关键在于指标的选取及临界值的设定，评价公路隧道交通安全发展态势的指标有很多，但有些指标反映的内容是一样的，有些指标的数据很难收集，因此要对指标进行筛选，用适当的指标尽可能全面地评价公路隧道交通安全发展态势，当隧道交通安全发展偏离正常轨道时能够从指标值与临界值之间的比较体现，并及时发出警报。

因此，本节重点在于公路隧道交通事故异常预警。由于车辆故障产生的事故隧道管理者难以预警，管理者可预警的主要是隧道尾撞交通事故及单车对障碍物的碰撞。

（三）系统构成

1. 隧道交通安全预警系统框架

按照安全预警系统构建的原则和要求，结合其在实际工程中的应用特点，提出了隧道交通安全预警系统框架。

隧道交通安全预警系统包括 5 个子系统：隧道交通异常检测子系统、危机判定子系统、隧道交通事故预测子系统、隧道交通安全评价子系统和预警结果的输出。该系统的总体构建思路：首先对隧道交通安全状况进行初步分析；然后利用历史数据及隧道交通异常检测数据来预测未来的隧道交通发展趋势，同时对现有的隧道交通安全状况进行分析评价，形成隧道交通安全预警知识库，结合预警指标得到隧道交通安全的预警结果；最后利用预警结果对危机判定子系统进行分析，按照实际情况进行修改和完善。

（1）隧道交通异常检测子系统：该子系统利用隧道内的检测设施对隧道内各种交通及环境信息进行检测，并发现各种异常信息。

（2）危机判定子系统：该子系统主要完成对隧道交通安全状况的初步分析，确定影响隧道交通安全的主要因素。

（3）隧道交通事故预测子系统：该子系统根据已确定的影响隧道交通安全的主要因素，从历史指标数据库中提取数据，通过选取合理的预测方法，得到预警指标未来时段的预测结果。预警指标的预测是进行预警的前提，这一步预测的有效性直接影响最终预警结果的有效性。因此，也可根据具体的实际情况选用合适的模型进行指标预测，只要方法得当，并不会影响整个预警系统功能的实现。

（4）隧道交通安全评价子系统：该子系统将利用原始数据，依据确定隧道交通安全评价指标体系建立的原则，分析确定隧道交通安全评价指标，选用合理的评价方法，评价隧道当前的交通安全状况。

（5）预警结果的输出：预警结果的输出又称为报警，该子系统将预警指标的预测结果作为输入，并据此调用相应预警知识库中的文件进行推理，得到报警结果，从而得到隧道交通安全运行所处的等级。根据所处的等级，采取相应的预防对策。

2. 警限区间设置

警限值的设定是建立预警系统的重要环节，当预警指标值偏离正常水平超过警限值时，就表明警情出现。国内应用比较成熟的是用系统化方法进行分析，所谓系统化主要是指根据各种合并的客观原则进行研究，主要有多数原则半数原则、少数原则、均数原则、众数原则、负数原则和参数原则等，根据每一种原则确定一个警限值，之后根据各种原则确定的警限值加以综合平均，最后加以适当调整求出各指标的警限值。另一种方法是利用数理统计中的区间估计来确定单个指标的预警警限，区间估计一般假设指标处于各个预警状态区域的概率服从正态分布或 t 分布，用样本平均值来代替总体均值，用样本方差代替总体方差，根据各项指标处于不同区域的概率要求（置信度），求出各区域的区间估计值（置信区间），以区间估计值作为各项指标的警限值。

为了区分警兆的大小，可将每一指标的警限区间按"危险程度"分为 5 个等级，称为警度。给"很安全"赋值为1."很危险"赋值为0，中间再分为"较安全""一般""较危险"3个等级，并作如下赋值，见表4.5。

其中，0.2、0.4、0.6、0.8均为临界阈值，即当指标值或子块综合评价值跨越其中之一时，警度就发生了变化。

第三节　公路隧道安全保障设施设置

一、公路隧道出入口彩色抗滑路面

在隧－桥－隧相接的桥隧群密集路段，铺装桥面抗滑薄层，解决该路段由于干湿交替加车辆刹车易引发事故的问题。例如，白马—羊角隧道间郭溪沟中桥桥面铺设抗滑薄层，羊角—大湾隧道间猫儿沟大桥桥面铺设抗滑薄层，如图4.17所示。

（一）主要性能要求

1. 树脂黏结强度

黏结剂要有足够的黏结强度，不但与基材混凝土或沥青牢靠黏结，还要与彩色陶瓷颗粒有非常好的黏结性（树脂不可能完全包裹彩色颗粒的情况下）。

2. 固化干燥速度

彩色路面施工不可能长时间封闭道路，要求施工周期短，胶黏剂必须干燥快，还得具备合适的使用期，以方便施工操作。

3. 强度上升速度

彩色路面施工完毕，通常很快就要通车，以减少封闭道路和影响交通的时间，这就要求黏结剂强度短时间达到使用要求。

4. 抗冲击韧性

车辆行驶的震动以及路面的轻微变形，要求黏结不能是脆性材料，否则很容易开裂、爆裂和脱落。

5. 户外耐候性

彩色路面位于户外，要求材料有很好的耐腐蚀性、耐候性及耐温差性，否则材料会老化失去原有的优良性，从而降低彩色路面的使用寿命。

（二）施工工艺要求

1. 施工准备

（1）确保施工路面平整、干净，没有任何污染物，没有路面病害。

（2）清理路面灰尘和障碍物。

（3）可使用适当填充料修补路面深坑或小洞（空）。

（4）使用适当清洁剂清理路面油污或污积，然后用水冲洗，等待完全干燥后才可施工。

（5）施工前，必须确保路面是干燥的，潮湿的路面可以用热压缩空气机吹干路面，特别是冬天环境，必须加热路表面，并加速树脂凝结。

（6）在施工范围用牛皮胶纸或胶带封边，然后量度施工范围面积，以便计算树脂施工用量。

（7）路面最佳施工温度为 15 ~ 35℃。

⑧新铺的沥青路面应在至少通车 6 周后方可进行彩色防滑路面施工。

2. 施工顺序

（1）在路面的铺装施工结束后。

（2）设置标线路面清扫。

（3）按设计图纸要求划基准线。

（4）放线定位。

（5）经监理工程师检查后进行施工。

（6）地表处理及清洁。

（7）周边贴好胶纸。

（8）用专用工具在需要彩化的路面上均匀摊铺环氧树脂系胶结剂。

（9）根据设计要求撒布彩色防滑骨料。

（10）回收多余彩色骨料。

（三）施工方法

1. 到达现场后，首先考虑路面的宽度、交通等因素，充分运用标志、交通锥、路栏等安全设施。根据标线施工的推进，管理好现场施工地段以保证施工安全。

2. 设置标线的路面表面应清洁干燥，无松散颗粒、尘灰、沥青、油污或其他有害物质。

3. 按设计图纸要求测量，画基准线、放线定位，经监理工程师同意后进行施工。

4. 为了确保标线施工质量，所用涂料应采用达到技术标准的产品。

5. 涂料使用注意事项按《技术使用说明书》操作。

6. 施工采用手工施工方法（见《标线施工顺序》）。

7. 标线的宽度、虚线长及间隔、双标线的间隔，应按《道路交通标志和标线》（GB5768-2009）和业主要求规定办理。

8. 所有标线应平顺、顺直、光洁均匀及外观精美，漆膜厚度符合图纸要求。

9. 有缺陷的、施工尺寸不正确的或位置错误的标线均应清除，路面应修补，材料应更新并请监理工程师认可重新补划。

10. 施工应在白天进行，雨天、温度低于0℃时应暂时停止施工。

二、公路隧道洞口减光

（一）现状与问题分析

隧道照明与交通安全、公路建设与维护的运营成本都有密切关系。随着高速公路的飞速发展，公路隧道的建设规模日益扩大，从驾驶员心理、生理特性出发来考察隧道的照明质量问题越发重要。隧道照明设计是从驾驶员的视觉特性出发，满足驾驶员交通安全的视觉信息采集的需要，提高驾驶上的安全性和增加舒适感为前提，进而降低运营成本。

现行的《公路隧道照明设计细则》（JTG/T D70/2-01-2014）对高速公路、一、二、三、四级公路新建隧道和改建山岭隧道的设计提供了一定的依据。

公路隧道照明的核心问题在于解决隧道内白天照明的视觉问题。隧道照明一般分为基本照明和加强照明。基本照明主要用于解决车辆行驶于隧道内部的照明问题，加强照明用于解决车辆进出隧道时的"暗适应"和"明适应"问题，防止因"黑框效应"或"白框效应"导致视觉信息不足而出现交通事故。对于毗邻隧道，由于隧道间的距离很近，驾驶人员在驶出前一隧道时经历了"明适应"过程，短时间内又要经历后续隧道入口处的"暗适应"过程，给驾驶人员带来较大的心理压力，从而产生一定的安全隐患。毗邻隧道照明设计必须解决好其所特有的视觉问题，才能创造出良好的视觉环境，从而更有利于隧道行车安全和照明节能。

隧道照明节能的关键在于如何处理公路隧道照明节能效果和隧道行车安全之间的矛盾，即在满足公路隧道行车安全所需的照明需求基础上，尽可能地降低隧道照明的能源消耗。机动车通过隧道可以分为3个阶段：驶入、通过和驶离隧道。通常情况下，车辆驶入隧道时人眼从明视觉向中间视觉过渡，车辆在隧道内行驶时人眼处于中间视觉，驶离隧道时又从中间视觉向明视觉过渡。因此，在进行隧道照明设计时应充分考虑这一特点，使人眼的视觉响应得到平稳过渡。隧道照明一般分为出入口的加强照明和车辆行驶于隧道内部的常规照明。对于毗邻隧道而言，隧道长度较短，隧道间距离较近，出入口段的加强照明相对于单条长隧道而言所占的比重更大。因此，通过采取适当措施降低毗邻隧道洞口对加强照明的要求，可有效降低隧道出入口加强照明的电能消耗达到隧道照明节能的目的。

（二）隧道照明安全节能方法

隧道照明安全节能的关键问题是隧道照明节能和交通安全的矛盾，即如何在保证隧道交通安全的基础上，尽可能地降低隧道照明的能耗。研究表明，每千米隧道其加强照明的总功率约占整个隧道照明功率的 70%，而入口段加强照明的总功率又占了加强照明总功率的 60%～70%。因此，隧道群照明安全节能的关键在于变隧道洞口处的加强照明为中间照明，或减弱对隧道洞口加强照明的要求来达到照明安全节能的目的。

公路隧道照明一般分为入口段照明、过渡段照明、中间段照明和出口段照明。隧道入口段与过渡段照明是隧道照明用电最多的段落，且隧道入口段亮度的取值同时决定了隧道过渡段的照明标准。

（三）洞口减光方法

在工程实际中，隧道洞口减光措施包括在路基两侧种植常青树、采用削竹式洞门形式、大幅坡面绿化洞口设置遮光棚或棚洞等。在隧道照明设计过程中应因地制宜，综合利用各种隧道洞口减光措施，达到隧道照明节能的目的。

1.遮光棚

根据遮光棚上部结构选材的不同，可分为钢筋混凝土结构、钢结构、钢筋混凝土框架与钢拱架组合结构、钢筋混凝土环形框架与纵向连接钢管组合结构等形式。实际中应根据高速公路隧道所处的地理位置、环境条件、洞门形式、洞口地形及人文环境等的不同，因地制宜，选用不同形式的遮光棚，以便充分发挥各种不同形式遮光棚的功能。

（1）钢筋混凝土结构遮光棚：指上部结构采用钢筋混凝土结构，可以根据需要和功能的不同，采用环形结构、封闭结构、矩形框架结构等形式。钢筋混凝土结构遮光棚适用于隧道洞口地形较陡峻，需要防碎落的地段。

（2）钢结构遮光棚：指上部结构采用钢结构骨架，其上铺设遮光板材。钢结构遮光棚适用于隧道洞口间地形较为开阔，不需要进行防碎落的地段。

（3）钢筋混凝土框架与钢拱架组合结构遮光棚：指遮光棚下部采用钢筋混凝土框架梁柱结构，上部采用钢拱架结构的组合结构形式。该遮光棚适用于地形开阔，不需要进行防碎落，需要跨越沟谷的地段。

（4）钢筋混凝土环形框架与纵向连接钢管组合结构遮光棚：指遮光棚骨架由横向钢筋混凝土拱形结构组成，纵向采用钢筋混凝土纵梁及钢管连接的结构形式，沿遮光棚两侧种植藤本植物进行生态遮光。该遮光棚适用于地形开阔，不需要进行防碎落，南方雨水充沛、四季常青的地段。

大量工程实践证明：遮光棚的应用符合高速公路隧道安全、节能、环保的发展理念。合理设置遮光棚、因地制宜地选择遮光棚的结构形式、合理控制遮光棚的设置规模，能有效改善高速公路隧道行车环境，提高行车安全性，降低交通事故和运营成本。

2. 棚洞

棚洞结构是一种新颖的、适合于沿河傍山路段的结构形式，可以最大限度地适应原生地形，减少运营期间地质灾害的发生，确保交通安全，且其使工程构筑物与自然环境、地形和谐统一，可最大限度地保护生态环境。对于毗邻隧道而言，因地制宜的棚洞结构可适当削减隧道洞口亮度，或直接将两毗邻隧道相连，减弱隧道洞口加强照明强度，达到隧道照明节能的目的。

目前国内公路界对公路棚洞的分类及命名较为模糊，有根据棚洞外侧结构划分的，如悬臂式、柱式墙式与刚架式；也有根据棚洞建成后的建筑样式划分的，如通透式整体式。结合我国公路结构如挡土墙、桥梁、隧道的分类方法，公路棚洞按照棚洞横断面形状进行分类较为合理、直观。

（1）拱形棚洞：棚洞主体结构横断面为拱形的棚洞。其上部两侧均为拱形，由基础、拱形结构、防排水层、上部及侧部回填、植草绿化组成。拱形棚洞有封闭拱形（明洞）和开口拱形两种形式。在地形受到限制，洞口存在较大长度的偏压时，采用传统隧道洞口施工法势必造成洞口边坡高，或路线在单斜陡坡地形线下展开，没有回填反压条件，采用拱形棚洞结构与隧道洞口衔接，对边坡进行防护，可减小边坡防护工程数量和边坡高度。

（2）半拱形棚洞：棚洞主体结构横断面为半拱形的棚洞。其山侧为拱形，外侧为斜拉式或直立柱平顶，由棚洞基础、斜柱或斜边墙、平板、半拱形结构、防排水层、上部及侧部回填、植草绿化组成。半拱形棚洞考虑景观、白天照明、节省工程造价等原因，般在临河侧设置较为美观、面积较大的开口，开口大小根据棚洞限界高度、棚洞高度综合确定。

半拱形棚洞分为半拱斜柱棚洞和半拱直柱棚洞两种形式。

a. 半拱斜柱棚洞：当公路采用路基方案建设时，在边坡土层及强风化岩层厚度大、自然坡相对较缓时，设计边坡坡度较缓而边坡高度较高。采用棚洞方案，棚洞结构需结合边坡防护承担较大的水平推力，而临河（沟）侧不深，路基宽度适当，在此条件下采用半拱斜柱棚洞可与环境协调，并可保证棚洞与边坡的稳定。

b. 半拱直柱棚洞：当山区公路通过沿河陡坡路段时，路基地质条件往往较好，因此应尽量不削坡并少开挖，使公路建设影响范围小。采用棚洞方案建设时，设计边坡坡度较陡，边坡高度较高，棚洞结构需承担的水平推力较小，在此条件下采用半拱直柱棚洞较好。

山区高速公路建设中，当路线布置在沿河或傍山路段时，受山区 V 形地形的影响，路线布置困难,路基边坡较高,公路建设对周围环境破坏较大。为了节约投资,减少征地,在整体式路基段半幅设置棚洞,由于中央分隔带宽度有限,受棚洞建筑限界及内轮廓的限制,棚洞采用半拱直柱形式与建设条件最吻合。

（3）框架形棚洞:棚洞主体结构横断面为矩形的棚洞,由棚洞基础、直柱、平板、边墙、防排水层、上部及侧部回填、植草绿化组成。

框架形棚洞考虑景观、白天照明、节省工程造价等原因,一般在临河侧设置较为美观、面积较大的开口,开口大小根据棚洞限界高度和棚洞高度综合确定。临河侧主要采用直柱或直墙,靠山侧采用连续边墙。

按照框架形棚洞临河侧形式及外侧直柱与上部平板的不同连接方式,可将框架形棚洞分为框架封闭棚洞、框架开口棚洞和棚架3种形式。框架开口棚洞及框架明洞外侧直柱、边墙与上部平板采用固接,棚架外侧直柱与上部平板采用简支连接。

a.框架封闭棚洞:在城市通道中运用较多,施工可采用一"般模板,不需要采用全断面模板台车施作,工艺简单。将其运用于公路隧道洞口和公路沿河傍山路段,可减小隧道洞口边仰坡高度,缩小隧道洞口开挖范围。与拱形明洞相同,框架封闭棚洞也常常在路基靠山侧边坡高度较大,另一侧有一定的边坡,但高度不大。利用明洞及其回填反压对边坡进行防护,可减小边坡防护工程数量和边坡高度。对于滑坡公路路段,框架封闭明洞与抗滑桩相结合处治更有利于山区公路的运营安全。

b.框架开口棚洞:适用于山区公路隧道进出口,特别适用于山区公路沿河傍山单斜地形路段。

c.棚架:在山岭重丘区建设一般地方公路或高等级公路,公路有时沿河傍山,在很高的陡坡下通过;而山坡自身稳定性差,常有掉块、滚石等危及公路运营安全。因此,为了恢复傍山段自然环境,往往修建一定长度的棚洞结构,使车辆通过该路段时安全得到保障。

对于毗邻隧道而言,因地制宜的棚洞结构可适当削减隧道洞口亮度,或者直接将两毗邻隧道相连,减弱隧道洞口加强照明强度,达到隧道照明节能的目的。

3. 棚洞和遮光棚适用性分析

综上所述,棚洞和遮光棚均可实现隧道洞口减光的目的,然而其适用范围和对象却有所不同。

棚洞均为钢筋混凝土结构,承压防灾能力强,适合沿河、傍山路段,可最大限度地减少运营期间地质灾害的发生,确保交通安全,同时可最大限度地适应原生地形,使工程构筑物与自然环境、地形和谐统一,可最大限度地保护生态环境。对于毗邻隧道而言,棚洞则适合于山体稳定性差存在地质灾害风险的路段。

与棚洞结构相比,遮光棚结构抗灾能力相对较差,然而其形式相对较多（钢结构、混凝土结构及钢结构与钢筋混凝土组合形式等）,工程成本相对较低,适用范围较棚洞广，更加适合于地质灾害风险较小的毗邻隧道段，通过遮光棚对毗邻隧道出入口光照强度进行调节，实现隧道洞口减光，变隧道洞口加强照明为隧道中间照明，最终达到隧道照明节能的目的。

（四）遮光棚在毗邻隧道中的应用研究

1. 设置遮光棚的作用

隧道之间设置遮光棚，可将隧道群与遮光棚作为一个整体进行设计，有利于降低工程造价，节省隧道运营成本，减少隧道出入口的阳光直射，降低隧道出入口的亮度，为驾驶人员提供视觉调整时间，从而降低事故发生率，同时减少隧道长期运营的能耗。除此之外，遮光棚对改善行车环境、保证行车的稳定性和安全性方面也有突出贡献。

（1）缓和光线直接照射，防眩晕。在出洞口和入洞口的适当范围内，驾驶员视线范围内亮度变化因遮光棚的设计较为均匀缓和，减少光线的直射，降低洞内外光线亮度差别，具有防眩晕的功能，同时也能让驾驶员在较短的时间内适应出洞的光线变化，达到遮光效果，保证行车的稳定性和安全性。

（2）保护环境的功效。遮光棚的封闭设计在一定程度上能够降低行车时高速公路景观区及沿线附近居民区的噪声，同时也能缓和驾驶员进入隧道时的心理紧张感，且能做到与洞口周边的景观协调。遮光棚采用封闭式设计，能有效阻止雨雪直接落至行车道路面，保护隧道路面的清洁，有利于提高行车安全性，减少日常养护维修工作量。

（3）对隧道的保护功能。作为隧道的洞门，它是隧道唯一外露的部分。在隧道洞口周围地形平缓、周围边仰坡稳定、不需要防碎石坠落的地方，可采用钢结构遮光棚作为隧道洞门，起到隧道标志的作用；在隧道洞口周围地形陡峻、需要设置防碎石坠落的地方，可采用钢筋混凝土结构遮光棚作为隧道洞门。

（4）改善行车环境，减少交通事故：影响汽车行驶的不利气象条件主要有雨、雪、雾、风等，此类不利气象条件下车辆行车安全受到极大威胁，交通事故率大大增加。

a. 雨雪天气。雨雪天行车，路面的附着系数较晴天干燥路面上明显减小，车辆附着力明显下降。高速行驶的车辆进出隧道过程中，由于路面附着系数发生急剧变化，车辆进出隧道的行驶速度稍有变化（加速或减速），车辆就容易打滑，失去控制，从而酿成车祸。而封闭式透光构造遮光棚既可减少雨雪对路面基层的侵蚀，延长使用寿命，也能降低雨雪引起的车辆滑移，保证行车安全。

b. 风力作用。风力对行车的影响主要来自横风，尤其是对高速行驶的车辆。横风对箱形汽车如面包车、大型客车、帆布篷货车等影响较大（此类车辆的整体重心较高，侧向面积较大），而重量轻的小汽车同样也容易受到横风的影响。而且，横风的作用是随车速的提高而加剧的。汽车从隧道驶出的瞬间，或驶向风力贯穿的桥梁、高路堤等路段时，往往会突然遭到强横风的袭击。另外，在山区行车，往往会遇到突如其来的山风，时间短而风力强，吹动车辆偏离行车路线。由于风速和风向的非连续变化，驾驶员会感到汽车发飘。而由横向强风引发的交通事故主要有：车辆偏离车道，冲向路边护栏或中央分隔带，发生侧翻；偏离行驶路线，用转向盘校正方向时被后面的车辆追尾等。封闭式透光构造遮光棚则可有效减弱风力的作用，改善行车环境，减少因横向风的作用引发的交通事故。

2. 隧道群不同连接形式下遮光棚适用性分析

（1）隧道群遮光棚方案的选择。毗邻隧道洞口减光的目的在于减弱隧道洞口对加强照明的需求，变隧道洞口加强照明为隧道中间照明，同时实现改善隧道行车环境，保证行车安全的目的。封闭式遮光棚的遮阳减光效果较好，既可降低雨雪引起的车辆滑移，也能减少雨雪对路面基层的侵蚀，延长使用寿命。因此，对于毗邻隧道洞口减光设施，建议采用封闭式遮光棚结构。

（2）隧道群不同连接形式。根据毗邻隧道连接形式的不同，可将毗邻隧道分为两种类型：一种是"隧桥-遂"，毗邻隧道之间通过桥梁相连接；另一种是"隧路-隧"，毗邻隧道之间通过常规道路相连接。毗邻隧道之间不同连接形式下所使用的遮光棚结构形式也有所不同，此外毗邻隧道所处地形、地理状况及气候特征也对其所采用的遮光棚形式提出了不同的要求。

a.隧-桥-隧。此种连接形式下，毗邻隧道之间通过桥梁相连接，遮光棚安装空间有限，因此所能采用的遮光棚结构形式也受到相应限制。此外，为了应对隧道之间桥梁段横风对车辆安全行车的影响，以及雨雪天气下遮光棚的承压问题，同时考虑桥梁本身的承重能力，"隧-桥-隧"连接形式下所采用的遮光棚方案对其承压能力、结构的稳定性和结构重量提出了特殊要求。综合考虑不同遮光棚构造的特点及其适用范围，建议采用"钢筋混凝土环形框架与纵向连接钢管"组合结构遮光棚方案，通过在结构上铺设遮光板达到减光遮风、挡雨、阻雪的目的。

b.隧-路-隧。此种连接形式下，毗邻隧道之间通过常规道路相连接，所采用的洞口减光方案与隧道所处位置的地理地形特征、气候状况等因素有关。如毗邻隧道处于沿河傍山路段，则可考虑采用棚洞结构将毗邻隧道连接起来，既可以起到隧道洞口减光、遮风、挡雨、阻雪的作用，又可以最大限度地保护生态环境，使工程构筑物与自然环境、地形和谐统一，同时可以最大限度地减弱地质灾害对隧道安全行车的影响。然而，棚洞结构较遮光棚方案工程建设成本高，工程前期需进行详细的方案论证和社会经济效益分析，不同遮光棚的结构形式适用性分析。

遮光棚的应用符合高速公路隧道安全、节能环保的发展理念。合理设置遮光棚，因地制宜地选择遮光棚的结构形式，合理控制遮光棚的设置规模，能够有效改善高速公路隧道行车环境，提高行车安全性，降低交通事故和运营成本。

三、隧道出口震荡标线工程

震荡标线是一种目前国际上发达国家使用比较普遍，具有国际先进水平的高新技术产品。它的外形呈凹凸形，基底加突起部分高度为 5 ~ 7 mm。震荡标线具有抗污染、白度好、耐碱性好、耐久性好、耐磨性好、柔韧性好、耐候性强、振感强烈、雨夜照常反光和提示效果极佳的特点，使用寿命一般可达 6 年以上，且用途相对集中，总体投资不大。

震荡标线通常制成点形、条形等，车子经过会有"轰隆"声，对驾驶员有很好的警示和提醒作用，因此也称为噪声标线。其相比于减速道路钉（铁质）所产生的声音又要轻柔很多。震荡标线一般都含有玻璃珠，在夜间有很好的反光作用，而凸起部分也不会受雨天的影响，有其他较多标线无可比拟的优势。

在特长隧道出口增设震荡标线和抗滑薄层，可减少部分车辆盲目加速和路况不熟导致的追尾和侧翻事故。设置原则是抗滑薄层 50 m，隧道内 20 m，隧道外 30 m；震荡标线 6 组，隧道内 3 组，隧道外 3 组，如图 4.23 所示。例如，白云隧道、白马一羊角隧道群、黄草岭一武隆隧道群等。

四、隧道出口提示标志工程

科学合理地设计、设置交通标志，对保障隧道群交通安全尤为重要。如何充分发挥交通标志对隧道群交通安全的保障作用，提高驾驶员视认毗邻隧道群出口交通标志的准确率，减少交通事故的发生，是需要重点考量的难点。

根据实际调查发现，许多驾驶员不能有效地利用毗邻隧道群交通标志的主要原因如下：驾驶员没有注意到交通标志，由于标志与背景区别不明显，或道路线形影响驾驶员视线，导致驾驶员不能发现标志；交通标志设置离隧道出口距离太近，驾驶员的操作距离或反应时间不够；低信息量的标志较多，造成牌面空间的浪费，同时缺乏一些重要的交通信息指示；没有整体考虑，前后相邻交通标志的间距太近，导致驾驶员无法有效认识并及时处理标志信息。

第十一章　高速公路隧道机电设施施工及养护安全技术

第一节　公路隧道机电施工及维护作业风险评估

  随着我国国道和高速公路网的迅速建设，公路隧道越来越显示出穿山越岭的优越性，随之而来的公路隧道施工项目增多，其安全问题也逐渐显露出来。公路隧道施工不同于其他生产形式，兼顾建设工程施工和矿山生产，具有其自身独特的安全生产特点。在现有的施工条件下，没有系统的安全生产保证体系，因此，急切需要建立和健全隧道施工安全偏差或设备损坏；现有分析检测结果的方法不一致。现有的可用来证明结果的概念、检测工具的测量原理以及操作的可靠性没有达到用户所要求的程度；完成检测是一个多步骤的过程，取决于计算机算法与最终作决策人的经验，这时计算机算法和人的经验就对结果起着绝对性的作用；目前还没有如何诊断、分析、识别缺陷三维大小的推荐做法。每个在线监测机具供应商为了各自的商业利益，都是在自己的公司内部采取保密的方法对检测结果进行解释和评价。现在还没有任何一种被公认的方式对人为因素所产生的解释错误进行评价，这种资源上的不共享在一定程度上也阻碍了内检测技术的进一步发展。

一、公路隧道施工安全风险评估研究方法

目前，常用的隧道施工安全风险评估研究方法有核对表法、专家调查法、情景分析法层次分析法、模糊综合评价法、风险指数矩阵法。接下来就对上述几种研究方法作简单介绍。

（一）核对表法

核对表法是一种常用和有效的风险识别方法，它主要是用核对表来作为风险识别的工具，实质上就是把经历过的风险事件及其来源罗列出来，写成一张核对表。该方法利用人们考虑问题的联想习惯，在过去经验的启示下，对未来可能发生的风险因素进行预测。该方法的优点在于使风险识别工作变得较为简单，容易掌握；缺点是没有揭示出风险来源之间的相互依赖关系，对指明重要风险的指导力度不够，且受制于某些项目的可比性，有时不够详尽，没有列人核对表上的风险容易发生遗漏，应设计出核对表的典型样式。

（二）专家调查法

专家调查法（包括德尔菲法）是在专家个人判断和专家会议方法的基础上发展起来的一种直观预测方法，特别适用于客观资料或数据缺乏情况下的长期预测，或其他方法难以进行的技术预测。专家调查法或称专家评估法，是以专家作为索取信息的对象，依靠专家的知识和经验，由专家通过调查研究对问题作出判断、评估和预测的一种方法。专家调查工作流程：首先，通过对需求分析确定工作目标；在调查工作中，应注重专家评判基础、调查因子、专家组成等关键内容；对调查的信息与内容进行初步判定有效与否、反馈需求分析是否发生偏差、判断是否需要重新开展需求分析或是调查工作。专家调查法是比较科学的，其主要特点是有助于专家发表独立的见解，不受其他相关因素的干扰；用数学手段分析所有调查对象的成果，综合归纳成集体思维成果。此方法在工程技术研究领域得到广泛应用，尤其针对数据缺乏、新技术应用评估等工作，具有相当的优势并且与其他调查方法配合使用，就能取得更好的效果。

（三）情景分析法

情景分析法是由荷兰皇家壳牌集团（Royal Dutech/shell）于 20 世纪 60 年代末首先使用基于脚本的战略规划，并获得成功，同时该公司的沃克（PierreWack）于 1971 年正式提出的。它是根据发展趋势的多样性，通过对系统内外相关问题的系统分析，设计出多种可能的未来前景，然后用类似于撰写电影剧本的手法，对系统发展态势作出自始至终的情景和画面的描述。当一个项目持续的时间较长时，往往要考虑各种技术、经济和社会因素的影响，可用情景分析法来预测和识别其关键风险因素及其影响程度。

情景分析法对以下情况是特别有用的：提醒决策者注意某种措施或政策可能引起的风险或危机性的后果；建议需要进行监视的风险范围；研究某些关键性因素对未来过程的影响；提醒人们注意某种技术的发展会给人们带来哪些风险。情景分析法是一种适用于对可变因素较多的项目进行风险预测和识别的系统技术，它在假定关键影响因素有可能发生的基础上，构造出多重情景，提出多种未来的可能结果，以便采取适当措施防患于未然。

（四）层次分析法

层次分析法是一种定性与定量相结合的决策分析方法。它是一种将决策者对复杂系统的决策思维过程模型化、数量化的过程。运用这种方法，决策者通过将复杂问题分解为若干层次和若干因素，在各因素之间进行简单比较和计算，就可得出不同方案重要性程度的权重。运用层次分析法主要是通过分析复杂问题所包含的因素及其相互关系，将问题分解为不同的要素，并将这些要素归并为不同的层次，从而形成多层次结构；在每一层次按某一规定准则对该层元素进行逐对比较后建立判断矩阵，通过计算判断矩阵的最大特征值及对应的正交化特征向量，得出该层要素对于准则的权重；在此基础上计算出各层次要素对于总体目标的组合权重，以得到不同要素或评价对象的优劣权重值，为决策和评价提供依据。层析分析法常常被运用于多目标、多准则、多要素、多层次的非结构化的复杂地理决策问题，特别是战略决策问题，具有十分广泛的实用性。层次分析法的优点是将人们的思维过程数学化、系统化，以便于接受，应用这种方法时所需的定量信息较少，但要求决策者对决策问题的本质、包含的要素及相互之间的逻辑关系掌握十分透彻。

（五）模糊综合评价法

模糊综合评价法是模糊数学中最基本的方法之一，该方法是以隶属度来描述模糊界限的。由于评价因素的复杂性、评价对象的层次性、评价标准中存在的模糊性、部分定性评价指标难以定量化等一系列问题，使得人们在描述客观现实经常存在着"亦此亦彼"的模糊现象，其描述也多用自然语言来表达，如"优、良、中差""很好、好、一般、差、很差"等。自然语言最大的特点是它的模糊性，而这种模糊性很难用经典数学模型加以统一度量。因此，建立在模糊集合基础上的模糊综合评判方法，从多个指标对被评价事物隶属等级状况进行综合性评判，它把被评判事物的变化区间作出划分，一方面可以顾及对象的层次性，使得评价标准、影响因素的模糊性得以体现；另一方面在评价中又可以充分发挥人的经验，使评价结果更客观，符合实际情况。模糊综合评判可以做到定性和定量因素相结合，是系统评价中常用的方法，特别适用于多因素或多目标的系统。其优点是：数学模型简单，容易掌握，对多因素、多层次的复杂问题评判效果比较好，是别的数学分支和模型难以代替的方法。不足之处在于：在使用此方法之前,需要用其他方法确定评价指标的权重,因此通常和其他方法配合使用,运用较复杂。

(六) 风险指数矩阵法

风险指数矩阵法又称为 R=P×C 定级法,常用于定性的风险估算,该分析法是将决定危险事件的风险的两种因素,即危险事件的严重性和危险事件发生的可能性,按其特点相应地划分为不同等级,形成一种风险评价矩阵,并赋以一定的权值,以定性衡量风险的大小。该方法操作简单方便,能初步估算出危险事件的风险指数,并能进行风险分级。风险指数矩阵分析法的风险评估指数通常是主观确定的,定性指标有时没有实际意义,风险等级的划分具有随意性,有时不便于风险的决策。风险指数矩阵法只能定性不能定量评价,般不单独使用,常和其他评价方法结合使用。

二、公路隧道机电施工及维护安全评价体系与方法

(一) 安全评价指标体系的建立原则

隧道施工安全评价体系的建立应遵循以下原则:

1. 科学性原则

科学能揭示事物发展的规律,作为人们改造世界的指南,建立隧道施工安全评价因素体系,也必须能反映客观实际以及事物的本质,其能反映出影响企业安全的主要因素。隧道施工过程中事故的发生以及施工过程中的安全状态具有绝对的确实性,这就要求对其评价的指标具有科学性和客观性,评价指标必须通过客观规律、理论知识分析获得,形成知识与经验的互补,任何人为的凭主观性确定的指标都是不可取的,科学性还必须保证评价指标的概念和外延的明确性,对一些模糊性指标,即使无法做到其外延明确,也必须保证其概念明确,不至于混淆。因此,只有坚持科学性原则,获得的信息才具有可靠性和客观性,评价的结果才有效。

2. 系统性与全面性原则

安全分析方法和安全分析模型的建立是以系统理论为基础的,评价指标体系的建立也应遵守系统性原则。系统性原则包括以下几个方面:

(1)目的性。建立评价指标体系的目的是对隧道施工的安全状况进行评价,以达到安全施工的目的,围绕这个目的就必须建立反映评价系统特征的指标体系,然后进行优化和控制。

(2)整体性。评价指标之间、评价指标和安全评价整体结果是一个有机的综合体,安全评价不是单个评价指标的简单集合,评价指标及其功能、评价指标之间的关系必须服从安全评价整体目标和功能,安全评价的结果才能反映整体性。

（3）层次结构性。评价结构有多种，但是，在理论和实践中应用最多的是层次结构。评价指标体系由一定层次结构的评价指标组成，在层次结构中，各个评价指标表达了不同层次评价指标的从属关系和相互作用关系，从而形成一个有序、系统的层次结构，使评价指标层次结构更好地反映系统安全评价的功能。

（4）相关性。要对评价指标体系内部的指标属性进行相关性分析，相关性分析为纵向和横向之间的关系，要使评价指标的相互关系明了、准确，从而建立评价指标之间的结构，达到合理评价的目的。

（5）实用性。评价指标体系的确定要反映同现有历史阶段的科学技术水平、经济状况、工业发展水平相适应的状态，要有较强的可操作性。任何夸大超越或严重落后于国家现有经济发展水平的指标体系都是不合理的，同时，因为企业自身生产特点的特殊性，要根据自身企业的特点确定自己的评价指标体系。所以，不应千篇一律地照搬别的企业的指标体系。

（6）全面性。对企业安全现状的评价是一种全面性的多因素的综合评价，为了保证这一点，选取的因素应具有代表性。选取时应从评价对象的各方面着眼，尽管最后确定的评价因素不一定很多，但选取初始时，被选因素一定要多一些、全面一些，以保证有选取余地。

3. 单元划分与合成原则

在隧道施工过程中的不同位置空间，其中的自然环境危险物质、设备、设施、人员因素等均不相同，因此直接对整个隧道进行安全评价是困难的，必须根据其功能划分为不同的单元进行评价，从而使得包含于同一单元内的每种灾害模式各自的致灾环境在该范围内具有较大的相似性。在每一单元系统获得评价结果后，采用某一种合成方法进行合成，得出评价值。

4. 可量化原则

为了便于比较，评价因素应当量化。在采用广义多指标评价时，必须采用定性指标和定量指标相结合的原则，只采用隧道施工定性分析而忽略定量分析显然是不全面的．隧道施工安全既包括安全技术又包括安全管理，即具有技术和管理的双重性，评价对象比较复杂，其中有些因素（尤其是管理因素难以量化）。但是，任何事物的发展过程都是质变和量变的统一，事物的质是要通过一定的量表现出来的。因此，评价因素应尽可能量化，安全评价实现定性分析是基础，定量分析是目标。只有量化了，才能揭示事物的本来面目。

5. 稳定性原则

建立评价因素体系时，选取的因素应是变化比较有规律性的，那些受偶然因素影响大起大落的因素就不能入选。

6. 可考核性原则

安全评价的目的是要对近一个评价周期内的安全工作进行考核、评价，了解安全管理的现状及系统的安全状态，并对下一个时期的安全工作进行部署。因此，安全评价指标体系的建立除了要符合几个原则之外，还应符合可考核性原则。还需要指出的是上述各项原则并不是孤立的，而是相互联系并且在评价指标体系中体现的，也只有明确具体的评价对象，对生产的过程和管理方法进行分析，才能具体体现这些原则。

7. 可行性原则

建立的评价因素体系应能方便数据资料的收集，能反映事物的可比性，做到评价程序与工作尽量简化，避免面面俱到，烦琐复杂。只有具有可行性，评价的实施方案才能比较容易地为企业的安全部] 所接受。

（二）隧道机电施工及维护安全评价指标体系的建立

评价指标体系的选择和确定是评价研究内容的基础和关键，直接影响评价的精度和结果。根据《中华人民共和国安全法》《公路隧道施工技术规范》《公路工程施工安全技术规程》及《爆破安全规程》等法律、法规、规范和对隧道施工的安全状况调查、分析的基础上，从系统的角度把公路隧道施工分为安全管理、环境条件、爆破作业及爆破器材、出碴与洞内运输施工通风、个人防护施工用电、施工设备及设施等公路隧道施工安全生产条件必需的基本条件和指标。

根据国家有关安全法规、条例、标准和规定，以《施工企业安全生产评价标准》和《建筑施工安全检查标准》为基础，将隧道施工的安全评价分为5大方面（即准则层），24个评价指标，其递阶层次结构如图5.1所示。

在安全评价过程中需要合理确定各因素权重。合理确定和适当调整因素权重，体现了系统评价中各因素轻重有度、主次分明，更能增加评价因素的可比性。确定权重的方法有很多，如定性的德尔菲法、定量数据统计处理的主成分分析法以及定性定量相结合的层次分析法在评价因素体系中，每个因素对实现系统评价目标和功能的重要程度各不相同。权重表示各因素的相对重要程度，或表示一种效益替换另一种效益的比例系数。可见，权重是综合评价的重要信息，应根据因素的相对重要性，即因素对综合评价的贡献确定。

定性与定量相结合的层次分析法确定各层因素的权重值一般可分为4个步骤：

1.分析系统中各因素的关系，建立描述系统功能或特征的递阶层次结构。

2.选择合理的标度，将同层因素间对上层某因素重要性进行评价，构造两两判断矩阵。

3.解判断矩阵，得出特征根和特征向量，并进行一致性检验。

4.得出各层因素的权重。

（三）隧道机电施工安全改进模糊综合评价法

模糊评价法是应用模糊变换原理和模糊数学的基本理论隶属度或隶属函数来描述中介过渡的模糊信息量。隧道机电施工安全评价设计因素复杂，单纯利用模糊评价法很难客观地得出合理的参考值，因此本节在模糊评价法的基础上进行了改进，提出改进模糊综合评价法。首先考虑与评价事物相关的各个因素，浮动地选择因闭值，作比较合理的划分，再利用传统的数学方法进行处理，从而科学地得出评价结论。

改进模糊综合评价法主要分两步进行：首先按每个因素单独评判，然后再按所有因素综合评判。

1. 建立模糊综合评价因素集和评价集
2. 建立权重集
3. 单因素模糊评价
4. 改进模糊综合评价

应用改进模糊综合评价对公路隧道施工安全的各因素进行多层次综合评价，能得到定性和定量的评价结果，定量结果对应相应的定性结果，得到的结果直观、科学、合理、可靠。公路隧道施工系统各因素的影响直接决定公路隧道施工的安全状况，为了保证系统的安全性，必须了解并掌握系统中各因素的安全状态。对该系统各个单因素和整体的综合评定，可在了解系统各个因素的安全状况的同时，掌握系统整体安全状况。

第二节　公路隧道机电设备施工安全管理

一、公路隧道机电设备施工及维护的基本内容

（一）隧道机电设备分类及维护

公路隧道机电系统主要具有以下功能：

（1）安全性：系统能保证交通正常营运，最大限度地发挥运输效率。

（2）可靠性：系统局部设备故障不影响其他设备功能发挥，关键设备有必要的冗余措施。

（3）可控性：系统收集的交通环境语言、视频等信息能得到充分利用，据之合理诱导交通流，并进行有效控制。

（4）经济性：系统投资少、性价比高，同类设备运转平衡；控制方案，除能保证

正常运营外，还必须节能，运营费用省。

（5）稳定性：系统可长期（在设计周期内）稳定运行。

公路隧道机电设备主要是指为隧道营运服务的相关机电设备，本文按照功能划分为供配电系统、通风系统、照明系统、监控系统、消防及救援系统和交通工程设施六大组成部分，其中，监控系统又是由许多个子系统构成的。图5.2为公路隧道机电设备的系统结构图。

1. 供配电系统

公路隧道内设置有通风照明控制、消防报警等设备，为确保隧道运营的高度安全高稳定性等要求，必须保证各种设备24h无间断供应电源，即能可靠正常供电，又能紧急供电。可见，供配电子系统是隧道机电工程的关键系统，属于一类负荷。它一旦出故障，整个隧道机电系统也将陷于瘫痪，因此该子系统运行的好坏，直接关系到整个隧道能否正常营运。

供配电子系统中的设备种类繁多，主要包括五大类：高压配电设备电力变压器、低压配电设备、供电线路和电源。

（1）高压配电设备包括高压开关器柜（包括隔离开关、高压断路器、负荷开关和熔断器）、高压互感器、高压避雷器和高压母线。

（2）电力变压器在高速公路隧道中多选用三相变压器，是供配电子系统中的关键设备。

（3）低压配电设备包括开关刀、低压熔断器、电流互感器低压断路器和接触器。

（4）供电线路包括电缆线路、电缆托架及支架和接地装置。

（5）电源包括交流稳压电源（即市电），不间断电源（UPS）以及柴油发电机组。

在高速公路隧道中多选用三相变压器，是供配电子系统中的关键设备。

另外，现代高速公路隧道的变电所通常都配备有电力监控系统，即采用遥控、现代通信和计算机技术来统一指挥、检测全系统的正常运行和施工处理等工作。电力监控系统一般对变压器、UPS和配电柜三类设备提供日常维护故障分析、警告管理和历史数据分析等功能，为机电管理系统提供了完善的运行状态和维护数据。

2. 通风系统

通风系统的功能是降低隧道内 CO，NO，等汽车排放的废气浓度，保障用路人健康，降低隧道内烟尘浓度，维持较佳的能见度，以确保行车安全；当隧道发生火灾，能有效控制烟雾扩散速度及方向，并排除浓烟，保障路人逃生及救灾作业的进行。通风子系统目前主要包括轴流风机、射流风机及其配套设备，离心风机暂未使用，但有可能在今后的工程中使用，故也列出，通风启动及控制箱放人供配电设备。

通风设备应按各种设备的操作规程和养护要求进行，并使主要性能指标，如风速、推力、功率、噪声及防护等级等符合产品说明书的要求。《规范》要求进行通风设备养护时，应根据隧道交通流量和通风能力，对交通进行必要的组织和限制。

3. 照明系统

照明系统是为了确保驾驶者在行驶隧道时，能获得与邻接道路（隧道外）相同的行车安全与舒适程度。驾驶人在进出隧道时会因光线急剧变化产生"黑洞效应"，为避免此效应影响行车安全，隧道照明设计起着关键的作用。照明子系统主要包括灯具、托架、标志及信号灯、洞外路灯和照明线路等为隧道营运提供照明服务的设备。

公路隧道照明设备的维护应包括下列主要内容：

（1）检查照明设备、照明线路；

（2）检查应急照明设备电路和电源；

（3）清扫和维护灯具；

（4）隧道照明应参照《公路隧道养护技术规范》（JTG H12--2015）的有关规定执行。

隧道内的照明不同于高速公路，车辆通过长大隧道时，白天和黑夜的视觉环境变化不同；另外，隧道内的环境相对恶劣，灯泡、反光器和透光罩等器件极易黏附烟尘和老化，使通光量迅速下降。因此隧道内灯具的维护有其特殊的要求：

（5）必须确保隧道照明满足隧道各段所需的亮度，因此亮度是灯具维护的一个重要指标；

（6）保养灯具和更换灯泡要在一定的高度下进行，在日常交通条件下维护非常困难，封闭行车道又会造成严重的交通堵塞，这就要求维护工作必须在最短的时间内完成。

4. 监控系统

监控设备包含7个功能子系统，由于监控设备的内容较多，在养护规范中只列出了隧道监控较常用的设备。把监控子系统的功能子系统按设备列出如图5.5所示。

隧道监控设备的维护应包括下列内容：检查一氧化碳浓度、烟雾透过率等环境检测装置及风机的控制性能与功能；检查照明系统及其控制功能；检查火灾报警装置性能和功能；检查车辆超高检测器和交通信号设备的工作状态；检查设备的防锈线缆与接插件的连接、螺栓的紧固等；检查广播和分区广播工作状态；检查视频监控相关设备工作状态。其维护应符合《公路隧道养护技术规范》（JTC H12--2015）的要求。

5. 消防及救援系统

公路隧道由于建筑结构复杂，环境封闭，一旦发生火灾，很多车内人员无法自行逃生，尤其是在隧道中部发生火灾，问题更为突出，往往会造成惨重的人员伤亡和重大的经济损失，后果难预料。因此建立消防与救援子系统主要用于预防隧道火灾和进行必要救援，包括火灾报警装置、紧急电话消防设施、横通道等设备。

由于消防与救援设备在未发生火灾时，是不运行的，因此很难发现其故障。另外，消防与救援设备的标志应保持完好、醒目，以便发生火灾时能帮助被困人员清楚辨认。

消防与救援设备日常检查主要是对隧道内消防设备、报警设备、洞外消防设备的外观进行巡视，及时处理设备的异常情况。其他项目的检查内容可参考《公路隧道养护技术规范》。

6. 交通工程设施

设备包含隧道内交通信号灯、可变信息板及各种指示标志，如紧急电话指示标志、行人横洞指示标志、紧急停车带指示标志、疏散指示标志等。

日常维护中要保证标志亮度均匀，无变形扭曲。

（二）隧道机电设备维护管理的发展历程

设备的维护管理是随着生产发展而产生的一门学科，其发展过程大致可分为 4 个阶段：

1. 事后维护阶段（Breakdown Maintenance，BM）

在这个阶段里，由于设备简单，设备维护主要靠工人操作，修理费用较少。设备主要是实行事后维护制，即设备坏了才修理。由于当时企业规模不大、生产力水平不高设备维护主要靠经验，设备修理只能实行事后修理。随着工业生产的逐渐发展，结构复杂的设备大量的投入使用，设备修理难度不断增加，技术要求也越来越高、越来越专业，设备维护才从生产中分离出来。这个阶段的事后维护的特点是设备管理内容狭窄，设备出了故障才修理，也不讲修理的层次（局部修理、全部修理和更新改造等），仅以修复设备原来的功能为目的。这种修理体制必然丧失设备的许多工作时间，生产计划被打乱，修理的内容、时间长短及安排等都带有很大的随机性。

2. 预防维护阶段（Preventive Maintenance，PM）

由于飞机等高度复杂的机器以及社会化大生产的出现，机器设备对生产的影响越来越大，任何一台主要设备或一个主要生产环节出现故障，就会影响全局，造成重大的经济损失。预防维护主要是对影响设备正常运行的故障采取"预防为主""防患于未然"的措施，对设备进行预防性维护，在故障处于萌芽状态时采取预防措施，以避免突发事故发生。预防维护较事后维护有明显的优越性：

（1）因采取了预防为主的维护措施，以大大减少计划外停工损失。

（2）由于预先制订了检修计划，对生产计划的冲击较小减少了临时突击维护任务，使无效工时减少，维护费用降低。

（3）防患于未然，减少恶性事故的发生，延长了设备的使用寿命。

（4）设备完好率高，提高了设备使用效率，有利于保证产品的产量和质量。但是由于受检查手段和人们经验的制约，仍可能使计划不准确，造成维护冗余或不足。

与此同时，苏联也建立了一套计划预修制度。计划预修制度是在设备磨损规律的基础上按照预定的计划进行一系列预防性修理。其目的是保障设备正常运行和良好的生产能力，减少和避免设备因不正常的磨损、老化和腐蚀而造成的损坏，延长设备使用寿命，充分发挥设备潜力。计划预修制不仅可以减少或避免设备故障的偶然性意外性和自发性，还可以大大减少意外故障停机造成的损失，减少故障停机而增加的劳动量和维护费用。但是因为经验可能存在各种不科学的因素，零件的磨损允许极限与规定的使用时间周期很难完全符合，对计划的准确性影响很大，往往造成维护过剩，反而增加了维护费用和停机时间损失。

3. 生产维护阶段（Productive Maintenance，PM）

生产维护由 4 种具体的维护方式构成：事后维护（Breakdown Maintenance，BM）、预防维护（Preventive Maintenance，PM）、改善维护（Corrective Maintenance， cm）和维护预防（Maintenance Prevention，MP）。针对不同设备及其使用情况分别采取不同的维护方式。例如，对重点设备实行预防维护，对一般设备进行事后维护，其目的是提高设备维护的经济性。为了减少设备故障，单纯的预防维护还是不够的。要从根本上解决问题，必须提高设备的可靠性和可维护性，就要改进设备的设计和制造质量。这对于使用中的设备来说，是改善维护（ cm），对于新设计的设备，则是实行维护预防（MP），以消除或减少维护活动。

4. 各种设备管理模式并行阶段（1970 年至今）

（1）综合工程学：综合工程学是一门新兴的设备管理学科。设备综合工程学（Tero technology）是为了研究和解决其前面所述的由于使用现代化设备所带来的一系列问题的。英国工商部给设备综合工程学下的定义是："为了追求经济的寿命周期费用，而对有形资产的有关工程技术、管理财务及其业务工作进行综合研究的学科。"

（2）全员生产维护：在日本工业迅速发展的年代，先后引进美国预防维护和生产维护体制的基础上，汲取了英国的设备综合工程学的原理，结合日本国情，发展全员生产维护体制。全员生产维护的含义和要点是：以提高设备的综合效率为目标，建立设备全生命周期的生产维护总系统。全员生产维护涉及设备的规划、生产经营使用和维护等内容；从企业领导到第一线工人全体成员参加；全员生产维护制加强生产维护的思想教育，开展小组为单位的生产维护目标管理活动。

（3）设备综合管理：设备综合管理学科是为了提高设备管理技术、经济效益和社会效益，适应商品经济的发展，针对使用现代化管理的优秀理论（包括系统论、控制论、信息论、决策论等），综合了现代化科学技术的新成就（主要是故障物理学、可靠性工程、维护性工程、设备诊断技术等），而逐步建立起来的一门新兴学科。它是系统工程的方法论在设备管理中的应用。设备综合管理追求的是整个系统（设备管理的全过程）的最优，而不只是单独考虑某个局部的优劣。设备综合管理以提高设备综合效率和追求设备寿命周期费用的经济性为目标，即要达到"充分发挥设备的效能，取得良好的投资效益"的目的。

二、公路隧道机电设备施工安全管理内容

（一）安全管理主要技术

1. 基本要求

通过现场有组织、有计划的技术管理手段，充足人力、机械、防护用具等安全生产设备设施的投入，合理布置，努力创造良好的施工环境，把生产和安全有机地结合起来，以达到提高生产力水平，保障作业人员的生命安全和重要设备设施不受损害为目的和要求。

（1）建立健全安全管理保证体系，将人、机、环境的安全制度和技术措施完善提高，始终贯彻到整个工程施工过程中。

（2）加强对民工安全思想教育，开展安全操作技能与防护知识的教育培训，牢固树立"安全第一"的思想，提高作业人员的安全意识和事故防范能力。

（3）根据施工情况，编制详细的安全操作规程和细则，制订切实可行的各类安全施工专项方案与措施，并做好针对性安全技术交底工作。

（4）建立健全以安全生产责任制，设置和配置专职安全、技术人员，组织展开日常机具设备、设施的安全生产监督检查、验收指导工作。

（5）对关键部位、岗位的重大危险源进行专项专人负责监控，及时布设相应的安全防护措施，对危险物品加强管理，同时加强现场特种作业人员的教育培训和作业管理。

（6）认真组织制订各工种安全操作规程和安全作业指导书，装订成册到各班组并严格遵章执行。

（7）安全技术措施编排和落实，应根据不同的工程和具体工序，在施工方法、平面布置、材料设备等内容中明确保证安全生产针对性措施。

2. 设备用具及防护设施管理技术措施

（1）采购劳动防护用品必须三证资料齐全（产品合格证、生产许可证、安全鉴定证），经公司项目部安全、技术人员的检查验收合格后，方可登记入库。加强对保护用品领用发放管理，建立保管使用等台账，并按照产品说明书要求，及时更换、报废过期和失效的劳动保护用品。特种劳动保护用品必须到定点经营的单位或企业进行采购。

（2）对新购的施工机械设备和大中型机械设备的安装必须组织相关部门人员进行安全技术性能的试运行检查验收，查阅产品合格证书、产品生产许可证、检验检测报告及产品使用说明书等资料，验收合格后并签字记录存入设备档案资料。

（3）压力容器、厂内机动车等特种设备应经相关资质的检验、检测机构检验合格，经安监部门登记备案后取得安全使用许可证牌，并将证、牌标志置于或者附着于特种设备、车辆的显著位置后方可投入使用。

（4）特种设备必须指定专人管理、使用、定期进行维修和保养。未经指定人员同意，其他人员不得随意操作使用。

（5）现场对厂内机动车等特种设备建立档案登记表；设立各台（套）特种设备安全技术管理档案，主要内容包括设计文件、制造单位、产品质量合格证明、使用维护说明以及安装技术文件和资料；定期检验和定期自行检查的记录；日常使用状况记录；设备的安全附件、安全保护装置、有关附属仪器仪表的日常维护保养记录。

（6）所有施工机械设备和设施的安全防护装置及保险机构必须齐全有效，电气装置绝缘性能良好，控制电机不得使用倒顺开关。日常落实专人专机操作，并负责日常经常性的检查、维修、保养，确保安全运转，同时做好维修保养记录。

（7）电焊机必须设置二次空载降压保护器；次线长度不得超过 5 m，二次线长度不得超过 30 m，无破皮老化现象；接线柱应设防护罩，机身外壳必须保护接零。

（8）搅拌机应选址合理，固定牢固，钢丝绳和保险挂钩符合要求。

（9）气瓶应有防护帽、防震圈，色标明显，存放和使用时应距离明火 10 m 以上，不同种类的气瓶间距应大于 5 m，乙炔瓶不得平放。动用明火审批和监护。

①钢筋冷拉冷弯作业区应设置安全警戒区和防护栏。

①发电机房和空压机房专设电工值班房，进行跟班运行维护。

②现场临时的防护架设置组台工作台车安装等必须经监理等有关各方的设计方案审查，并通过现场组织验收方可投入使用。

③现场临时爆破物储存库房应独立设置，并在外围四周设高 3.5 m 栏墙，同时做好附近的排水设施。

④作业区、加工区、生活区、各库房等醒目位置设置相应的安全警示用语牌。警示用语牌要统一规范，满足数量和警示要求。工作警戒区域的临空面、平台、设备保护、危险场所等设置安全围栏和警告标志。安全围栏由围栏组件与立柱组件组装而成，管子及管端应光滑、无毛刺，立柱刷红漆，其他刷红白相间漆。

①⑤对临时活动房的内在质量和结构性能经监理、施工单位、安装单位共同组织严格检查验收，经三方验收合格形成文件签字后投入使用、同时在项目部建立巡查档案，在恶劣天气条件下必须进行重点检查，确保临建设施稳固。

⑥施工现场的办公区生活区必须与作业区明显分离，并设专人巡值，无关人员不得随意进出作业区。

3. 安全行为规范教育和安全技术交底

（1）项目部开展有目的、有计划的经常性安全教育培训，提高全体施工人员安全素质，强化安全保护意识。了解现场主要危险区域、学习安全操作规程或本岗位安全知识等安全要点。熟悉本工程的一般、重点防火防爆等重大危险源部位的施工作业要求操作规范、防火防爆等应急预案。

（2）督促班组做好岗位安全生产技能教育，含岗位安全技能的熟练掌握，达到能适应本岗位安全操作的技术和能力，做到"应知""应会"。教育内容包括本班组安全工作性质及施工范围；本岗位使用的机械设备、工器具的性能，防护装置的作用和使用方法；本班（组）施工环境事故多发场所及危险场所；安全操作规程、岗位责任制和有关安全注意事项；个人安全防护用品、用具的正确使用和保管方法等。

（3）不定期地进行对特种作业人员与本工种相适应的、专门的机械安全理论知识和操作技能教育和培训；掌握本工种的安全技术操作规程及本工种作业场所和工作岗位存在的危险因素、防范措施及事故应急措施方法等，保证人机协调安全操作。

（4）及时纠正不良的行为习惯，通过批评、教育和开导，正确理解安全防护工作的重要性。如劳动保护用品现场管理的重点是员工正确穿、戴及使用。项目部向各班组明确规定每种劳动保护用品的正确穿、戴及使用方法，确保员工正确理解和使用，以保障安全和健康。

（5）班组作业前，项目管理的安全、技术人员必须对有关重大危险源的分项工程安全施工的技术要求及时向施工班组、作业人员作出详细说明，包括工程特点、环境条件、劳力组织、作业方法、施工机械准备等，有针对性地对该项工程施工中存在的不安全因素进行预先提示，从技术上和管理上采取防范措施，控制和消除工程施工过程中的隐患，以防发生人身事故。

（二）现场主要机电设备安全技术

制订施工现场机械化配套方案，以减轻作业人员劳动强度，加强对机械设备的检查、维修和保养，早检查、早预防严禁带病进行机械作业，保证安全装置完备灵敏、技术性能可靠，确保设备的正常、安全运转。

1. 施工机械安全技术措施

隧道钻眼、钢筋加工等施工过程中必须加强机械用具管理，减少因此造成的事故。其措施要求如下：

（1）操作人员必须经过培训，考试合格取得操作证书后方可上岗。

（2）在操作岗位前悬挂安全技术操作规程牌，操作人员要严格按照各类机械设备的安全操作规程操作，并正确穿戴好个人防护用品。

（3）机料科要经常对设备进行保养和维护，及时清除杂物，并做好机械设备管理台账。

（4）机械设备操作地点与作业面要视线清楚，指挥通信设备良好，信号统一，并定机定人、定指挥。机电作业地点要确保周围环境安全，夜间有足够的照明，停机时要有可靠的防护措施。

（5）机械设备的电气装置必须符合电气安全要求，机械强度、刚度应符合安全技术要求。

（6）机械设备布局要根据施工需要合理布置，尽量保证机械位置相对固定，并保证足够的安全操作距离。

（7）操作人员必须按规定正确使用安全装置，严禁将其拆除不用。

（8）操作人员应在机械设备运行前进行安全检查，防止设备带故障运行。

（9）施工期间，日夜都设有机电值班人员处理机电故障，非专职人员不得触动机电设备。

2. 工程机车安全技术措施

（1）严格遵守场内机械日常操作规程，操作人员须熟悉机械安全性能。

（2）定人定机定期检修场内机械，及时发现机械故障，排除不安全隐患。

（3）场内机械严禁搭载非操作人员。

（4）场内机械上路，行车指示灯应完好，履带式机械应有保护措施，以保护行驶路面完好，由专人引道，注意行道树、杆线及建筑物。

（5）机械移动作业面或旋转半径内严禁非施工人员逗留。

（6）场内工程机车按指定的地点停靠。

（7）所有运输车辆必须牌证齐全，驾驶员持证驾车。

（8）运输车辆应定期检修，确保各项性能良好。

（9）运输车辆出场运输时，注意平交口交通安全，遵守交规。

运输车辆在装卸过程中应注意公路财产、杆线及建筑物安全。

（三）现场主要安全防护措施

防护措施的正常投入和运行，是保证施工安全有序进行的物资保障。根据本工程特点，及时采购相应的防护用具和设施，并认真落实布置，日常进行有效管理和维护。

1. 施工用电安全防护技术措施

隧道施工场地内外，用电设备比较多，洞内工作环境较差，容易引发触电事故，严格按施工现场临时用电专项施工方案设计要求进行用电设施布置，在日常用电中必须加强管理，不断完善，防范触电事故发生。其措施要求如下：

（1）操作人员（电工）必须经过有关部门培训，考试合格取得操作证书后方可持证上岗，严格按照电工安全技术操作规程进行操作，并正确使用绝缘防护用品。在作业过程中应集中思想，不能麻痹大意，防止操作时失误而引起事故。

（2）现场所有用电线路布置严格遵守 TN-S、三级配电三级保护系统的原则配电，配电房须上锁。电工应经常检查发电机组在运行中各仪表指示及各运转部分并确认正常。

（3）施工现场应配备必要的电器测试仪器，电工必须每天巡回检查。漏电保护器测试每周不少于一次，各类电器的绝缘、接地电阻测试每月不少于一次，雨后必须进行测试，并做好检查维修记录。电工在作业过程中，线路上必须挂设断电告知牌并关电锁箱，禁止带电操作。

（4）使用的机械电气设备，其金属外壳应按安全规程进行保护性接地或保护接零。对保护接地或保护接零的设施要经常检查，保证连接牢固，线路正常。在保护接地或保护接零导线上不得有任何断开的地方，机械用电做到"一机、一闸、一箱、一保"的装置。

（5）使用电气设备和各种电动工具，当人离开工作现场或停止使用时，必须先关闭电源，拔去插头。

（6）用电线路装置由指定电工装、拆、检查和管理。不能私拉、私接。

（7）严禁在带电导线、带电设备附近使用火炉或喷灯等明火。施工用电与生活用电线路必须分开架设，动力与照明的保险装置必须分开。

（8）变电配电室内严禁吸烟，不准堆放杂物，保持室内通道和室外通道畅通。

（9）施工人员用电必须遵守《现场安全用电守则》。用电机械应由懂专业知识的人员操作。

2．防火防爆安全防护技术措施

（1）成立义务消防队，强化消防管理，对职工进行消防知识教育培训。

（2）在生活区、办公区、食堂、变配房、仓库等配备必要的灭火工具，指定专人负责，做好灭火工具及器材的保养和更换工作，并挂在明显和易取的地方。

（3）建立防火制度，落实防火责任人。在机房、油库、住房、食堂等处配备灭火工具及器材，在禁火区范围内树立防火牌，重要部位必须道路畅通。

（4）电工、焊工从事电气设备安装和电、气焊切割作业，持证上岗并经动火审批；动火前，要清除附近易燃物，配备看火人员和灭火用具。动火地点变换，要重新办理用火证手续。

（5）隧道爆破器材临时储存库房单独设置，符合安全距离要求，并经公安及消防部门等相关技术部门检查验收后投入使用，同时在库区设置独立值班室指定专人看守。

（6）药库区应配备足够的适于扑灭爆破器材火灾的消防灭火器材，并定期对其性能和使用日期进行检查。设明显的警戒标志和"严禁烟火"标志。

（7）库区应安装独立避雷针或架空避雷线，库内须安装防爆照灯明设备。

（8）选派经公安部门培训后的专职人员担任仓库的保管员看守易燃易爆物品工作。严格出入库检查登记制度收存、发放、使用、清退爆破器材必须进行登记，做到账目清楚，账物相符。

3．隧道施工安全防护技术措施

（1）洞内通风灭尘

机械通风正常化：机械通风是降低粉尘浓度的重要手段，不但放炮后通风，而且装碴喷射混凝土期间常通风，风速控制在 1.5 ~ 3.0 m/s。结合在隧道施工中的实际经验，在施工洞口布置 1 台鼓风机。通风管采用 φ1 500（φ1 500 mm）维伦布风管（节长 30 ~ 50 m），风管设置在拱腰，可满足施工通风要求。压入式通风其工作原理是在爆破后风机压入式工作，将洞外新鲜空气压入隧道掌子面附近，而洞内烟尘将由压入的新鲜空气压排至洞外。

a.压入式通风的特点：一.是有效射程大，通风排烟作用强；二是改善工作面的环境更有利；三是排除炮烟不污染整条隧道。

b.喷雾洒水正规化：爆破后对爆堆岩体及隧道壁经常洒水，避免粉尘飞扬，并在粉尘飞扬大的工作面坚持喷雾洒水。

c.个人防护普遍化：做到洞内工作人员一律坚持戴防尘口罩，并定期对职工进行身体检查和对进洞人员进行矽肺检查，有呼吸系统病历的人员严禁进洞作业。

d.施工通风防尘综合治理措施：在系统布置上，坚决杜绝各种形式的循环风。通风机距洞口不少于 20 m。出风口到工作面的距离不超过 45 m。

风管安装必须做到平直挺直、紧扎、安稳；风管与通风机连接的 20 m 采用铁皮风管；破损及时修补，以减少接头、破损漏风和降低局部阻力。在衬砌与掘进并行操作时，通风管路在衬砌台车处被隔断或弯曲缩颈，严重影响通风，根据多年的隧道施工通风经验以及国内外科研成果，采取的方法为：一是在衬砌台车上专配一节与风管同直径的硬管，两端与软风管相连；二是在衬砌台车上放置折叠伸缩式管筒，随台车的移动前后伸缩，与风管相通。

建立专业通风维修技术队伍，派专人专职负责通风系统的日常检查和维修。加强通风设备的维修管理工作，使设备状况始终处于良好状态。

坚持洞内环境监测，爆破后向渣堆喷洒水降尘。

湿式凿岩标准化：全隧道采用湿式钻孔使岩粉湿润，减少扬尘。

采用水炮泥，以降低粉尘。水炮泥就是用装水的塑料袋填于炮眼内来代替一.部分炮泥，装完药后将其填于炮眼内，尽量不要搞破，然后用黄泥封堵。此法降尘效率非常高。

采用混凝土湿喷技术，且混凝土均在洞外搅拌。

（2）洞内安全电压与应急照明布置。

a.在隧道进口外侧设 36 V.A 变压器传供洞内安全照明行灯。

b.在洞内增设施工用应急照明灯具，并设紧急出口通道，防止在突发险情时，安全撤离洞内作业人员。

（3）爆破作业安全防护技术措施。

作业人员要使用危险性很大的爆破物品来实施作业，由于爆破瞬间会产生强大的空气冲击波和灼人的火焰及大量的飞石，如作业人员对爆破失控，会直接造成生命和财产损失。预防事故技术措施要求：

a. 爆破作业必须使用符合国家标准或部颁标准的爆破器材。

b. 爆破作业人员必须经过公安机关培训合格后方可上岗。

c. 作业时，作业人员要严格按照并遵守《爆破安全规程》的要求进行操作。

d. 加工起爆药柱时应在爆破作业面附近的安全地点进行，其加工数量不应超过当班爆破作业的使用数量。

e. 进行爆破工作前，必须确定危险区边界，并设置明显的警戒标志，同时要进行人工警戒。

f. 爆破前，必须先发出音响和视觉信号，危险区的人员都能清楚地听到和看到，等危险区域内的人员、机械等全部撤离方可进行爆破，并同时做好危险区域边界的警戒工作，以防过往人员、车辆造成伤害。

g. 爆破后，爆破员和安全员必须在规定的等待时间后进入爆破地点，检查冒顶、危石、支护和盲炮等现象。经检查确认安全后，方准发出解除警戒信号和撤除警戒人员。

h. 发现盲炮或怀疑有盲炮，应立即报告并及时处理。若不能及时处理，应在附近设置明显标志，并采取相应的安全措施。

（4）高处作业安全防护技术措施

搅拌站上机操作、隧道钻眼、初支等施工时均需要登上工作台进行操作，在坠落高度基准面 2 m 以上（含 2 m），有可能坠落的高处进行的作业均为高处作业。高处作业人员如不能严格按照或遵守操作规程进行作业，将会造成人员坠落或坠落物伤人事故。其措施要求如下：

①从事高处作业的人员，必须经过逐级的安全教育和指导，并告知岗位存在的危险性和重要性，方能让其从事登高工作。

②搭设高处作业安全防护设施的人员，必须经过专门培训，经考核合格后，持证上岗作业，并对从业人员进行定期的体格检查。

③遇恶劣天气不得进行露天攀登与悬空作业。

④用于高处作业的防护设施，不得擅自拆除，确因作业需要临时拆除的，必须经过部门负责人同意，并在原处采取相应的可靠的防护措施，完成作业后必须立即恢复。

⑤高处作业人员必须按规定配置个人劳动防护用品，并正确系戴。

⑥在高处作业范围以及高处落物的伤害范围须设置安全警示标志，并设专人进行安全监护，防止无关人员进入作业范围和落物伤人。

三、典型公路隧道机电施工安全管理制度

（一）施工安全管理制度概述

1. 建立安全生产责任制，设专职安全检查人员，做好安全生产管理和监督检查，

做好安全技术交底工作。

2.按期开展安全学习，针对工程特点开展事故预防活动，严把爆破塌方掉石、行车安全、安全用电等主要关口，采取有效防范措施，严防事故发生。

3.加强安全教育，使全体施工人员树立安全第一的思想；严格安全操作规程，做到一工程一措施；坚持每班班前安全会，每周一天安全活动日，每月一次安全大检查制度，发现问题，落实整改措施整改负责人及整改期限。

4.严格爆破器材的管理审批、领用、加工、使用瞎炮处理及保管等制度，堵塞漏洞，防止事故。

5.所有机电设备专人管理和使用，特殊工作必须持证上岗。

6.生活区、机械房、材料库配备足够的消防器材，危险品仓库安设避雷装置。

7.施工电线必须按技术标准架设，电器设备和线路必须绝缘良好，按规定安装漏电保护设施。

8.吊装作业，起吊设备下严禁站人，经常检查钢丝是否完好以确保安全。

9.搭设的承重平台、脚手架，必须经过承载验算，确认合格后方可使用。

（二）装碴与运输安全管理

1.运输车辆严禁人、料混装。

2.机械装渣时，坑道断面尺寸必须满足装渣机械安全运转，并符合下列要求：装渣不准高于车厢；装渣机与运渣车之间不准有人；为确保运渣车就位良好和安全进出，应派专人指挥。

3.运输车辆限制速度执行规定见表5.1。

4.洞口、平交道口和狭窄的施工场地，设置"缓行"标志，必要时安排人员指挥交通。

5.车辆行驶遵守下列规定：严禁超车；同向行驶车辆保持20 m的距离，洞内能见度较差时，加大距离；车辆启动前必须瞭望与鸣笛；驾驶室不得搭载其他人员；车辆不得带故障运行。

6.车辆在洞内行驶时，施工人员必须遵守下列规定：不准与车辆机械抢道；不准扒车追车和强行搭车。

7.洞内倒车与转向，必须开灯、鸣笛并派专人指挥。

（三）洞内通风与防尘安全管理

1.隧道施工的通风设专人管理。

2.通风机运转时，严禁人员在风管的进出口附近停留。

3.通风机停止运转时，任何人不准靠近通风软管行走和在软管旁停留，不准将任何物品放在通风管或管口上。

4.风管与掌子面距离不得大于50 m。

5. 喷射混凝土采用湿喷，严禁在隧道中使用干式凿岩机。

6. 按规范要求结合现场实际情况，及时做好有害气体检测工作。

（四） 洞内防火与防水安全管理

1. 在施工区域设置有效而足够的消防器材，放在易取的位置并设立明显标志。各种器材做到定期检查、补充和更换，不得挪用。

2. 洞内严禁明火作业与取暖。

3. 在雨季前进行防洪及洞顶地表水检查，防止洪水灌入洞内。

4. 对地表水丰富和地质条件复杂的地层，在施工时制订妥善的防排水措施，备足排水设备。

（五） 洞内电气设备安全管理

1. 洞内电气设备的操作，必须符合下列规定：非专职电工不得操作电气设备；手持式电气设备的操作手柄和工作中接触的部位，设有良好的绝缘。使用前进行绝缘检查。

2. 电器（气）设备外露和传动部分，必须加装遮拦或防护罩。

3. 36 V 以上的供电设备和由于绝缘损坏可能带有危险电压的设备的金属外壳、构架等，必须有接地保护。

4. 直接向洞内供电的馈线上，严禁设自动重合闸，手动合闸时必须与洞内值班人员联系。

（六） 电器设备安全操作管理

施工现场临时用电编制施工组织设计，按《施工现场临时用电安全技术规范》（JGJ46-2005）的要求进行设计、验收和检查，进行安全技术交底，并建立、健全安全用电管理制度，严格落实"防止误触带电体防止漏电、实行安全电压"三项技术措施。

使用高压电器，采取加强外绝缘措施。其他电工产品均满足施工要求。避雷器选用适于本地区的避雷器。

低压电器设备有足够的可靠性及提高分断能力延长触点寿命；空气开关、热继电器注意确定恰当的额定电流值；控制电动设备温升等。

1. 施工用电采用"三相五线"制，按"一机一闸一漏保"防护。

2. 变压器设在施工现场边角处，并设围栏；根据用电位置在主干线电杆上装设分线箱。

3. 在施工现场专用中性点直接接地的电力系统中，采用 TZ-S 接零保护系统，电气设备的外壳与专用保护零线连接。不得在同一供电系统中有的接地、有的接零。

4. 工地内的电线按标准架设。施工现场内电线与其所经过的建筑物或工作地点保持安全距离，现场架空线与建筑物水平距离不小于 10 cm，跨越临时设施时垂直距离不小于 2.5 m。同时，加大电线的安全系数，施工现场内不架裸线。不得将电线捆在无瓷瓶的钢筋、树木、脚手架上；露天设置的闸刀开关装在专用配电箱里，不得用铁丝或其他金属丝替代保险丝。

5.生活区室内照明线路用瓷夹固定，电线接头牢固，并用绝缘胶布包扎；保险丝按实际用电负荷量装设。使用高温灯具时，与易燃物的距离不得小于 1 m，一般电灯泡距易燃物品的距离不得小于 50 cm。

6.电工在接近高压线操作时，必须符合安全距离。

7.移动式电动机具设备用橡胶电缆供电，应经常注意理顺电缆；在跨越道路时，埋人地下或穿管保护。电器设备的传动轮转轮、飞轮等外露部位安设防护罩。

8.各种电动机械设备，均设有可靠的安全接地和防雷装置，严禁非专业人员操作机电设备。每台电气设备设开关和熔断保险，严禁－闸多机，各种电器设备均要采取接零或接地保护。凡是移动式和手持电动工具均在配电箱内装漏电保护装置。

9.照明线路按标准架设，不准采用一根火线与一根地线的做法，不借用保护接地做照明零线。

四、公路隧道机电施工安全检查制度

安全检查是消除事故隐患，预防事故保证安全生产的重要手段和措施。为了不断改善生产条件和作业环境，使作业环境达到最佳状态。从而采取有效对策，消除不安全因素，保障安全生产，特制定安全检查制度如下：

（一）安全检查的内容

严格按照《公路水运工程安全生产监督管理办法》，对照检查执行情况；基槽临边的防护；施工用电、施工机具安全设施，操作行为，劳动防护用品的正确使用和安全防火等。

（二）安全检查的方法

定期检查、突击性检查、专业性检查、季节性和节假日前后检查和经常性检查。

（三）项目部施工工地每周检查一次

由项目经理组织；各施工队每天检查，由施工负责人组织，生产班组对各自所处环境的工作程序要坚持每日进行自检，随时消除不安全隐患。

（四）突击检查

同行业或兄弟单位发生重大伤亡事故、设备事故、交通事故、火灾事故，为了吸取教训，采取预防措施，根据事故性质、特点，组织突击检查。

（五）专业性检查

针对施工中存在的突击问题，如施工机具、临时用电等，组织单项检查，进行专项治理。

（六）季节性和节假日前后检查

针对气候特点，如冬季、夏季、雨季可能给施工带来危害，提前作好冬季四防，夏季防暑降温，雨季防汛；针对重大节假日前后，防止职工纪律松懈，思想麻痹，要认真搞好安全教育，落实安全防范措施。

（七）经常性检查

安全职能人员和项目经理部、安全值班人员，应经常深人施工现场，进行预防检查，及时发现隐患、消除隐患，标准施工正常进行。

（八）对检查出的事故隐患的处理

各种类型的检查，必须认真细致，不留死角，查出的事故隐患要建立事故隐患台账，重大事故隐患要填写事故隐患指令书，落实专人限期整改。

五、典型公路隧道机电施工安全事故救援预案

针对隧道项目施工地形特点，隧道施工作业面临着极其艰难的条件，极易造成隧道突发事故，为预防隧道施工事故的发生，及时、准确、科学、合理地处置各种突发事故，根据国务院《安全生产法》，制订典型隧道安全事故救援预案。

（一）隧道爆炸事故

隧道内发生爆炸事故，应疏散人群，全部撤离至安全区域，查明爆炸类型（火工物品、化学物品、瓦斯等）并发出警报，召集人员持抢险救护装备，迅速赶到现场救护并进行针对性的处理，尽可能地控制事故在最小限度、减小危害性减少伤亡人员，紧急上报施工负责人，高监办，工作站、省指挥部，同时向当地公安机关、派出所报警，清楚说明发生爆炸标段时间、地点方位爆炸类型及爆炸威力大小等情况。启动项目部爆炸应急救援预案。

（二）隧道机械伤害事故

发生机械伤害事故后，由项目经理负责现场总指挥，发现事故发生人员首先高声

呼喊，通知现场安全员，由安全员打事故抢救电话"120"，向上级有关部门]或医院打电话抢救，同时通知生产负责人组织紧急应变小组进行可行的应急抢救，如现场包扎、止血等措施。防止受伤人员流血过多造成死亡事故发生。值勤门卫在大门口迎接来救护的车辆，有秩序地处理事故，最大限度地减少人员和财产损失。如事故严重，应立即报告省指挥部及有关部门，并启动项目部应急救援预案。

（三）隧道运输事故

隧道内发生运输事故，根据事故现场情况，进行事故抢救，利用各种工具，设备将伤员救出，并保护事故现场。根据伤情对伤员进行必要的包扎，伤势严重应立即转送至所在地附近医院或急救中心进行抢救。启动项目部运输事故应急救援预案。

（四）隧道电、水、火、气体事故

如遇到电、水、火、瓦斯及不明气体发生危害，现场人员应按以下方法避灾抢救：

隧道内发生触电事故应立即切断或用干燥的木棒或绝缘物挑开身上的电源，关闭开关。触电人脱离电源后，应立即将其抬到新鲜风处，平放，并解开衣裤，进行人工呼吸和心脏挤压法急救。急救是需要耐心的，防止"假死"现象，并且不要打强心针。

隧道内施工中发现大量涌水时，就即令工人停止工作，撤至安全地点，利用电力抽水设备，加大抽水量，如水势急、冲力大，有人员被冲走，应尽快把溺水者捞救出水，利用各种救护方法施救。同时上报情况。

隧道内发生火灾，正确确定火源位置、火热大小，并迅速向外发出信号。及时利用现场消防器材灭火，控制火势大小，组织人员撤退出火区。如火势不能扑灭，应及时向所在地公安消防机关报警，寻求帮助。

隧道内发现瓦斯或不明气体，应及时加强通风，采取防范措施。如发生瓦斯爆炸及发现不明气体，就应做好自救工作，迅速协助伤员一起撤出到通风安全地区。有人受到有毒气体伤害时，应将其运至有新鲜风的安全地区，并立即检查伤员的心跳、脉搏、呼吸及瞳孔，并注意保暖，同时保持伤者呼吸通畅。若是一氧化碳中毒，中毒者还没有停止呼吸或呼吸停止但心脏仍跳动，要立即搓摩他的皮肤，温暖后立即进行人工呼吸。如心脏停止，应迅速进行体外心脏按压，同时进行人工呼吸。如因瓦斯或二氧化碳等窒息，情况不严重时，抬至新鲜风中稍作休息，即会苏醒。如窒息时间较长，就要在皮肤搓摩后进行人工呼吸。情况严重时应立即拨打事故抢救电话"120"，向上级有关部门或医院打电话抢救。

隧道工程施工技术与安全

第三节 公路隧道机电设备维护管理与保养制度

一、公路隧道机电设备维护管理

（一）照明系统

隧道照明系统由3部分组成，即洞内昼夜正常照明、洞外夜间高杆灯照明和洞内事故应急疏散照明。洞内昼夜正常照明（含应急安全照明）、洞外夜间高杆照明采用高压钠灯，洞内事故应急疏散照明采用自充电式应急灯。照明设施主要包括灯具、托架、标志及信号灯、洞外路灯和照明线路等为隧道营运提供照明服务的设施。

1. 日常养护

（1）日常检查：照明设施日常检查主要以目测的方式，对照明设施亮度及损坏情况进行的巡检（每天3次日常巡查）登记。对灯罩脱落、中间段连续坏灯2盏以上（含亮度低于90％，灯光发紫、发白、闪烁抖动、异响），洞口加强段连续坏灯3盏以上（含亮度低于90％，灯光发紫、发白、闪烁抖动、异响）应立即切换照明回路，并及时组织更换或维护。

（2）定期检查：照明设施的定期检查主要是指周巡检、月巡检和季度巡检。巡检时打开全部照明灯，进行目测，对中间段连续坏灯2盏以上（含亮度低于90％，灯光发紫、发白、闪烁抖动、异响），洞口加强段连续坏灯3盏以上（含亮度低于90％，灯光发紫、发白、闪烁、抖动、异响）应及时进行更换或维护，当故障灯较多时，则应组织进行专项检修。

对洞外高杆灯每周进行检查维护工作，主要以目测为主；每季度一次全面的检查维护工作。若发现有灯不亮或其他的一些线路故障的，应及时进行维护，并做好记录。台风季节应根据天气预报，及时放下灯体，等台风过后恢复正常。

（3）专项检查：重大节假日和春运前期，组织相关人员联合巡检，巡检时打开全部照明灯具，进行目测，检查照明亮度是否满足通行要求，同时检查照明配电柜工作状态，有无过热、烧焦、腐蚀等情况。如果灯具故障较多，则在节假日之前组织人员修缮。

其余时段每半年一次，组织人员封道，集中对隧道照明进行清洗保养和检修维护，主要检测照明设施的使用状态，更换配件、修复故障。对部分故障严重的照明，进行必要的分解性检修乃至整体更换。

2．维护

（1）小修：根据日常检查、定期检查、联合巡检等检查情况，及时组织人员对零散照明灯泡镇流器、触发器、电容、照明控制柜熔断器指示灯等配件自行检测和更换、对脱落灯罩自行复位。

（2）中修：利用封道维护时间，及时组织人员对成批照明灯泡镇流器触发器、电容等配件进行检测和更换，无法就地修复的灯具需整体更换；对照明配电柜内元器件工作状态进行检查,并更换交流接触器断路器等配件,同时对换装设备进行预防性试验。

（3）大修：因事故、火灾等突发事件导致成批照明设施损毁照明线路故障或照明控制柜损毁、烧毁，需要整体组织封道，整体更换电缆桥架、照明线缆、照明配电柜，并需要对新装设备设施进行预防性交接试验。

（4）专项工程：LED 节能改造、路灯改造、隧道照明控制模式改造、照明线路改造、照明配电柜改造、照明控制柜内元件预防性试验等专项改造或工程，需设计改造方案，制订施工组织设计，审批后落实执行。

照明设施日常养护主要检查项目及检查周期按照表 5.2 的要求进行。

3．检测与评定

专项检修、专项工程完成后，开启灯具，目测隧道内照明亮度是否明显改善，高速公路隧道照明设施的完好率应不低于 95 %。部分需要进行预防性交接试验的项目，试验标准执行《电气装置安装工程电气设备交接试验标准》（GB 50150-2016）。

（二）通风系统

通风系统主要是保证隧道通风，有效地排放隧道内的有害气体及烟尘，保证隧道内良好的视觉环境，控制空气污染状态在规定的限度内，保证驾乘人员及洞内工作人员的身体健康，提高行车的安全性和舒适性，并能有效地处理火灾等紧急事故。

其设施主要包括轴流风机、离心风机、射流风机及其配套的供配电控制柜、操作箱、配电线路、一氧化碳、能见度检测器、风速检测器等。

1．日常养护

（1）日常检查：通风设施的日常检查主要是通过巡检，根据隧道能见度、潮湿度或悬浮颗粒情况，开启或关闭风机，观察设备外观及运转有无异响、振动、电缆过热等异常，确定设备是否存在隐患，并及时排除故障。

（2）定期检查：通风设施的定期巡检主要是指周巡检、月巡检和季度巡检。周巡检主要分路段，月巡检和季度巡检按照整个隧道进行现场手动和中控自动结合操作，检查风机启动运转是否正常，确定设备是否存在隐患，并及时排除故障。

对开启的风机进行通过观察设备外形或运转声响、振动确定是否存在异常；检查风机运转过程中有无异响、振动，风机运转时启动电流和运转电流（观察控制柜上的电流表）时是否在额定范围内，三相电流是否平衡。

降压启动保护器是否正常，表面有无污染，是否有过热现象；接触器继电器、过热保护器等工作是否良好，有无污染、腐蚀现象。

（3）专项检查：国家重大节假日和春运前夕，组织相关人员联合巡检，巡检时按照路段陆续打开全部通风设施，进行观测，检查风机启动运行是否满足通行要求。如存在隐患，则在节假日期之前组织人员修缮。

其他时段，通风设施的专项检查主要是指风机机械、电机绝缘情况、风机本体固定情况、外观漆层保护情况以及风机配电柜内降压启动保护器等重要电器元器件的工作状态、供配电线路的运行状况、风机通信情况、风机正反转切换情况等，发现隐患及时排除故障。

2．维护

（1）小修：风机在运行过程中，发生零散配电柜操作箱内部如电源模块、断路器、交流接触器、中间继电器时间继电器、操作按钮、指示灯等元器件的损坏更换。

（2）中修：利用封道维护，对通风配电柜操作箱等进行成批更换配件，对降压启动保护器等更换和调试，对风机本体防护罩端盖外壳等部分或整体维护，一氧化碳、能见度检测器、风速检测器维护。

（3）大修：对故障风机进行内部机械维护，如修理叶片叶轮、转轴轴承、减速箱、固定架、电机以及对严重故障风机无法现场维护，需要进行拆卸返厂维护的处理。

现场进行风机内部维护时，注意固定转轮，不让其转动，确保安全措施齐全。

（4）专项工程：风机整体防锈防腐维护、通风配电柜控制方式改造、供配电线路改造、风机本体漆层防护、风机机械维保、风机机型提升技改、氧化碳、能见度检测器、风速检测器改造等。更换叶片必须请制造厂家或有经验的专家进行，以免破坏动平衡。以上专项工程，需设计改造方案，制订施工组织设计，审批后落实执行。

通风设施日常养护主要检查项目和检查周期可按照表5.3的要求进行。

3．检测与评定

（1）通风设施应按各种设备的操作规程和养护要求进行，并使主要性能指标，如风速、推力、功率噪声及防护等级等符合产品说明书的要求。

（2）通风设施养护应配备专用电工工具和机修工具，必要时配备风压计，风速计、声级计等。

（3）进行通风设施养护时，应根据隧道交通流量和通风能力，对交通进行必要的组织和限制。

（4）在进行定期或分解性检修后，应对隧道通风设施的效率进行全面测试。

（5）通风设施的设备完好率不应低于98%。

（6）高速公路特长隧道应配合防灾设施进行每年不少于一次的模拟火灾情况下的

通风及排烟演习。单向交通排烟风速应按 2 ~ 3 m/s 进行控制。

（7）大修、新装、换装的通风设施投入前，要严格按照《电气装置安装工程电气设备交接试验标准》（GB 50150--2016）进行预防性交接试验。

（三）火灾检测和报警系统

火灾检测与报警系统由设置于隧道内的光纤传感器和手动报警按钮（隧道内间隔 50 m）、双波长火焰探测器、设置于配电所光电感烟探测器、警铃和连接线缆集中报警控制柜、区域报警控制器等组成。

火灾检测和报警系统有故障自诊断的能力，能无间隙不间断地监测隧道内和配电室内的空间，能连续监测光纤传感器、手动报警按钮的工作状态，报告故障准确位置，反应系统工作是否正常。当火灾发生时，可由现场人员按手动报警按钮报警，并有光纤检测或双波长火焰探测器系统自动报警。

火灾报警发生时，系统能直接输出报警信号、在隧道监控软件中相应位置的区段显示报警灯，同时发出声光报警，系统能够向中心计算机提供火灾信息、自动控制隧道内风机，按火灾排烟方式运转、自动切换相应区域的电视摄像机，供值班人员确认灾情。自动控制录像机启动、摄取现场信息以供备查。

控制台分别设置有火灾报警和手动报警总指示灯，声光报警。声光报警能手动切除。事故处理完毕，声光报警自动消除。报警信号出现时，计算机能自动记录、存储。

1. 日常养护

火灾报警系统的正常运行和其他系统不同，在平时处于战备状态，不容易发现系统的好坏。为了检验火灾报警系统是否能够正常工作，需定期做好火灾报警试验和演习，进行系统性随机抽查与维护。

（1）日常检查：主要以目测的方式检查隧道内现场火灾报警盘指示灯显示是否异常，中控室集中报警控制柜上故障，告警信息，发现异常，及时处理。

（2）定期检查：主要是指周巡检、月巡检和季度巡检，重点检查火灾报警控制柜内部接线、信息打印线缆线路、回路电压、接地状况、绝缘状况等，发现隐患，及时排除或修复。

（3）专项工程：主要检查火灾传感器、手动报警按钮报警主机的工作状态，感温光缆的线路检查（鼠咬等）以及组织原厂家人员对系统进行整体检查维护。

2. 维护

（1）小修：如发生缺电、断线、手动报警单元、指示灯终端盒、接地断路、避雷器等配件损坏的小型故障，由执勤队员自行修复或者更换。

（2）中修：如发生因事故、火灾等造成综合报警操作盘、感温光缆、模块、通信电缆损坏、绝缘破坏等故障，则组织外协队伍集体修理。

（3）大修：如发生集中报警控制柜、区域报警控制器、软件系统性故障，需联系原设备供应厂商进行技术支持性的保养与维护。

（4）专项工程：配电房整体改造，增加监控区域，感温光缆布线改造、软件改造等专项工程，需要制订设计方案，编制施工组织设计，审批后落实执行。

隧道火灾检测和报警系统设施日常养护主要检查项目和检查周期见表5.4。

3. 检测与评定

火灾自动报警系统的检测与评定严格按照《火灾自动报警系统施工及验收规范》（GB 50166-2007）执行，接受公安消防监督机构监督，履行备案和报检过程验收、隐蔽验收、取证等程序制度。火灾报警系统在交付使用前必须经过有资质的专业检验检测机构检测合格，并经公安消防监督机构验收，取得验收合格证书后，方能够投入使用。

（四）紧急呼叫和有线广播系统

隧道紧急电话系统，作为一种意外事件发生时的信息沟通工具，由紧急电话、喇叭、紧急呼叫系统主机、有线广播控制台等组成。司乘人员可以及时向监控室管理员通报隧道发生的交通事件和火灾情况，有利于最大限度地减少交通意外引起的损失。

紧急电话安装一般根据隧道长度以及洞口位置，大约每隔200 m设置一台（左右线），紧急电话镶嵌在隧道壁右侧，设备呈密封状态，防止灰尘和水汽进入。紧急电话具有单向呼叫的特点，且呼叫率很低，采用编码总线制。其功能特点：一是使用户与紧急求助部广取得联系；二是自动确定呼叫者的位置。

有线广播系统是在隧道内出现紧急情况时，中央控制室调度人员向隧道内行车人员发布信息，组织疏导车辆及人员的紧急调度手段，从而最大限度地减少事故损失。

1. 营运标准

紧急呼叫系统能够呼叫通畅，准确定位，并且声音洪亮，通话效果清晰。

2. 日常养护

（1）日常检查：每天进行日常检查，通过日常检查，以目测方式检查系统外观是否正常。

（2）定期检查：定期检查分周巡检、月巡检和季度巡检。周巡检主要是通过巡检，检查喇叭和紧急电话是否运行正常，随机进行抽检检查通话效果是否正常。

月巡检和季度巡检是一次全面性的检查，包括紧急电话、喇叭及其相关的机电设施。通过目测检查外观有无损伤，检查通话效果是否正常。

3. 维护

（1）小修：发生紧急电话话机更换，麦克风断线、按钮配件损坏等小型故障。

（2）中修：通话线路遭鼠害、撞击等发生断线故障，亭内话机整机更换维护等。

（3）大修：整个紧急电话亭遭遇火灾、事故需要整体恢复，并调试。

（4）专项工程：紧急电话和有线广播线路改造，增减、移位紧急电话和有线广播的布置点。此类专项工程需要有设计方案，有施工组织设计，经审批后落实执行。

紧急呼叫和有线广播系统日常养护主要检查项目和检查周期，见表5.5。

（五）交通监控系统

交通监控系统的功能具体来说就是交通监视和交通控制。所谓监视，是指利用路面路旁的检测设备进行数据采集和人工观察。所谓控制，是指把采集到的各种数据，进行科学的分析判断、生产决策方案，并将决策结果和下达的控制命令，通过通信系统传达到信息发布设备等，以促进行车安全和道路畅通。

交通监控设施主要包括交通参数的显示（车速、车流量等）、可变限速标志、可变情报板、车道指示器及其相关通信线路和交通模式的控制以及烟雾浓度探测仪 CO 检测仪等。加强交通监控系统的保养和维护，延长设备的使用寿命，有利于保障高速通行安全。

1. 营运标准

交通监控系统能够准确采集隧道通行的交通参数，包括各区平均车速、行车道车流量、超车道车流量、行车道即时车速超车道即时车速等。这些交通量参数由安装在现场的车辆检测器检测而得。同时，在各隧道的行车道、超车道上分别显示对应车道的即时车速和车流量。在交通控制系统图上的隧道出口处显示隧道截面车流量。

通过针对交通参数和道路气候能见度等信息的采集和实时分析判断，运用一定的控制策略，对行驶车辆准确发出限速、诱导性指令，从而实施实时、不间断地监控。

2. 日常养护

（1）日常检查：每天进行日常检查，观测交通参数的实时检测，记录应真实、完整，并通过现场目测的方式检查可变限速标志、可变情报板、交通信号灯通信是否正常，信息发布是否正确、完整，有无黑屏或变色现象，如发生故障，应及时排除。

（2）定期检查：定期检查分周巡检、月巡检和季度巡检。周巡检主要通过巡检，检查可变情报板、可变限速是否准确根据中控指令发布信息，并随机进行抽检检查的信息修改情况。

月巡检和季度巡检是一次全面性的检查，包括车辆检测器，可变情报板、可变限速标志、避雷针、接闪器、区域控制器等。通过目测检查外观有无损伤，检查信息显示效果是否正常。

（3）专项检查：分别对车辆检测器环形线圈、情报板显示模块避雷设施（避雷针、接闪器）、接地通路、接地电阻阻值测量、监控软件等进行专项检查保养。国家重大节假日、春运及恶劣天气前后组织专项检查，发现问题，及时维护。

3. 维护

（1）小修：发生诸如线圈、情报板等配电箱空气开关更换，供电异常，避雷连接防腐，区域控制器模块电源、RS232-485 协议等。

（2）中修：发生车检线圈、情报板、限速标志显示模块损坏，模块供电电源模块损坏，厂家技术服务支持，通信协议修改等。

（3）大修：发生雷暴等恶劣天气导致情报板、限速标志整体故障，需要组织整体检测，避雷设施重新安装恢复，重新修改通信协议等故障的修理。

（4）专项工程：增减或移动车辆检测器、可变情报板、可变限速标志、修改交通控制模式等。此类专项工程需要有设计方案，有施工组织设计，并在审批后落实执行。

交通监控设施日常养护主要检查项目和检查周期按表 5.6 进行。

4. 检测与评定

高速公路特长隧道监控系统的软件维护每年不少于两次。维护时应注意软件的修改完善，并保证联动运行功能的实现和软件可靠性各项技术措施的落实，严格按照操作规程或使用说明进行。

监控设施养护主要指标按照相应设备的产品说明要求进行，高速公路监控设施设备完好率不应低于 98 %。

（六）消防设施

消防与救援设施是指用于预防隧道火灾和进行必要救援的设施，包括消防栓及灭火器、高低位水池、消防管线、盘卷、泵房及水成泡沫箱喷淋系统、人通、汽通、隧道排烟装置。

1. 营运标准

隧道内部单侧每隔 50 m 设置室内消火栓箱，消火栓箱内应配置 1 支喷嘴口径为 19 mm 的水枪、1 盘长 25 m、直径为 65 mm 的水带，设消防软管卷盘和两个 5 kg 干粉灭火器(设计压力不低于 1.6 mPa)及 30L 泡沫灭火器。消火栓的栓口距地面高度宜为 1.1 m。隧道内设置独立的消防给水系统，在隧道内消防管网最高等容易积气的部位设置自动排气阀，充水压力常年维持在 0.4 ~ 0.5 MPa，同时保证用水量达到最大时，在最不利点的水枪充实水柱不应小于 10.0 m，内部消火栓用水量不应小于 20 L/s，隧道洞口外的消火栓用水量不应小于 30 L/s。灭火直径达到 50 m。隧道内部发生火灾时，能够保证正常排烟。

2. 日常养护

（1）日常检查：消防日常检查主要是对隧道内消防设备、报警设备、洞外消防设施、人通门、汽通门的外观进行巡视，检查消防水池液位是否正常，发现隐患，应及时处理。

（2）定期检查：定期检查分周巡检、月巡检和季度巡检。周巡检重点检查隧道内消防箱水管压力、消防栓、消防龙头等是否损坏，消防箱内灭火器有无缺失、人通和汽通门类启闭是否正常等，紧急停车带有无障碍物。月巡检和季度巡检重点检查高低位水池、消防管路以及消防泵房设备工作状况。消防设施的标志应保持完好、醒目。发现隐患，应及时处理。

（3）专项检查：组织灭火器工作压力、消防水压力检查、排气阀检查、消防高地位水池检查、消防管线检查、消防泵房检查等。

3. 维护

（1）小修：发生普通管线结合处、阀门垫片、龙头、消防栓等漏水，压力表、水带、卷盘等遗失情况、灭火器欠压，汽通门控制器更换，由执勤队员和消防队员组织维护与更换。

（2）中修：I 类设施启闭故障，消防管线保温外露，排气阀门] 漏水严重，水成泡沫箱、灭火器等根据使用年限要求重新灌装等工作，由专业的消防公司组织。

（3）大修：高低位水池漏水、消防管道漏水喷淋管道漏水、消防泵站供配电系统故障、水泵转速器故障地下变电所水成泡沫漏液、不锈钢管补漏等，组织专业的施工队伍实施。

（4）专项工程：消防汽通门、人通门修理，喷淋系统改装、泵房电动机分解维护、消防管路改造地下变电所水成泡沫箱整箱换装等。专项工程需要有设计方案，有施工组织设计，审批后落实执行。

4. 检测与评定

消防设施的设备完好率应达到100 %，救援设施的设备完好率应不低于98 %。新修、大修的消防设施验收标准执行《建筑设计防火规范》（CB 50016-2014）和《工业金属管道工程施工质量验收规范》（GB 50184--2011）。

（七）供配电系统

供配电设施包括高压断路器柜、高压计量柜、高压电压互感器、避雷器柜高压隔离开关、高压负荷开关、电力变压器、高低压熔断器、高低压电力电容器柜、低压开关柜、信号屏、微机继电保护装置、高低压母线、电力电缆、控制电缆、UPS 不间断电源、自备发电机等各种为隧道用电设施服务的供配电及辅助设施。

1. 营运标准

决定高速公路供配电质量的指标为电压频率和可靠性。

（1）电压：隧道内高压钠灯正常工作允许的电压波动范围为 92 % ~ 106 %。当大容量冲击性负荷运行时，剧烈变化的负荷电流将引起线路压降的变化，导致电网发生电压波动，可能导致电动机转速出现脉冲、电子仪器失常甚至烧毁 PLC 电源模块。按照《供配电系统设计规范》（CB50052-2009）规定：在正常情况下，用电设备端子电压偏差的允许值分别为：

　　a. 电动机 +5 %；

　　b. 一般工作场所照明灯 +5 %，视觉要求较高的场所为 +5 %，-2.5 %；

　　c. 远离变电所的小面积一般工作场所为 +5 %，-10 %；

　　d. 其他用电设备无特殊规定时为 +5 %。

　　（2）频率：我国规定的电力系统标称频率（俗称工频）为 50 Hz。高速公路供配电系统的电压频率是由电力系统保证的。电力系统正常频率偏差允许值为 +0.2 Hz，当系统容量较小时，偏差值可以放宽到 +0.5 Hz。

　　（3）可靠性：高速公路机电设施属于一级负荷，即突然停电将在经济上造成较大损失。根据要求，一级负荷应由两个独立电源供电。

　　高速公路的高压输电采用两个独立电源供电，即一路采用市电高压供电，另一路采用柴油发电机组供电。当其中任何一个独立电源发生故障时，不影响另一个电源继续供电。

2. 日常养护

　　供配电设施养护人员应持有特殊工种上岗证书，并配备专门的电工检修工具。供配电设施养护应严格执行相关设备的检修规程及《电气装置安装工程电气设备交接试验标准》（GB 50150--2016）的有关规定。

　　供配电设施需进行带电养护作业的项目，应使隧道内、变配电室及中心控制室相互协调、密切配合，并严格按照电气操作规程的有关要求进行。

　　（1）日常检查：高速公路隧道应进行供配电设施日常检查。供配电设施日常检查主要针对变压器、高低压配电柜及变配电室内相关设备外观及一般运行状态进行，通过观察外观异常、声响、发热、气味、火花等现象，及时发现设备故障。

　　（2）定期检查：定期检查分周巡检、月巡检和季度巡检。周巡检重点检查隧道配电房内变压器、高低压配电盘柜、现场配电箱、发电机组、UPS. 稳压电源等设备的运行状况，抄录相关运行数据。月巡检和季度巡检重点检查变压器、柴油发电机组等设备的运行状况，检查变压器温升，并对发电机组组织试发电。

　　（3）专项检查：国家重大法定节假日、国家规定免费通行日期或年度春运前夕、台风雷雨等恶劣天气前后，组织相关人员联合巡检，巡检时按照检查设备完好率、备品备件储备情况。

　　组织电缆线路专项巡检，检查电缆线路上有无杂物堆积，电缆是否裸露，电缆终端头是否完整，引出线接点有无发热现象等情况，如存在隐患，应及时组织人员修缮。

3. 维护

维护人员必须持证上岗，并按照当地电力部门的有关规定。当线路存在异常情况时应采取措施并及时通知有关部门。

（1）小修：正常跳闸导致的停送电，小型低压盘柜内部空气开关接触器、断路器、指示灯、旋钮等备品备件更换，连接线路更换，近距离小范围电源供电方式切换，由执勤队员在做好安全措施的前提下，组织更换维护。

（2）中修：集中更换电缆、桥架、盘柜配件、配电柜抽屉修理、高低压配电柜内部仪表、避雷器、互感器母线排综合保护、熔断器更换等，组织专业队伍进行维护。

（3）大修：涉及电缆线路更改、变压器返修、独立电源之间供电切换、发电机组维护、火灾盗窃事故等维护工作，需要制订相关组织方案，批准后实施。

（4）专项工程：高低压盘柜、变压器、发电机组的定期预防性试验，UPS（或EPS）、稳压电源改造和维保，高压电缆替换与预防性试验，供电线路改造、配电房改造综合保护参数整定等。专项工程需要有设计方案，有施工组织设计，审批后落实执行。

4. 检测与评定

高速公路的供配电设施设备完好率应不低于98％。供配电维护、新修换装等验收和预防性试验分别执行《电气装置安装工程施工及验收规范》（GB 50169--2016）系列和《电气装置安装工程电气设备交接试验标准》（GB 50150-2016）。

二、公路隧道机电维护与报废检评

（一）设备使用寿命周期

设备使用寿命周期是指设备从开始投入使用时起，一直到因设备功能完全丧失而最终退出使用的总的时间长度。从不同角度可以将设备寿命划分为物资寿命经济寿命、技术寿命和折旧寿命。

机电设备使用年限主要依据生产单位的产品说明书所标定的时间，但由于客观条件不同，许多机电设备由于使用环境恶劣，超长时间不间断使用得不到有效养护，电子元器件加速衰老，很难达到说明书所确立理论上的使用寿命。

（二）设备报废与更新

1.采用新技术、新系统后功能需求不适应的设备，可提前报废。

2.设备的备品部备件库存已经用完，市场无生产、无库存、无代用品，可提前报废。

3.未超过使用年限但在实际使用中功能基本丧失，修复无果可提前报废；修理时间超过应该运行时间的30％时，建议提前报废。

4.次修复成本超过设备购入均价的40％，累积维护费用超过设备购入均价的60％，建议作报废处理。

5.国家明令禁止使用强行限期淘汰设备，必须停止使用。

6.关键业务影响非常大的设备，可采用固定年限强制报废，如 UPS 的蓄电池等。

（三）平均无故障时间MTBF

平均无故障时间 MTBF，即两次故障之间正常运行的时间，就是机器无故障运行的时间。它是衡量一个产品（尤其是电气产品）可靠性的重要指标，这个时间的长短反映了产品的时间质量，是体现产品在规定时间内保持功能的一种能力。

高速公路机电系统设备众多，各类设备发挥各自不同的功能，决定系统关键设备无故障周期 MTBF 目标，体现出系统维护员和外委维护队伍，经常性养护和预防性养护的实际成果，达到勤养护延长设备无故障周期，关系到系统运行的安全和数据的稳定。

机电系统设施重要设备平均无故障周期统计分析是对设备故障分析，以便在制订消除或减少故障措施时能抓住主要问题，并不断总结、交流经验，提高故障判断能力和维护技术水平。

三、公路隧道机电设备维护保养制度

（一）预期检测制与定期检测按需修理相结合

根据项目部的具体情况设备采用预期检测制与定期检测按需修理相结合。设备的维护保养，应按规定周期进行，对设备的大修理可参照有关规定和设备技术说明的周期，再根据设备的实际情况定期检测设备的劣化趋势，确定大修理或延期使用。

（二）机电设备的例行维护保养

1.设备的例行维护保养是在设备每班作业开始前、工作中和运转后结合三检制由当班操作工进行。

2.例保工作内容主要包括：

a.清理机械设备污垢；

b.检查摩擦部位发热程度；

e.检查调整各安全防护装置是否有效；

d.检查钢丝绳传动装置、行走部位情况；

e.按设备说明书要求的工作台时加注润滑油、润滑脂；

f.检查主要部件的调整紧固程度。

（三）设备的一级保养

1. 设备的一级保养是在设备运转 200 h 或在设备多班制作业时每间隔半个月、单班制作业时每间隔一个月进行，可根据设备作业时间的安排，其周期可浮动±10％。在设备运转 200 h 前执行周检制度。

2. 一级保养由机长带领机组成员进行。

3. 一级保养的工作主要内容。

4. 例保的全部内容：

a. 检查各传动装置的润滑情况、按技术说明书的要求周期及实际润滑状况更换润滑油脂。

b. 检查钢丝绳的磨损情况结合点是否牢固，是否有破损。对设备的钢结构各节点构件焊缝检查有无变形、裂缝、开焊、松动，并按说明书的要求紧固各节点的螺栓。

e. 认真检查调整各安全防护装置，保证安全装置的完好状况。

（四）设备的定期检测按需修理

1. 定期检测按需修理是通过设备操作工每日三检和定期检查，以及设备部组织的定期检查结果，根据设备技术性能的劣化趋势及故障征兆进行故障预防，进行局部修理恢复塔机的技术性能。

2. 修理设计设备的安全装置，应由设备部负责人按有关规程、规范技术验收后方投入运行。

3. 定期检测按需修理由设备部组织有关人员进行，设备操作工相配合。

（五）设备的故障

1. 设备发生故障修理，如仅是一般故障，操作工有能力的应及时修理，非一般故障应由报送修理厂进行修理。

2. 故障修理后应按有关规程、规范，经技术验收方可投入运行。

3. 故障修理后应认真填写维修记录，分析故障原因，预防同类故障发生。

4. 故障修理由设备部有关人员进行，设备操作工配合。

（六）设备的大修理

设备的大修理应选报送厂家进行详细检查维修。

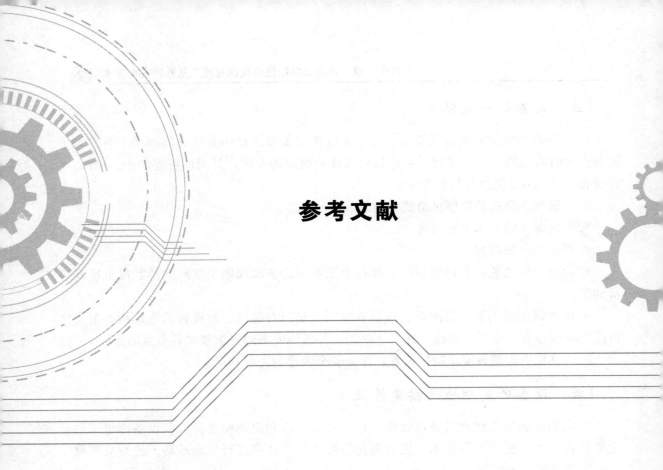

参考文献

[1] 于燕. 隧道施工技术 [M]. 武汉：武汉理工大学出版社，2018.11.

[2] 毛磊，李俊均，李小青. 公路隧道钻爆法开挖支护机械化施工与管理技术 [M]. 武汉：华中科技大学出版社，2019.05.

[3] 王树兴. 高速公路隧道智能监控管理技术 [M]. 重庆：重庆大学出版社，2019.12.

[4] 刘洪武. 双向八车道公路隧道群建设管理与创新 [M]. 北京：人民交通出版社，2019.04.

[5] 谢雄耀. 隧道工程建设风险与保险 [M]. 上海：同济大学出版社，2019.10.

[6] 吴明先，单永体，胡林. 多年冻土区公路建设环境保护关键技术 [M]. 上海：上海科学技术出版社，2019.03.

[7] 汪双杰，刘戈，纳启财. 多年冻土区公路工程施工关键技术 [M]. 上海：上海科学技术出版社，2019.03.

[8] 李果，杨坚强. 公路养护技术与管理 [M]. 天津：天津科学技术出版社，2019.05.

[9] 段军，李科. 隧道全寿命周期监测预警技术与系统平台应用 [M]. 成都：西南交通大学出版社，2020.04.

[10] 韩直. 公路隧道照明理论与应用 [M]. 北京：科学出版社，2020.09.

[11] 余鑫，张志新. 隧道技术论文集 [M]. 重庆：重庆大学出版社，2017.11.

[12] 赵之仲，王琨，王宇驰. 公路工程养护及改扩建施工技术 [M]. 徐州：中国矿业大学出版社，2017.01.

[13] 蒲翠红. 公路工程计量与计价 [M]. 成都：西南交通大学出版社，2017.09.

[14] 宋战平，崔玉明，梁建军. 西部复杂地质富水隧道施工关键技术及工程应用研究 [M]. 西安：陕西科学技术出版社，2017.05.

[15] 王海涛. 隧道管棚预支护技术的作用机理与工程应用 [M]. 北京：中国铁道出版社，2017.12.

[16] 辛公锋，黎奎，胡佳波. 公路工程试验检测技术与管理 [M]. 徐州：中国矿业大学出版社，2017.04.

[17] 朱红兴. 山区高速公路病害成因及处治技术 [M]. 成都：西南交通大学出版社，2017.11.

[18] 温法庆，贾璐，李亚军. 土压平衡盾构施工风险管控与案例分析 [M]. 武汉：武汉大学出版社，2017.07.

[19] 王家伟，赵俭斌，赵文. 辽宁岩土、抗震和结构工程理论与实践 [M]. 沈阳：东北大学出版社，2017.09.

[20] 刘吉勋，易衡. 工程测量工高级工、技师、高级技师 [M]. 北京：中国建材工业出版社，2017.01.

[21] 陈秋南，安永林，李松. 隧道工程第 2 版 [M]. 北京：机械工业出版社，2017.08.

[22] 靳翠梅. 隧道工程施工技术与安全 [M]. 南昌：江西科学技术出版社，2018.01.

[23] 王明年，于丽，刘大刚. 隧道与地下工程数值计算及工程应用 [M]. 成都：西南交通大学出版社，2018.01.

[24] 周质炎，温竹茵，戴仕敏. 道路盾构隧道穿越机场设计与施工技术虹桥综合交通枢纽迎宾三路隧道工程 [M]. 上海：上海科学技术出版社，2018.03.

[25] 王秀敏，葛宁. 公路工程施工组织与管理 [M]. 天津：天津大学出版社，2018.10.

[26] 高峰. 公路工程造价实务 [M]. 北京：北京理工大学出版社，2018.01.

[27] 史建峰，陆总兵，李诚. 公路工程与项目管理 [M]. 北京：九州出版社，2018.06.

[28] 赵金云. 公路工程检测技术第 2 版 [M]. 北京：北京理工大学出版社，2018.08.

[29] 柯昌春，吕锦刚，蔡辉. 东湖水下城市隧道关键技术实践与创新 [M]. 武汉：武汉大学出版社，2018.12.